U0964181

对外经济贸易大学研究生精品教材

# 意大利战后经济导读

# L'ECONOMIA ITALIANA DAL 1945 AL 1979

主编　张宇靖
编者　张　密　吴　菡

对外经济贸易大学出版社
中国·北京

**图书在版编目（CIP）数据**

意大利战后经济导读：意大利文 / 张宇靖主编. —北京：对外经济贸易大学出版社，2021.8

对外经济贸易大学研究生精品教材

ISBN 978-7-5663-2307-1

Ⅰ. ①意… Ⅱ. ①张… Ⅲ. ①意大利语–阅读教学–研究生–教材②经济史–意大利–现代–意大利语 Ⅳ. ①H772.94：F

中国版本图书馆 CIP 数据核字（2021）第 155893 号

**意大利战后经济导读**

**L'ECONOMIA ITALIANA DAL 1945 AL 1979**

张宇靖 **主编**

**责任编辑：**陈培风

出版发行：对外经济贸易大学出版社
社　　址：北京市朝阳区惠新东街 10 号
网　　址：www.uibep.com
资源网址：www.uibepresources.com
邮政编码：100029
邮购电话：010－64492338
发行部电话：010－64492342
E-mail：uibep@126.com

成品尺寸：185mm×260mm
印　　张：13.75
字　　数：254 千字
ISBN 978-7-5663-2307-1
印　　刷：北京时代华都印刷有限公司
版　　次：2021 年 8 月北京第 1 版
印　　次：2021 年 8 月第 1 次印刷
定　　价：55.00 元

# 前　言

意大利作为 G7 和 G20 成员国，同时又是欧盟和北约的创始成员国，是具有国际影响力的重要国家。意大利具有如此重要的国际地位，除特殊的地理位置外，其经济实力也是重要因素。意大利是第二次世界大战战败国，连年战争和战争赔款使意大利经济受到重创，战后新成立的意大利共和国政府将恢复经济作为工作重心，采取积极的经济政策，积极参加美国主导的马歇尔计划，重视中小企业作用，不断深化开放的自由经济体制，促使经济恢复迅速，创造了史上著名的意大利经济奇迹。随着战后经济的迅速恢复和快速发展，意大利成为西方七大工业化国家之一。意大利战后经济构成意大利现代经济发展的重要基础，成为了解意大利现行经济政策发展历史和现行经济体制的必修内容。

《意大利战后经济导读》主要取材于意大利那不勒斯大学经济学系知名教授 Augusto Graziani 的专著 *L'economia italiana dal 1945 a oggi* 中的长篇绪论，该绪论因内容全面、条理清晰而被学界誉为“真正的书中书”。学生通过学习本教材不仅能够构建意大利现行经济行为及现代经济发展的基础知识结构，更能够在提升学术专著阅读能力的同时实现专业知识的融合，进而达成提升语言输入与语言输出双重能力的目标。

本教材的内容安排以原著绪论的结构为基本框架，同时兼顾教学时长进行细节调整。教材分 7 个部分：前言、5 个发展阶段和结束语，共 14 个教学单元；每一单元的课文内容按照相关问题进行划分，由中文导言、课文文本、要点注释、词汇索引、辅助练习部分组成。

本教材是对外经济贸易大学研究生精品教材出版资助项目，从酝酿、策划、编写到出版的全过程都得到对外经济贸易大学出版社的鼎力支持。希望我们的共同努力能够对中国意大利语教学的发展起到一定的推动作用。

由于编者能力有限，难免出现谬误和遗漏，欢迎各位专家学者及使用此书的教师和学生提出宝贵意见。

编　者

2021 年 6 月于北京

# INDICE

# Unità 1

## Introduzione

导言：

自 1945 年二战结束到经济奇迹的 30 年，意大利的经济发展可分成 5 个主要阶段：重建阶段、发展阶段、工会斗争阶段、第二次调整阶段、正常化阶段。战后的意大利政府面临种种困境，其时结构性失业问题则更为突出，这是政府重大政策抉择的决定性因素。政府要想方设法安置大量失业者，避免失业问题转化为社会和政治秩序的不安定因素。因此，要抓住意大利经济史上的突出问题和重大转折，必须考虑失业问题以及统治阶级为解决这一问题而找到的各种解决措施。

Le vicende dell'economia italiana sono state costantemente dominate dal problema della disoccupazione strutturale(1), che in ogni circostanza si è presentato come problema preminente e come fattore determinante delle scelte politiche più gravi. "La disoccupazione di massa" scrive V. Foa, "è il vero grande protagonista della storia italiana del secondo dopoguerra(2)". Le grandi decisioni di politica economica, qualora vengano analizzate nei loro motivi profondi, possono essere ricondotte tutte al nodo centrale(3), consistente nell'esigenza di trovare collocazione alla massa dei disoccupati, o quanto meno(4) di evitare che la pressione della disoccupazione si tramuti in fattore di destabilizzazione per l'ordine sociale e politico. È quindi il problema della disoccupazione, e le soluzioni che di volta in volta la classe dominante ha individuato per alleviarlo, che occorre prendere in considerazione se si vogliono cogliere i punti salienti e le svolte rilevanti della storia economica del paese. Ponendosi da questo angolo visuale(5), le vicende del trentennio che va dal 1945, anno finale del secondo conflitto mondiale(6), ai giorni nostri, possono essere suddivise in cinque fasi principali:

**a)** ***La ricostruzione(1945-1955).*** Il periodo iniziale va, per consuetudine ormai consolidata, sotto la denominazione del tutto inadeguata e parziale di periodo della ricostruzione. In quegli anni, il paese doveva risolvere un problema duplice, e a prima vista(7) apertamente contraddittorio: ristrutturare e sviluppare l'apparato industriale, per renderlo pronto all'ingresso nei mercati del mondo occidentale e al tempo stesso risolvere il problema della disoccupazione, trovando ad esso una soluzione interna dal momento che(8) le possibilità di sbocchi migratori sembravano pressoché totalmente estinte. Le due esigenze vennero riconciliate con due ordini di interventi, che si susseguirono a ruota(9): dapprima la ristrutturazione industriale nelle regioni del Nord; immediatamente dopo, l'avvio dei programmi di riforma agraria e di opere pubbliche straordinarie nel Mezzogiorno(10), dove il problema della disoccupazione era più acuto.

**b)** ***Lo sviluppo, ossia il miracolo economico (1956-1963).*** Questo periodo, e ancor più segnatamente il quinquennio 1958-1963, è descritto, nelle storie ufficiali come fatto di anni miracolosi, che videro magicamente accoppiati gli eventi più favorevoli: sviluppo veloce, investimenti elevati, esportazioni crescenti, bilancia dei pagamenti (11) in equilibrio, stabilità dei prezzi. In questi anni, il problema della disoccupazione trovò una soluzione alternativa, che fu quella dell'emigrazione verso i paesi europei. Sdrammatizzato il problema della disoccupazione, il capitalismo italiano potè dedicarsi all'investimento intensivo nel settore industriale, sviluppare le esportazioni, inserire l'economia nazionale nel contesto europeo. Per le medesime ragioni, fu possibile in questi anni avviare anche nel Mezzogiorno una politica di industrializzazione del tutto avulsa dal contesto di disoccupazione strutturale di quelle regioni.

**c)** ***Lotte sindacali (1964-1969).*** In questi anni, il capitalismo italiano si trovò di nuovo di fronte a problemi contraddittori. Eventi esterni ostacolavano le correnti migratorie europee, e riducevano gradualmente il flusso migratorio netto, fino a convertirlo in un flusso negativo, nel quale i rimpatri prevalevano sugli espatri; ricompariva così il problema scottante della disoccupazione. Al tempo stesso, la forza sindacale dei lavoratori poneva termini di lotta(12) assai più duri e strutturalmente diversi da quelli del passato. La soluzione trovata, al di là dei rimedi meramente congiunturali e transitori, fu quella di sviluppare oltre misura(13) il settore terziario(14), gonfiandolo anche attraverso l'espansione della spesa pubblica centrale e locale(15). Nel Mezzogiorno fu l'impresa pubblica e semipubblica che assunse su di sè in misura crescente l'onere di sostenere il processo di industrializzazione e di creare occupazione.

**d) *La seconda ristrutturazione (1970 e oltre).*** In questi anni, il capitalismo italiano riannoda le fila del discorso e, accantonate le soluzioni artificiali al problema della disoccupazione (emigrazioni, o sviluppo del settore terziario), si pone in termini sostanziali l'obiettivo di fare fronte alla disoccupazione(16), di ridurre la combattività sindacale, di ridimensionare il disavanzo del settore pubblico. La soluzione prese le mosse da(17) una ristrutturazione profonda del settore industriale, che si concretò nel ridimensionamento dei grandi impianti, l'ammodernamento di quelli restanti. Lo sviluppo della piccola impresa, sia autonoma che satellite della grande, l'uso capillare della forza lavoro, mediante la pratica del decentramento produttivo e del lavoro a domicilio(18). Nel Mezzogiorno, il ridimensionamento dei grandi impianti significò crollo delle uniche fonti di occupazione stabile esistenti, e ritorno crescente all'economia del sussidio individuale. Queste trasformazioni di struttura vennero realizzate in un clima caratterizzato da vistosi squilibri sul piano monetario. Il disavanzo della bilancia dei pagamenti, l'inflazione vorticosa, la situazione di passività di tutte le grandi imprese industriali, la palese diffidenza dei centri finanziari internazionali, che subordinavano la concessione di finanziamenti a vincoli sempre più rigidi, sono tutti elementi che contribuirono a rendere la situazione estremamente tesa e a volte quasi drammatica.

**e) *La normalizzazione (1974-1979).*** In questi anni viene portata a compimento(19) la ristrutturazione industriale avviata nel periodo precedente. Sul piano esteriore si perpetua la situazione di emergenza, che giustifica, proprio in vista della(20) gravità del momento, la formazione di maggioranze parlamentari di coalizione, estese a tutti i partiti dell'arco costituzionale(21). Il sindacato assume ufficialmente un atteggiamento di moderazione rivendicativa, mentre la dispersione della classe lavoratrice dovuta al decentramento produttivo indebolisce ulteriormente la lotta sindacale. Si realizza così quello che viene detto il processo di "normalizzazione" dell'economia italiana. Ristrutturazione e normalizzazione consentono alle imprese di riprendere il processo di accumulazione. Nel marzo del 1979 entra in vigore(22) il nuovo sistema monetario comunitario(23), che restaura il principio dei cambi fissi(24). L'industria italiana è pronta per il suo secondo rilancio europeo.

**NOTE**

1. disoccupazione strutturale 结构性失业 （劳动需求与供给在素质或地区分布上结构失调造成的失业）；其他说法还有：disoccupazione volontaria 自愿失业（以寻找收入更高或更喜欢的工作），disoccupazione involontaria 非自愿失业（按照凯恩斯理论，只能靠国家干预创造就业机会解决这类失业），disoccupazione tecnologica 技术性失业（因企业技术改造产生用工人数减少导致的失业），disoccupazione frizionale 过渡性失业（典型的市场经济国家在职者自愿放弃已经从事的工作，以便立即寻找新的工作），disoccupazione congiunturale 景气性失业（也叫周期性失业，即因经济萧条造成在职者的临时下岗）
2. il secondo dopoguerra = il periodo dopo la seconda guerra mondiale 二战后（时期）
3. il nodo centrale = il problema centrale, il nucleo del problema 核心问题，实质问题
4. quanto meno = almeno = perlomeno 至少，起码
5. da questo angolo visuale = da questo punto di vista 从这个角度
6. il secondo conflitto mondiale = la seconda guerra mondiale 第二次世界大战
7. a prima vista 乍看起来
8. dal momento che = siccome, perché 由于，鉴于
9. susseguirono a ruota = succedono uno dopo l'altro 相继发生，紧随而至，接踵而来
10. il Mezzogiorno = il Sud dell'Italia（意大利）南方
11. bilancia dei pagamenti = entrate e uscite valutarie globali di un paese in un certo periodo 国际收支
12. poneva termine di lotta = stabiliva l'obiettivo di lotta 确定斗争目标
13. oltre misura = eccesivamente 超量，过量，过分
14. il settore terziario = il settore dei servizi 第三产业；此外，还有 il settore primario = il settore agricolo 第一产业，il settore secondario = il settore industriale 第二产业
15. spesa pubblica centrale e locale 中央和地方的公共开支
16. fare fronte a = fronteggiare 面对，应对，应付
17. prese le mosse da = si muove cominciando da = comincia a muoversi da 从……入手行动
18. lavoro a domicilio 家庭劳作

19. portare a compimento = finire, terminare, compiere 完成
20. in vista di = in considerazione di 考虑到，鉴于
21. tutti i partiti dell'arco costituzionale = tutti i partiti esistenti nel Parlamento 所有的议会党派
22. entra in vigore = comincia ad essere applicato 开始实行
23. il sistema monetario comunitario 欧洲共同体货币体系；comunitario 共同体的；欧共体 Comunità Economica Europea (CEE)
24. cambi fissi 固定汇率；这里的 cambio = il tasso di cambio；cambio 还表示 operazione di scambio di una moneta con l'altra 兑换货币

## VOCABOLARIO

| | | |
|---|---|---|
| vicenda | *s.f.* | alternanza, avvenimento, caso 事件 |
| preminente | *agg.* | prevalente, superiore, più importante 急迫的，紧迫的 |
| collocazione | *s.f.* | sistemazione, disposizione, distribuzione 安置，安排 |
| tramutare | *v.tr.* | cambiare, trasformare, mutare 转变，改变 |
| destabilizzazione | *s.f.* | instabilià 不稳定 |
| individuare | *v.tr.* | identificare, scoprire, trovare 确认，找到，发现 |
| alleviare | *v.tr.* | alleggerire, attenuare, calmare 减轻，缓解，减缓 |
| saliente | *agg.* | rilevante, notevole 突出的，重要的 |
| inadeguato | *agg.* | incongruo, inidoneo, inconveniente 不适当的，不合适的 |
| consuetudine | *s.f.* | abitudine, usanza, tradizione 惯例，习惯，常规 |
| duplice | *agg.* | doppio 双重的 |
| contraddittorio | *agg.* | opposto, in contrasto 矛盾的 |
| apparato | *s.m.* | complesso, sistema, organismo 机器，机构，结构 |
| sbocco | *s.m.* | uscita, esito, via d'uscita 出路，销路 |
| estinto | *agg.* | eliminato, escluso, annullato 消除的，取消的 |
| riconciliare | *v.tr.* | pacificare, rimettere d'accordo, riportare in armonia 调和，说和 |
| susseguire | *v.tr.* | sopravvenire subito, seguire, succedere 接着发生，相继发生 |
| sdrammatizzare | *v.tr.* | togliere il carattere drammatico a un avvenimento 使情况缓和，使形势变好 |

| | | |
|---|---|---|
| avulso | *agg.* | staccato, separato, tolto 铲除的，除去的，脱离的 |
| sindacale | *agg.* | del sindacato 工会的 |
| ostacolare | *v.tr.* | impedire, frenare, precludere, impicciare 阻碍，妨碍 |
| migratorio | *agg.* | dell'emigrazione e dell'immigrazione 移民的 |
| convertire | *v.tr.* | mutare, trasformare 转变成，转换成 |
| rimpatrio | *s.m.* | ritorno in patria 回国，归国 |
| espatrio | *s.m.* | uscita dalla patria 出国 |
| scottante | *agg.* | bruciante, molto complicato 烫手的，棘手的 |
| meramente | *avv.* | puramente, semplicemente 纯粹的 |
| congiunturale | *agg.* | della situazione economica 经济形势的 |
| transitorio | *agg.* | di transito, temporaneo, provvisorio 过渡性的 |
| onere | *s.m.* | carico, peso, obbligo 负担，责任 |
| riannodare | *v.tr.* | ripristinare, riprendere 重建，恢复 |
| accantonare | *v.tr.* | mettere da parte, rimandare 搁置，放到一边 |
| combattibilità | *s.f.* | capacità di combatimento 战斗力 |
| ridimensionare | *v.tr.* | ristrutturare, sgonfiare 调整规模，减少 |
| ammodernamento | *s.m.* | rinnovamento, modernizzazione, aggiornamento) 技术革新，更新 |
| capillare | *agg.* | diffuso 分布很密的，遍及各处的 |
| decentramento | *s.m.* | decentralizzazione, allontanamento dal centro 分散化 |
| crollo | *s.m.* | distruzione, rovina 崩溃，垮台 |
| vorticoso | *agg.* | frenetico, turbinoso, agitato, tempestoso 令人目眩的 |
| palese | *agg.* | evidente, noto, chiaro 明显的，清楚的 |
| diffidenza | *s.f.* | sfiducia, scetticismo, sospettosità 不信任，怀疑 |
| perpetuarsi | *v.rifl.* | perdurare, permanere, sopravvivere 持续，继续 |
| emergenza | *s.f.* | pericolo, situazione di crisi 紧急状态 |
| coalizione | *s.f.* | alleanza, blocco, unione, fronte unito 联盟，统一阵线 |
| moderazione | *s.f.* | equilibrio, misura, moderatezza 温和 |
| rivendicativo | *agg.* | della richiesta per la restituzione di cosa sottrattasi illecitamente 合理要求的，常指工资要求的 |
| dispersione | *s.f.* | sperpero, spreco, sparpagliamento 分散，四散；消耗 |
| rilancio | *s.m.* | ripresa 振兴，重振，崛起 |

## ESERCIZI

**1. Rispondere alle domande:**

1) Qual è il nodo centrale dell'economia italiana?
2) Quali erano i principali problemi economici da risolvere nell'immediato dopoguerra?
3) Quali erano i fenomeni positivi del periodo del "Miracolo Economico"?
4) Come è stato sdrammatizzato il problema della disoccupazione negli anni '50 e che influenza ha avuto sull'economia del paese?
5) Come è stato cambiato l'andamento del flusso migratorio negli anni '60 e qual era il suo effetto per l'economia italiana?
6) Quali erano fenomeni più salienti del periodo della seconda ristrutturazione?
7) Come è stata realizzata la normalizzazione negli anni '70?

**2. Riempire il modulo:**

**Economia italiana nel secondo dopoguerra**

| *fase* | *Periodo* | *definizione* | *carattere* |
|---|---|---|---|
| 1 | | | |
| 2 | | | |
| 3 | | | |
| 4 | | | |
| 5 | | | |

**3. Leggere bene il vocabolario e trovare i sinonimi delle seguenti parole:**

| | |
|---|---|
| vicenda | mutamento |
| assetto | saliente |
| nodo | preminente |
| sbocco | scottante |
| palese | avvio |
| crollo | sospensione |
| apparato | provento |
| innegabile | puro |
| rilevante | alleviare |

tramutare
svolta
ostacolare
consuetudine

**4. Scrivere i contrari delle seguenti parole:**

avvio
inadeguato
medesimo
espatrio
disavanzo
perpetuarsi
vistoso
saliente
emigrazione
ostacolare
transitorio
diffidenza
destabilizzazione
carenza

**5. Indicare 6 tipi di disoccupazione e spiegarle.**

**6. Collegare le parole con i corrispondenti significati:**

| | |
|---|---|
| il Mezzogiorno | cominciare a muoversi da |
| fronteggiare | di terra |
| susseguire | Sud dell'Italia |
| naufragare | succedere |
| prendere le mosse da | fare fronte a |
| fondiario | fallire |

**7. Spiegare con le conoscenze della Macroeconomia perché nel periodo della ricostruzione il governo italiano ha continuato la politica economica del fascismo?**

**8. Fare delle frasi usando le seguenti espressioni:**

— a prima vista
— dal momento che
— fare fronte a
— portare a
— in quanto
— in relazione a

# Unità 2

## Prima fase: il dopoguerra e la ricostruzione (1945-1955) (1)

**导言：**

反法西斯战争虽然已经结束，国家面对的问题极其严重而复杂，在政治体制上和经济结构上都可能出现转折，因此政府必须做出抉择。重建阶段既存在即期问题，也有长远问题。**即期问题**：1. 重建战争摧毁的生产设施，2. 解决不断加快的通货膨胀问题，3. 解决影响国际收支的瓶颈问题。**长远问题**：1. 发展工业现代化问题，2. 南方地区的贫困落后问题，3. 结构性失业问题。

Il periodo così detto della ricostruzione (nel corso del quale come vedremo, avvennero eventi ben più significativi che non quelli del mero restauro materiale della capacità produttiva distrutta dagli eventi bellici) è forse il periodo più intensamente e appassionatamente studiato dall'intero trentennio postbellico. È innegabile infatti che proprio in questi anni siano state prese decisioni e imboccate strade che dovevano risultare decisive per lo sviluppo economico successivo.

Ciò che induce molti a ritenere che negli anni dell'immediato dopoguerra il paese, per quanto riguarda sia la struttura economica che le istituzioni politiche, si trovasse concretamente dinanzi alla(1) possibilità di una svolta, è costituito dalla complessa natura politica assunta dal movimento della Resistenza(2). Per un verso(3), la Resistenza era stata espressione del movimento antifascista borghese, volto a restaurare le libertà democratiche soppresse dal governo autoritario fascista; d'altro canto nell'organizzazione della Resistenza era confluito, per impulso e sotto la protezione del Partito comunista italiano, un ampio movimento operaio, le cui finalità andavano al di là della lotta al nazifascismo, e si ispiravano ad una critica radicale mossa alla struttura dello stato democratico borghese, del quale l'episodio del fascismo veniva interpretato come espressione particolarmente violenta ma non atipica. Vale la pena di ricordare a questo proposito come la resisitenza armata, condotta dai gruppi clandestini, si fosse accompagnata ad una resistenza in fabbrica, che aveva trovato i suoi momenti culminanti negli scioperi dell'industria del Nord del novembre e dicembre 1943, e ancor più nello sciopero generale del marzo del 1944. E del resto non si deve dimenticare come, nel novembre del 1944, quando Gran Bretagna e Stati Uniti intesero in quale misura l'organizzazione della Resistenza facesse capo al Partito comunista, il generale Alexander ebbe istruzioni di ridurre gli aiuti somministrati alle bande partigiane. Negli anni della ricostruzione, le due forze emerse dalla Resistenza, quella del movimento democratico borghese e quella del movimento operaio, dovevano dare luogo a due linee contrapposte di politica economica; e, come diremo, la vicenda doveva rapidamente concludersi con il prevalere della prima, quella della restaurazione di una democrazia borghese, attuata attraverso la restaurazione "di una vecchia classe e di una vecchia cultura".

È sotto questo profilo che non pochi hanno sollevato il quesito se la ricostruzione del dopoguerra, sebbene effettuata all'insegna dell'(4)antifascismo, e volta dichiaratamente a negare gli orientamenti autarchici del governo fascista e a cancellarne le tracce di intervento dirigista, più che come una precisa cesura, non vada invece interpretata come una fase storica di continuità rispetto alla politica economica del fascismo. Continuità e non contrapposizione, perché il passaggio dall'autarchia all'apertura degli scambi avrebbe trovato le sue motivazioni nel mutamento del quadro internazionale, perché lo sviluppo di nuovi settori industriali sarebbe stato mera conseguenza della nuova situazione in cui l'industria italiana si trovava ad agire, perché l'emergere di nuovi gruppi finanziari si sarebbe presentato come conseguenza della ristrutturazione produttiva mentre permanevano immutati i caratteri fondamentali dello sviluppo capitalistico basato sull'iniziativa privata.

La risposta ad un quesito simile non può che essere articolata. Su un piano più generale, considerando ***assetto istituzionale***, la risposta è certamente positiva, dal momento che l'Italia antifascista confermò in larga parte le istituzioni economiche del fascismo. A questo risultato concorse in misura considerevole la collocazione internazionale del paese. Al termine del conflitto, l'Italia era ricaduta nell'ambito del blocco occidentale, senza che su questo punto si registrasse alcun dissenso fra le grandi potenze. Lo stesso governo sovietico, fin dal febbraio del 1944, aveva riconosciuto il governo Badoglio, governo che, con il sostegno delle forze alleate, tentava addirittura di evitare che la monarchia venisse travolta nel crollo dello stato fascista. Nel quadro dei rapporti con le grandi potenze, una svolta nella direzione di un sistema economico di tipo socialista era dunque scarsamente concepibile.

Sul piano ***delle linee concrete di politica economica***, la risposta deve invece essere meno rigida, e impone una distinzione fra quanto accadeva nel Nord e quanto veniva maturando nel Mezzogiorno. Il capitalismo italiano, doveva muoversi fra vincoli molteplici: da un lato era necessario ristrutturare l'apparato industriale, dall'altro occorreva risolvere il problema della disoccupazione senza fare affidamento sulle(5) emigrazioni. Venne così elaborata una soluzione su due piani. Nel Nord, si procedette al rafforzamento dell'apparato produttivo, lungo linee di sostanziale continuità con il passato. Nel Mezzogiorno la pressione della disoccupazione impose una linea più complessa. La Riforma fondiaria(6), accoppiata ad una legislazione particolarmente favorevole per la formazione della piccola proprietà contadina, condusse a creare una classe di piccoli proprietari, a spese della(7) grande proprietà terriera. I grandi proprietari, con il reimpiego degli indennizzi o con i proventi delle vendite, convertirono le proprietà immobiliari da terreni agricoli in suoli urbani. Gradualmente i flussi di spesa pubblica amministrati attraverso la Cassa per il Mezzogiorno(8) diedero luogo al sorgere di una nuova classe di burocrati, dotati di potere, in quanto somministratori di incentivi e di sussidi finanziari. Col tempo, le classi dominanti non si appoggiarono più sulla vecchia classe dei proprietari fondiari, ma sulla classe dei piccoli proprietari e su quella sempre più forte della così detta ***borghesia di stato.*** Sotto questo profilo, è possibile sostenere che, nel Mezzogiorno, elementi di innovazione abbiano avuto la prevalenza sulla stretta continuità.

Visto nella sua prospettiva storica, questo disegno di ricostruzione appare dotato di singolare lucidità e aderenza, sia agli obiettivi di integrazione europea che il capitalismo italiano ormai si poneva in termini netti, sia in relazione ai vincoli che occorreva rispettare. Si spiega così come i tentativi delle sinistre di imprimere un indirizzo diverso alla politica economica nazionale finissero per naufragare l'uno dopo l'altro. Si è parlato a questo proposito di debolezza di idee e carenza di azione delle sinistre, e si è cercato di spiegare tale debolezza a volte con fattori storici (la lunga assenza delle sinistre dalla politica attiva e la conseguente inesperienza e difficoltà a riprendere l'iniziativa e padroneggiare la situazione), a volte con fattori politici immediati (lo scarso sostegno che il Partito comunista avrebbe dato alla linea autenticamente innovativa). Il fatto è che la lotta era diseguale, ed era pressoché inevitabile che di volta in volta le forze del padronato imponessero vittoriosamente quello che fu detto il ***ricatto della congiuntura***, e che, in nome di obiettivi immediati, quali la lotta all'inflazione o il pareggio dei conti con l'estero, le riforme strutturali di più lungo periodo venissero sistematicamente accantonate.

**1. I problemi immediati e quelli di fondo**

All'indomani della seconda guerra mondiale, il paese si trovava a dover affrontare problemi di estrema gravità, sia sotto il profilo immediato, sia da un punto di vista di più lungo periodo. Problemi immediati erano quelli della ricostruzione delle attrezzature produttive distrutte dagli eventi bellici, dell'inflazione che procedeva sempre più veloce, della strozzatura della bilancia dei pagamenti, che impediva gli acquisti, peraltro indispensabili, di materie prime. Nel periodo lungo, il problema di fondo era quello storico della disoccupazione strutturale, che portava con sè l'esigenza di rilanciare lo sviluppo industriale, di trovare soluzione al problema dell'arretratezza del settore agricolo, di attenuare gli squilibri territoriali e in particolare la povertà delle regioni meridionali.

I danni della guerra erano stati vistosi. Nelle grandi città, gran parte del patrimonio di abitazioni era andato distrutto o danneggiato, la rete stradale era sconvolta per gli innumerevoli crolli di ponti e opere d'arte, la rete ferroviaria era pressoché paralizzata, perché, oltre ai danneggiamenti alle linee, era andata distrutta la parte maggiore delle locomotive e delle vetture. Tuttavia, al di là di questi aspetti gravi ma rimediabili, i danni inferti all'apparato industriale risultarono meno estesi del previsto. I settori più colpiti erano quello della siderurgia, che aveva perso un quarto dei propri impianti (in particolare, lo stabilimento di Cornigliano era stato smantellato dalle truppe tedesche in ritirata), quello dell'industria meccanica, e quello della marina mercantile (che aveva perso il 90% del naviglio). Negli altri settori, si stima che fosse andato perduto non più del 4%～5% della capacità di produzione. Lì per lì(9), anche per la mancanza di valutazioni corrette e per la frammentarietà e il disordine con cui le rilevazioni venivano eseguite, sembrò che i danni fossero assai maggiori; era peraltro chiaro fin da allora che le distruzioni erano state assai maggiori nel Mezzogiorno, dove la guerra era stata combattuta per lunghi mesi, e che nelle regioni del Nord l'industria era rimasta pressoché indenne. Può essere utile ricordare che già nell'anno 1946 il reddito nazionale lordo raggiunse all'incirca il 60% del livello prebellico, mentre nello stesso anno in Germania il livello corrispondente era appena del 30%.

***Il problema dell'inflazione***(10) era altrettanto sentito e fu costantemente al centro del dibattito economico e politico. Negli anni di guerra, il governo fascista aveva cercato deliberatamente di reprimere la pressione inflazionistica. Al fine di compensare le immissioni di liquidità connesse alle(11) spese militari, le autorità economiche procedevano a consistenti emissioni di titoli di stato, che venivano collocati, con metodi più o meno forzosi, presso banche e privati. Le autorità vantavano la creazione di un "circuito dei capitali" che avrebbe evitato l'aumento dei prezzi sottraendo alla circolazione l'eccesso di liquidità eccedente; di fatto, il sistema funzionava soltanto in parte, ma l'inflazione almeno nelle sue forme vorticose venne evitata. L'inflazione esplose invece irrefrenabile nell'Italia liberata; anzitutto nel Mezzogiorno (dove essa fu alimentata dalle spese delle truppe di occupazione) e successivamente anche nelle regioni del Nord. Gli indici dei prezzi che, fra il 1938 e il 1943 erano raddoppiati, decuplicarono l'anno successivo, per continuare in una crescita vertiginosa nel 1945; dopo la breve pausa del 1946, l'inflazione dilagò galoppante nel 1947. Come vedremo, fu soltanto alla fine di quell'anno che una brusca e discussa manovra di stabilizzazione arrestò l'aumento progressivo dei prezzi.

Non meno grave era il problema della ***bilancia dei pagamenti***. Sotto questo profilo, sembrava che il paese fosse chiuso in una sorta di circolo vizioso(12): per pagare le importazioni, era necessario sviluppare le esportazioni; ma, per farlo, era necessario ricostituire la capacità produttiva, importando macchinari e materie prime. In queste condizioni, il disavanzo dei conti con l'estero era obiettivamente inevitabile. Tuttavia, proprio in quanto dovuto alla situazione eccezionale creatasi in seguito alle(13) distruzioni belliche, esso avrebbe potuto essere affrontato attraverso finanziamenti esterni, da ripagarsi una volta rimessa in sesto(14) l'industria esportatrice. Viceversa, così come il governo lo presentava, il problema della bilancia dei pagamenti veniva considerato come prioritario e si affermava la necessità di risolverlo immediatamente, utilizzando a questo scopo anche gli aiuti esteri. Come vedremo, infatti, almeno fino al 1949, gli aiuti esteri vennero destinati, più che a ricostruire la capacità produttiva, a rafforzare le riserve valutarie(15).

Come ***problemi di lungo periodo*** abbiamo ricordato quelli dell'ammodernamento produttivo, della povertà del Mezzogiorno, e quello, conseguente ai primi due, della disoccupazione strutturale.

***I problemi della struttura produttiva*** si presentavano vasti e impegnativi. A rigor di termini(16), non vi era settore che non richiedesse una ristrutturazione profonda. Il settore agricolo presentava problemi gravi e palesi. La politica autarchica del governo fascista aveva esasperato la coltivazione dei cereali, nell'intento di(17) ridurre al minimo le importazioni. Questo orientamento, accoppiato alla(18) pressione demografica, aveva prodotto uno sviluppo eccessivo delle produzioni cerealicole, a danno degli allevamenti zootecnici. Nel ventennio fra il 1931 ed il 1951, mentre gli addetti all'agricoltura erano caduti nel Nord, essi erano cresciuti nel Sud; l'inchiesta parlamentare sulla miseria classificò come misere oltre il 50% delle famiglie meridionali. La proprietà si presentava fortemente concentrata: lo 0,5% dei proprietari possedeva il 35% della superficie. Al termine delle ostilità, risultava chiaro che il settore agricolo presentava non solo un problema immediato di disoccupazione e di povertà, specialmente nel Mezzogiorno; ed era altrettanto chiaro che tali problemi non potevano essere superati se non riducendo l'estensione delle colture cerealicole per fare posto agli(19) allevamenti bovini e alla produzione di carni e di latticini.

La situazione del settore industriale non era molto migliore. È vero che, nel corso del ventennio fascista, l'industria italiana, aveva subito alcune sensibili modificazioni qualitative, e, accanto ai settori tradizionali, aveva sviluppato alcune produzioni più moderne, specie nel settore della chimica, dei prodotti petroliferi e delle fibre sintetiche. Ma sotto il profilo quantitativo l'industria restava ancora basata su settori scarsamente dinamici e tecnologicamente arretrati rispetto agli altri paesi.

Tre settori rivestivano un'importanza prevalente nella produzione industriale del paese, ed erano il settore alimentare, il settore tessile e quello dell'industria produttrice di energia elettrica. La rilevanza di questi settori nella vita economica nazionale emerge, soprattutto per i primi due, dall'esame dell'occupazione lavorativa che essi assorbivano. Ma, contro tale rilevanza quantitativa, tali settori non presentavano corrispondenti requisiti di efficienza; l'industria tessile era ancora largamente basata sul lavoro a domicilio, e l'industria alimentare si serviva in prevalenza di manodopera e di tecnologie arretrate e semiartigianali. Per quanto riguarda il settore dell'energia elettrica, viceversa, esso non aveva alcuna rilevanza quanto ad assorbimento di manodopera; rappresentava però la più cospicua concentrazione finanziaria del paese. Direttamente o indirettamente, l'industria elettrica era collegata con la maggioranza degli altri settori produttivi, e il fatto stesso che essa desse luogo alla(20) maggiore formazione di profitti vale a dare un'idea dell'insufficiente sviluppo degli altri settori.

I settori portanti dell'industria moderna, quelli che nel corso degli anni successivi avrebbero assunto rilevanza dominante nell'economia dell'intero paese, e cioè l'industria siderurgica, l'industria automobilistica e l'industria chimica, erano tutti presenti e attivi nell'Italia di allora; ma presentavano una rilevanza quantitativa assai più modesta.

La siderurgia italiana, nel corso del ventennio fascista(21), aveva attraversato un periodo di profonda evoluzione tecnologica, e, con la costruzione dell'impianto di Cornigliano, aveva fatto il grande balzo verso la lavorazione a ciclo integrale(22). A parte questo impianto, peraltro smantellato dalle truppe tedesche in fuga, il resto dell'industruia siderurgica era basato su impianti di dimensioni modeste, che praticavano la lavorazione del rottame. Tale sistema aveva avuto una sua ragione d'essere in un'economia povera di minerali e chiusa agli scambi con l'estero, costretta a utilizzare e riutilizzare successivamente il medesimo metallo, ma non era tale da consentire costi competitivi, ed era destinato a perdere peso(23) nel quadro di un'economia aperta agli scambi con l'estero. L'industria chimica e quella automobilistica, anche se più avanzate sotto il profilo tecnologico, avevano ancora dimensioni assai modeste: ancora nel 1938, l'Italia produceva non più di 50.000 autoveicoli all'anno. Più che quella di contribuire in misura sostanziale alla formazione del reddito nazionale, la funzione preminente di questi settori era dunque quella di fungere da pionieri del progresso tecnico, introducendo i metodi più avanzati di produzione, il lavoro di fabbrica in luogo del(24), lavoro a domicilio il montaggio a catena(25) in luogo della lavorazione pezzo a pezzo, i procedimenti meccanizzati in luogo del lavoro manuale. La funzione che essi svolgevano era quindi eminentemente preparatoria.

Le conseguenze di questa struttura produttiva arretrata e squilibrata si manifestavano in una estesa ***disoccupazione strutturale***. La stima ufficiale, che poneva il numero dei disoccupati intorno ai due milioni, peccava probabilmente per difetto, in quanto ignorava i sottoccupati ed i disoccupati nascosti che, specie nel settore agricolo, erano assai numerosi. Nel passato, la disoccupazione aveva trovato sfogo nell'emigrazione verso l'estero; ma le correnti migratorie, affievolitesi fra le due guerre e interrotte del tutto dalle vicende belliche, non presentavano prospettive concrete di ripresa. Negli anni del fascismo, si era ulteriormente accentuata la pressione demografica nelle campagne, fenomeno questo particolarmente accentuato nelle regioni meridionali, dove la distribuzione ineguale della proprietà fondiaria e la conseguente fame di terre creava situazioni pressoché insostenibili. Non vi è quindi da meravigliarsi se, in quegli anni, il problema della disoccupazione fosse dibattuto costantemente e con passione, con orientamenti talora largamente divergenti. Taluni sottolineavano la sostanziale arretratezza della struttura produttiva del paese e invocavano una politica di risparmi che consentisse di realizzare una progressiva modernizzazione di largo respiro(26); altri sollecitavano provvedimenti immediati e proponevano di alleviare la situazione mediante un flusso accresciuto di erogazioni a carico del bilancio dello Stato(27) ed una politica di opere pubbliche(28).

## NOTE

1. dinanzi a = davanti a 面对着，在……面前
2. il movimento della Resistenza （反纳粹法西斯的）抵抗运动
3. per un verso = da una parte, da un lato 一方面，与之对应的是 d'altro canto = dall'altro 另一方面
4. all'insegna di = in nome di 打着……的旗号（招牌），以...的名义
5. fare affidamento su = contare su 依靠，指望
6. riforma fondiaria 土地改革；proprietario fondiario 地主
7. a spese di 有损于，由……承受负担，如：Ha finito gli studi a spese proprie. 他自费完成了学业。
8. Cassa per il Mezzogiorno 南方开发银行，建于 1950 年，1976 年进行了调整，是国家对南方进行经济干预的机构。1986 年被 Agenzia per la Promozione dello sviluppo del Mezzogiorno 所取代，而该机构有在 1992 年撤销。现在原南方开发银行的职能几乎全部由国库部、预算部和经济计划部履行。
9. lì per lì = sul momento 当时下，在那个时侯
10. inflazione 通货膨胀。分为 inflazione strisciante (2-4%), inflazione galoppante

(10-20%), iperinflazione(>20%); inflazione da domanda（需求过高造成的通胀），inflazione da costi（成本过高造成的通胀）

11. connesso a = legato a 与……相关联的
12. circolo vizioso 恶性循环，反其意则是 circolo virtuoso 良性循环
13. in seguito a = a seguito di = in conseguanza di = a causa di 随着，由于
14. rimettere in sesto = fare tornare alla condizione normale = riparare, rimediare 整顿、治理
15. le riserve valutarie 外汇储备，riserva ufficiale 官方储备；riserva 有时需要译为准备金，如银行准备金：riserva bancaria，法定准备金：riserva obbligatoria，自愿准备金：riserva volontaria
16. a rigor di termini = secondo il preciso significato delle parole 严格地讲
17. nell'intento di = con lo scopo di = al fine di = con l'intenzione di 意图为，为了，目的在于
18. accoppiato a = unito a = insieme a 伴之以
19. fare posto a = lasciare posto a 让位于
20. dare luogo a = produrre 引起，造成，产生
21. nel corso del ventennio fascista 在法西斯的 20 年里，nel corso di = nel giro di, nell'arco di 在……期间
22. a ciclo integrale 全套（完整的）生产流程
23. era destinato a perdere peso 注定要减少分量（失去地位）
24. in luogo di = al posto di = invece di 取代，代之以
25. il montaggio a catena 流水线安装（组装）
26. di largo respiro = di ampio respiro, di larga portata (estensione, vastita, intensita) 广泛的，大范围的，大力的
27. a carico dello Stato = a spese dello Stato 由国家负担
28. opere pubbliche 公共工程

## VOCABOLARIO

| | | |
|---|---|---|
| bellico | *agg.* | guerresco, marziale, militare 战争的 |
| postbellico | *agg.* | dopo la guerra 战后的 |
| imboccare | *v.tr.* | prendere, entrare, immettersi 进入，纳入，走入 |
| soppresso | *agg.* | abolito, eliminato, revocato 受压迫的，被压抑的，被镇压的 |

| | | |
|---|---|---|
| autoritario | *agg.* | totalitario, dittatoriale, oppressivo, tirannico 专制的，独裁的 |
| atipico | *agg.* | non tipico 非典型的 |
| culminante | *agg.* | giunto all'apice, toccato il culmine; terminato, finito 达到高潮的，达到顶点的 |
| somministrato | *agg.* | fornito, procurato, distribuito 提供的，供给的，供应的 |
| autarchico | *agg.* | con l'indipendenza economica, autonomo in economia 自给自足的 |
| dirigista | *agg.* | interventista, protezionista, statalista 管制经济的，统制经济的 |
| cesura | *s.f.* | pausa, sospensione 停止，中止 |
| assetto | *s.m.* | sistemazione, riordinamento 整顿，调整 |
| dissenso | *s.m.* | disaccordo, divergenza, contrasto 异议，不赞成，反对 |
| travolgere | *v.tr.* | sconvolgere, stravolgere, trascinare 使卷入，带入，拖入 |
| imprimere | *v.tr.* | fissare, fare radicare, pubblicare 给予，确定 |
| naufragare | *v.intr.* | andare in fumo, fallire, svanire, non avere successo 破产，一无所成 |
| padroneggiare | *v.tr.* | controllare, dirigere, dominare 操纵，控制，主宰 |
| diseguale | *agg.* | disuguale, differente, diverso 不平等的，不均等的，不等的 |
| ricatto | *s.m.* | estorsione di ingiusto profitto con la minaccia 讹诈，敲诈 |
| pareggio | *s.m.* | parità, uguaglianza fra le due parti 持平，此指收支平衡 |
| strozzatura | *s.f.* | restringimento, strettoia, stretta 瓶颈 |
| sconvolto | *agg.* | confuso, disordinato, messo sottosopra 搞乱的，混乱的，一塌糊涂的 |
| paralizzato | *agg.* | bloccato, immobilizzato 瘫痪的 |
| locomotiva | *s.f.* | macchina del treno, locomotore, vaporiera 火车头 |
| vettura | *s.f.* | carrozza, vagone 火车车厢，车皮 |
| inferto | *agg.* | colpito, inflitto, provocato 遭受的，遭到的 |

| | | |
|---|---|---|
| smantellare | *v.tr.* | demolire, smontare 拆卸，拆除 |
| ritirata | *s.f.* | arretramento, ripiegamento, ritorno indietro 撤退 |
| naviglio | *s.m.* | flotta, bastimento, nave 船只，船队 |
| frammentarietà | *s.f.* | disorganicità, lacunosità, inorganicità 支离破碎，零碎 |
| indenne | *agg.* | illeso, intatto, integro, immune, sano e salvo 未受损伤的，安全无恙的 |
| prebellico | *agg.* | prima della guerra 战前的 |
| deliberatamente | *avv.* | intenzionalmente, volontariamente 有意地，故意地 |
| immissione | *s.f.* | introduzione, ammissione 注入，流入，进入 |
| collocare | *v.tr.* | piazzare, vendere 安置，此处指配售 |
| forzoso | *agg.* | imposto con la forza o d'autorità 强制性的 |
| eccesso | *s.m.* | eccedenza, sovrabbondanza 多余 |
| irrefrenabile | *agg.* | che non si può frenare 刹不住的，止不住的 |
| decuplicare | *v.tr.* | moltiplicare per dieci, accrescere dieci volte 增 10 倍 |
| vertiginoso | *agg.* | pauroso, pazzesco, vorticoso 疯狂的，令人目眩的 |
| galoppante | *agg.* | rapido 飞快的，奔驰的 |
| brusco | *agg.* | secco, imprevisto, deciso, energico 骤然，急剧的 |
| esasperare | *v.tr.* | aggravare, esacerbare, inasprire 加剧，激化 |
| ostilità | *s.f.* | avversione, operazioni belliche 对抗；战争 |
| latticini | *s.m.* | prodotti alimentari derivati dalla lavorazione del latte 奶制品 |
| rivestire | *v.tr.* | ricoprire, assumere, avere 担当，担任，具有 |
| requisito | *s.m.* | qualità, dote, condizione 条件，素质，禀赋 |
| portante | *agg.* | reggente, guida, pilota 支柱的，主导的 |
| rottame | *s.m.* | frammento, frantume, carcassa, ferrovecchio 废旧钢铁 |
| eminentemente | *avv.* | principalmente, prima di tutto 主要地，首要地 |
| sottoccupato | *s.m.* | lavoratori con occupazione per un periodo di ore o giornate lavorative inferiore al normale 半失业者 |
| affievolirsi | *v.rifl.* | abbassarsi, diminuire, indebolirsi, decrescere 降低，减少，削弱，减弱 |
| invocare | *v.tr.* | chiamare, chiedere, pregare, supplicare 呼唤，呼吁，恳求 |
| erogazione | *s.f.* | donazione, offerta, distribuzione, fornitura 布施，供应 |

## ESERCIZI

**1. Rispondere alle seguenti domande:**

1) Sai spiegare perché l'Italia è entrata nel Blocco Occidentale subito dopo la seconda guerra mondiale?
2) Quali erano le soluzioni dei problemi economici principali nell'immediato dopoguerra?
3) Quali erano i problemi immediati e quelli di lungo periodo?
4) Quali erano i principali danni provocati dalla Guerra in Italia?
5) Perché l'inflazione si era sviluppata rapidamente dopo la guerra?
6) Perché si dice che l'Italia era in circolo vizioso per la bilancia dei pagamenti?
7) Quali erano i settori portanti dell'industria moderna italiana e che ruolo avevano?
8) Quali e come erano i settori importanti nella produzione industriale?

**2. Discutere in gruppo il problema dello sviluppo del Mezzogiorno e compararlo con la nostra politica del grande sviluppo dell'Ovest.**

**3. Scrivere tutti i tipi d'inflazione ed i corrispondenti criteri.**

**4. Tradurre le parole seguenti in italiano:**

| | |
|---|---|
| 外汇储备 | 恶性循环 |
| 废旧钢铁 | 公共工程 |
| 国际收支 | 自给自足 |
| 南方开发银行 | 欧共体货币体系 |
| 大不列颠 | 抵抗运动 |

**5. Formare frasi con le locuzioni seguenti:**

— dinanzi a

— all'insegna di

— a spese di

— fare affidamento su

— in luogo di

— dare luogo a

— in seguito a
— a carico di
— connesso a
— nell'intento di
— nel corso di
— intorno a
— quanto a

**6. Scrivere i contrari delle parole seguenti:**

| | |
|---|---|
| forzoso | brusco |
| indenne | immissione |
| integrale | montaggio |
| inflazione | deliberato |
| paralizzato | prioritario |
| ostilità | vizioso |
| distruzione | miseria |
| affievolirsi | ritirata |
| smantellare | frammentarietà |
| eccesso | efficienza |
| dissenso | eminentemente |
| accentuarsi | sconvolto |

**7. Scrivere i sinonimi delle parole seguenti:**

| | |
|---|---|
| bellico | imboccare |
| autoritario | somministrato |
| culminante | cesura |
| dissenso | naufragare |
| padroneggiare | diseguale |
| pareggio | strozzatura |
| sconvolto | paralizzato |
| vettura | inferto |
| smantellare | ritirata |
| frammentarietà | naviglio |
| portante | rottame |

**8. Completare i seguenti brani:**

1) La Resistenza era per un verso movimento____________e d'altro canto un ampio movimento ____________sotto la protezione del ____________, queste due forze dovevano dare luogo a due ____________.

2) Sul piano delle linee concrete di politica economica, il capitalismo doveva muoversi fra vincoli molteplici da un lato era necessario ____________________, dall'altro, occorreva ____________. Così procedette al rafforzamento dell'____________ nel Nord e la riforma ____________ accoppiata ad una____________ nel Sud.

3) I settori più colpiti dalla Guerra erano __________, __________e ____________, ma la capacità produttiva era perduta non meno del ____________, il reddito nazionale lordo del 1946 era all'incirca il ____________ del livello prebellico.

4) Gli indici dei prezzi erano __________ fra il '38 e il '43, __________ nel '44, e poi c'è stata una crescita __________ nel '45, e__________nel '47 e si _________ l'aumento progressivo dei prezzi alla fine del ____________.

5) Fra il 1931 e il 1950, gli addetti all'agricoltura nel Nord erano ____________, e nel Sud erano ______________. L'inchiesta parlamentare sulla miseria risultò come misere oltre il____________ delle famiglie meridionali, e ______________ dei proprietari possedeva il ____________ della superficie.

6) I settori più moderni dell'industria sono __________, __________, __________ e quelli tradizionalmente importanti erano __________, __________e __________.

7) La siderurgia italiana era basata su impianti di dimensione ____________ che praticavano la lavorazione del _________ perché l'Italia era povera di _________ e chiusa agli ____________.

**9. Riempire il seguente modulo:**

| **Problemi immediati** | **Problemi di fondo** |
|---|---|
| | |
| | |
| | |

# Unità 3

## Prima fase: il dopoguerra e la ricostruzione (1945-1955) (2)

导言：

无论是即期问题还是结构性失业造成的根本问题，这些问题的解决都与意大利经济体制的总体定位密切相关。法西斯时期的经济体制是一种统制经济。法西斯独裁时期对国家和民众控制的严密程度是意大利历史上任何一个君王和独裁者都无法比拟的。一方面，法西斯经济政策受国际经济形势的影响，特别是大萧条岁月所导致的；从另一方面，法西斯经济政策受起主导作用的产业集团和金融财团利益的驱动——也就是“受大地主，大资产阶级利益的驱动”；还有一方面，是受带有民族主义色彩的思想的推动。不论原因究竟是什么，可以肯定的是，法西斯时期不仅是保护主义和自给自足政策的时期，而且是对生产体系明显行政控制的时期。

**2. Il dibattito sui grandi temi**

La soluzione dei grandi problemi aperti, sia di carattere immediato che di natura strutturale, veniva ad essere strettamente connessa con la questione di fondo dell'assetto complessivo del sistema economico italiano. L'economia fascista aveva rappresentato un esperimento di ***economia controllata***. In parte, la politica economica del fascismo poteva essere ricondotta a vincoli imposti dalla situazione economica internazionale, specie negli anni della grande depressione; in parte poteva essere spiegata come dettata dagli interessi dei gruppi industriali e finanziari dominanti; in parte, traeva spunto da motivazioni ideologiche di marca nazionalista(1). Quali che ne fossero le ragioni, è certo che il periodo fascista era stato un periodo non soltanto di protezionismo e di autarchia, ma anche di sensibili controlli amministrativi sull'apparato produttivo.

Esaurito l'esperimento fascista, in linea di principio(2) tutto poteva essere rimesso in discussione. Il paese poteva restaurare l'economia di mercato, basata su scelte indipendenti degli operatori privati; poteva conservare un certo ammontare di controlli sullo svolgimento delle attività produttive, convertendo il dirigismo fascista in programmazione democratica; poteva infine, anche se nelle circostanze storiche in cui il paese si trovava questa eventualità era più teorica che effettiva, portare a fondo(3) la centralizzazione della gestione economica instaurando un'economia di tipo collettivista. Gli esempi che venivano da altri paesi europei non indicavano affatto una linea decisa di restaurazione liberista. In Francia, con il così detto Piano Monnet, si tentava la via della programmazione, e, fatto anche più significativo, si procedeva alla nazionalizzazione delle ferrovie, della produzione di energia elettrica e di gas, nonché della maggiore fabbrica di autovetture, la Renault. In Gran Bretagna, il partito laburista (4), al governo dal luglio del 1945, procedeva nel 1947 alla nazionalizzazione dell'industria pesante.

La discussione finiva inevitabilmente per svolgersi su due piani, spesso intrecciati, che investivano da un lato problemi singoli, di natura immediata e contingente (quali opportunità di controllare il corso dei cambi, o di liberalizzare il mercato dei beni di consumo(5)), dall'altro aspetti di natura generale e ideologica (e cioè i vantaggi relativi dei sistemi pianificati rispetto alle economie di mercato).

***Sul piano dei singoli provvedimenti***, si discuteva sulla conservazione del sistema di razionamento per i generi alimentari, sulla permanenza del controllo sulla disponibilità delle valute estere, sull'introduzione di un'imposta straordinaria sul patrimonio (6). Dietro ciascuno di questi problemi, si collocavano questioni rilevanti di politica economica. Preservare il razionamento dei generi alimentari significava fronteggiare la scarsità di generi essenziali distribuendoli in misura uguale fra tutti, mentre abolirlo significava affidare la distribuzione alle forze del mercato, favorendo i più abbienti a danno d'altri(7). Analogamente, controllare le assegnazioni di valuta estera significava avere la possibilità di concentrare le importazioni nei settori di interesse più rilevante per la ricostruzione; liberalizzare il mercato delle valute significava invece assegnare la capacità di importazione ai settori che in quel momento avevano la possibilità di esportare di più. L'applicazione di un'imposta straordinaria sul patrimonio, la cui discussione fu strettamente collegata a quella sul cambio della moneta, avrebbe avuto lo scopo di eliminare i sovrapprofitti straordinari degli speculatori e, nelle regioni meno sviluppate, di attenuare la estrema concentrazione delle ricchezze nelle mani di pochi. Su questi temi, come vedremo, l'orientamento non era affatto unanime. Come emerse dall'inchiesta della Commissione economica dell'Assemblea costituente(8), non pochi operatori economici e funzionari pubblici erano sostanzialmente favorevoli alla(9) conservazione di controlli. Più di un esperto, fra cui il Carli, considerava necessario il controllo sul mercato delle valute; lo stesso Corbino, liberista noto e convinto, si dichiarava favorevole all'imposta straordinaria sul patrimonio.

***Sul piano dei principi generali***, la discussione toccava temi molto più astratti. I liberisti, con vigore alimentato da un'antica tradizione e consolidato da una altrettanto antica esperienza accademica, presentavano gli argomenti più persuasivi a favore dell'abolizione di ogni controllo. Essi vantavano la superiorità del mercato libero, l'utilizzazione efficiente delle risorse produttive che sarebbe scaturita dalla libertà delle contrattazioni, le distorsioni e le corruzioni che qualsiasi controllo amministrativo degli scambi avrebbe inevitabilmente portato con sé. In questa difesa del liberismo, si allineavano anzitutto esponenti del mondo industriale; e ciò non può essere fonte di sorpresa, se si pensa che in quegli anni l'intervento governativo portava con sé il controllo operaio, data la presenza operaia negli organi ministeriali. Ma anche i teorici più autorevoli erano tutti assertori convinti del principio del liberismo economico. Einaudi, Bresciani Turroni, Fanno, Del Vecchio, Demaria, Corbino concordavano nell'identificare controlli, protezionismo e autarchia con i principi autoritari dello stato fascista e vedevano il ritorno al principio della libertà degli scambi come coronamento della restaurazione democratica, simbolo del rientro dell'Italia nel consesso dei paesi democratici, uscita da un clima di presuntuoso e provinciale isolamento. Non va dimenticato d'altro canto che molti di costoro influivano sulle decisioni pubbliche non solo con il peso del loro prestigio personale, ma anche in virtù delle(10) posizioni di responsabilità che erano chiamati a ricoprire. Einaudi fu Governatore della Banca d'Italia (1945-1947) e Ministro del Bilancio (1947-1948), Corbino fu Ministro del Tesoro fra il 1945 ed il 1946, Del Vecchio fu Ministro del Tesoro(1947-1948). Nella seconda metà del 1947, Einaudi occupava il dicastero del Bilancio, Del Vecchio quello del Tesoro e il Menichella era succeduto nel Governatorato della Banca d'Italia (dapprima come supplente, poi a titolo permanente); questi tre personaggi, animati da idee convergenti, e sostenuti dalle forze politiche dominanti, tenevano saldamente in pugno(11) la politica monetaria del paese.

### 3. La grande scelta: verso un'economia aperta

Come abbiamo visto, le discussioni sul controllo dell'economia si risolvevano in dibattiti verbali, senza sbocchi concreti. La vera politica economica, come vedremo in seguito, era se mai quella opposta, quella cioè dello smantellamento dei controlli esistenti e della restaurazione del potere padronale in nome dell'efficienza dell'iniziativa privata. In questo clima, la discussione sui principi generali di gestione economica del paese venne presto travolta da quella che fu la decisione di politica economica più rilevante del dopoguerra, quella di abbandonare progressivamente la politica di protezionismo e di chiusura agli scambi con l'estero, per orientare l'economia italiana verso ***una politica di apertura commerciale e di intensificazione degli scambi esteri.***

Molti elementi confluirono in questa decisione, alcuni di natura strettamente economica, altri connessi a motivazioni più strettamente ideologiche e politiche. In primo luogo(12), premevano per una maggiore liberalizzazione gli esponenti più avanzati dell'industria, i quali si rendevano conto del fatto che l'industria italiana avrebbe potuto acquisire un livello adeguato di efficienza solo mediante un ampliamento di dimensioni, che a sua volta sarebbe stato possibile solo sviluppando le esportazioni. Nella stessa direzione premevano gli economisti di professione, che vedevano nel protezionismo solo una fonte di distorsione nell'uso delle risorse, e una fonte di indebiti profitti per i settori protetti, e ritenevano quindi che la liberalizzazione degli scambi avrebbe esposto l'industria italiana a una sana ventata concorrenziale, eliminando i settori inefficienti e avviando una specializzazione più conforme alla dotazione naturale di risorse e alla struttura dei costi interni. Su questa posizione erano sostanzialmente concordi, come si è detto, gli economisti più autorevoli di allora.

D'altro canto, anche volendo prescindere da queste considerazioni immediate, si può osservare che la via della liberalizzazione progressiva rappresentava per certi aspetti una via obbligata. L'Italia è caratterizzata da una tradizionale povertà di materie prime; tutti i prodotti naturali che di volta in volta sono stati alla base dello sviluppo industriale (legno, carbone, ferro, petrolio, uranio) sono assenti dal suolo o dal sottosuolo del paese. Per l'economia italiana sviluppo industriale significa quindi sviluppo delle importazioni, dovendo l'industria necessariamente alimentarsi di materie prime provenienti dall'estero. A sua volta, lo sviluppo delle importazioni esige uno sviluppo parallelo delle esportazioni, e quindi un'apertura commerciale crescente. L'alternativa che l'Italia si trovava di fronte non era dunque fra sviluppo come economia chiusa e sviluppo come economia aperta, ma piuttosto quella fra sviluppo industriale come economia aperta da un lato, e rinuncia, almeno iniziale, allo sviluppo industriale dall'altro.

La decisione di aprire l'economia italiana agli scambi con l'estero non implicava necessariamente che l'apertura dovesse avvenire verso i paesi europei. In linea del tutto astratta, l'industria italiana avrebbe potuto ricercare nuovi mercati nei paesi del bacino del Mediterraneo o nel continente sudamericano. Di fatto(13), però, le possibilità di scelta erano assai più limitate. I paesi balcanici erano entrati a far parte della zona d'influenza sovietica(14); i rimanenti paesi mediterranei erano sotto l'influsso economico e politico britannico o francese; l'America Latina era legata sempre più strettamente agli Stati Uniti. In questo quadro, le alternative effettive erano assai scarse. L'Italia, al termine del conflitto, si era venuta a trovare nella sfera d'influenza degli Stati Uniti, e gli Stati Uniti, nella prospettiva della creazione di un blocco europeo saldamente integrato sotto il profilo economico e politico, incoraggiavano apertamente il riattivarsi degli scambi commerciali fra paesi europei, e vedevano con favore l'inserimento dell'economia italiana nel blocco europeo. È significativo, sotto questo rispetto(15), che gli Stati Uniti, mentre davano mostra di comprendere le difficoltà che, l'industria europea incontrava nei confronti di quella statunitense, e di conseguenza non insistevano per una liberalizzazione degli scambi europei con l'area del dollaro, premevano invece perché venissero liberalizzati al più presto gli scambi all'interno dell'area europea.

Ragioni economiche e ragioni politiche sospingevano così il governo italiano verso una rapida liberalizzazione nei confronti dei mercati europei. Come vedremo, il confronto diretto con economie assai più avanzate e industrializzate doveva risultare decisivo per l'evoluzione strutturale dell'economia italiana, nei suoi aspetti positivi e negativi.

Una volta presa la decisione(16), la via della liberalizzazione commerciale fu seguita con prontezza e continuità. La precedenza venne data al commercio con i paesi europei, nei confronti dei quali le limitazioni quantitative alle importazioni vennero presto abolite. Basti pensare che, all'indomani della guerra(17), nel 1946, le importazioni dai paesi OECE(18) non sottoposte a vincoli di licenza erano appena il 3,5% delle importazioni totali, e che questa percentuale crebbe al 23% nel 1949, al 50% nel 1952, al 99% nel 1954. Queste cifre fanno contrasto con quelle relative alle importazioni dall'area del dollaro; in questo settore ancora nel 1954 la percentuale di importazioni esenti da licenza era appena del 34%. Mentre le limitazioni quantitative venivano ridotte rapidamente, la revisione dei dazi doganali avvenne con maggiore gradualità. Nel 1949, in seguito all'accordo di Annecy, venne approvata una nuova tariffa doganale, che comportava una revisione delle tariffe in senso liberista per tutti i paesi partecipanti. In sé le riduzioni di tariffa non erano molto significative, dal momento che la vecchia tariffa doganale italiana, approvata nel 1921 e basata su dazi ad valorem(19), era stata ormai vanificata dall'inflazione; assai più significative risultavano invece le liberalizzazioni, dal momento che la protezione dell'industria interna era ormai affidata soprattutto ai contingentamenti. Nel contempo, fin dal 1948 l'Italia aveva iniziato a stipulare una serie di accordi multilaterali con altri paesi europei, al fine di facilitare i pagamenti e garantire crediti reciproci. Alla fine del 1946, l'Italia era stata ammessa al Fondo Monetario Internazionale(20) e alla Banca mondiale. Nel 1949, l'Italia aderì all'OECE, nel 1950 all'Unione europea dei pagamenti, nel 1953 alla CECA(21). La tappa finale di questo processo di integrazione nell'economia europea venne raggiunta nel 1957 con la stipulazione del Trattato di Roma, che diede origine al Mercato comune europeo(22).

## NOTE

1. di marca nazionalista = di carattere (impronta) nazionalista 具有民族主义特征的，民族主义色彩的
2. in linea di principio 原则上
3. portare a fondo 进行到底，彻底推行
4. il Partito laburista 英国工党
5. beni di consumo 消费品，bene 商品，物资，财货，beni strumentali 生产资料，

beni economici 经济财货

6. l'imposta straordinaria sul patrimonio 财产特别税。各种税都是 imposta su...，例如：Imposta sul reddito delle persone fisiche = IRPEF 个人所得税，Imposta sul reddito delle persone giuridiche = IRPEG 企业所得税，Imposta sul valore aggiunto = IVA 增值税，Imposta sul consumo 消费税
7. a danno di 有害（损）于，不利于……；相反的词组是 a favore di 有利于……
8. Assemblea costituente = 立宪会议
9. favorevole a 赞成……，与之相反的词组是 contrario a 反对……
10. in virtù di = secondo 按照，依照，根据
11. tenere in pugno qualcosa 手中紧握……
12. in primo luogo 首先，以此类推 in secondo luogo 其次，in terzo luogo 第三
13. di fatto = infatti = in realtà 事实上，实际上，如 matrimonio di fatto 事实婚姻
14. far parte della zona d'influenza sovietica 属于苏联的势力范围
15. sotto questo rispetto = sotto questo aspetto 在这方面
16. una volta presa la decisione 一旦做出了决定；prendere la decisione = decidere 决定，prendere la posizione 排队，站队，定位，决定立场
17. all'indomani della guerra 战争刚结束后，
18. OECE = Organizzazione Europea per la Cooperazione Economica 欧洲经济合作组织
19. dazi ad valorem 按价征税，即按照进口商品的价值征收确定比例的关税
20. Fondo Monetario Internazionale = FMI (IMF) 国际货币基金组织
21. CECA = Comunità Europea del Carbone e dell'Acciaio 欧洲煤钢联营，欧洲煤钢共同体
22. dare origine al Mec = fare iniziare, provocare, causare, fare nascere 导致了欧洲共同市场的诞生

## VOCABOLARIO

| | | |
|---|---|---|
| connettere | *v.tr.* | collegare, unire, riconnettere 联系，相连，关系 |
| ricondurre | *v.tr.* | riportare 再引向…… |
| spunto | *s.m.* | ispirazione, sapere di forza 启迪，启发，启示 |
| ideologico | *agg.* | dottrinale, teorico 意识形态的，理念的，理论的 |
| investire | *v.tr.* | coprire, rivestire 覆盖，波及 |

| | | |
|---|---|---|
| contingente | *agg.* | occasionale, accidentale, causale 偶然发生的 |
| razionamento | *s.m.* | limitazione della distribuzione dei beni 配给制 |
| abbiente | *s.m.* | benestante, ricco 富裕者，富人 |
| assegnazione | *s.f.* | distribuzione 分配，配给 |
| sovrapprofitto | *s.m.* | soprapprezzo, soprapprofitto 超额利润 |
| unanime | *agg.* | all'unanimità, concorde, all'unisono 一致的，全体一致的 |
| emerso | *agg.* | venuto fuori, dimostrato, spiccato 显现出的，出现的 |
| persuasivo | *agg.* | convincente 有说服力的 |
| vantare | *v.tr.* | esaltare, decantare, millantare, magnificare 夸耀，吹嘘，宣扬 |
| scaturire | *v.tr.* | fuoriuscire, derivare, nascere, emergere 冒出，涌现出，导致 |
| contrattazione | *s.f.* | negoziato, negoziazione, trattativa 洽谈，讨价还价 |
| distorsione | *s.f.* | irregolarità, squilibrio 扭曲，畸形 |
| allinearsi | *v.rifl.* | mettersi in fila, mettersi in schiera 站在……一边 |
| esponente | *s.m./f* | rappresentante, personaggio 代表人物，要员 |
| assertore | *s.m.* | difensore, sostenitore 捍卫者，坚持者 |
| coronamento | *s.m.* | compimento, riuscita 完成 |
| presuntuoso | *agg.* | arrogante, pieno di sé, superbo, borioso 高傲的，傲慢的 |
| provinciale | *agg.* | arretrato, di idea limitata, rozzo, retrogrado 思想受局限的，目光短浅的，落后的 |
| isolamento | *s.m.* | solitudine, segregazione 孤立，隔绝 |
| influire | *v.tr.* | influenzare, agire, avere un peso 影响，施加影响，产生作用 |
| dicastero | *s.m.* | ministero 部 |
| governatorato | *s.m.* | titolo, ufficio e dignità del governatore 行长之职 |
| supplente | *agg.* | interino, sostituto 代理的 |
| indebito | *agg.* | inopportuno, sconveniente, illecito 不当，不适当的，不合适的 |
| ventata | *s.f.* | movimento improvviso e forte 一阵风，风潮 |

| | | |
|---|---|---|
| inefficiente | *agg.* | incapace, inutile 没有效率的，没有能力的 |
| concorde | *agg.* | accordato, unito, compatto, unanime, armonico 一致的，协调的，和睦的 |
| prescindere | *v.tr.* | non tener conto, trascurare 撇开，不考虑 |
| sottosuolo | *s.m.* | sottoterra, sotterraneo 地下层，地下室 |
| uranio | *s.m.* | elemento chimico dal simbolo U 铀 |
| esigere | *v.tr.* | pretendere, richiedere 要求，需要 |
| implicare | *v.tr.* | sottindendere, contenere 内涵，意味 |
| balcanico | *agg.* | relativo ai (o alla regione dei) Balcani 巴尔干(地区)的 |
| influsso | *s.m.* | influenza 影响 |
| sospingere | *v.tr.* | spingere, spostare, incitare 推动，移动 |
| prontezza | *s.f.* | celerità, sveltezza, rapidità, velocità 快速，迅即 |
| vanificare | *v.tr.* | resa inutile, mandare in fumo 使无效，使没有作用 |
| contingentamento | *s.m.* | fissazione di quantità o valore limite di merci 规定配额，定限额 |

## ESERCIZI

**1. Spiegare le seguenti sigle:**

OECE

CECA

FMI(IMF)

ONU

WTO

IVA

MEC

**2. Rispondere alle seguenti domande:**

1) Quali erano i grandi temi della discussione?

2) Prova a descrivere le caratteristiche delle politiche econimiche nel periodo fascista.

3) Quali erano i problemi della discussione sul piano dei singoli provvedimenti?

4) Quali erano i temi della discussione sul piano dei principi generali?

5) Prova a indicare i primi passi realizzati dall'Italia verso il mercato comune europeo.
6) Come ha scelto l'Italia il suo mercato d'oltremare e perché?
7) Prova a spiegare "il sistema di razionamento per i generi alimentari".

**3. Secondo il contenuto del testo e le tue conoscenze, provare a riempire il modulo:**

| Tipo di Economia | Vantaggi | svantaggi |
|---|---|---|
| d'intervento | | |
| Liberista | | |
| Mista | | |

**4. Indicare tutti i tipi di imposte italiane che sai e cercare di presentare la riforma cinese sul sistema fiscale in italiano.**

**5. Esercizi sulle parole in famiglia:**

| verbo | participio passato | sostantivo | aggettivo |
|---|---|---|---|
| | dominato | | |
| decidere | | | |
| | analizzato | | |
| | | esigenza | |
| | | collocazione | |
| | emigrato | | |
| | | conflitto | |
| | | distinzione | |
| | | pressione | |
| | | rilevazione | |
| fungere | | | |
| | sconvolto | | |
| | distrutto | | |
| | | danneggiamento | |
| | interrotto | | |
| | | ripresa | |

**6. Scrivere i sinonimi delle seguenti parole:**

ideologico
abbiente
sovrapprofitto
persuasivo
scaturire
assertore
presuntuoso
dicastero
indebito
concorde
implicare
influsso
contingente
assegnazione
emerso
vantare
contrattazione
coronamento
isolamento
supplente
inefficiente
sottosuolo
sospingere
prontezza

**7. Scrivere i contrari delle seguenti parole:**

connettere
abolire
unanime
corruzione
presuntuoso
convergente
indebito
concorde
prontezza
danno
depressione
abbiente
superiorità
assertore
isolamento
ampliamento
inefficiente
incoraggiare
vanificare
virtù

**8. Fare frasi con le seguenti espressioni:**

— portare a fondo
— a danno di
— favorevole a
— in virtù di
— in primo luogo
— dare origine a
— fare parte a

# Unità 4

## Prima fase: il dopoguerra e la ricostruzione (1945-1955) (3)

导言：

战后初期通货膨胀对世界经济影响深重，在与通货膨胀进行斗争的岁月里意大利政府遵循的基本路线相当清楚。政治上，逐渐取消萌芽状态的工会组织对经济的管理；经济上，放弃计划观念，恢复完全的市场经济，坚定地选择了欧洲一体化的目标。从 1946 年开始推行逐步自由化政策，首先从汇率开始，逐步废除政府的调控。充分利用联合国善后救济署提供的国际援助增加外汇储备。1947 年 1 月总理德·加斯帕里正式访美之后，为争取美国的支持采取了一系列的政治措施：根本改变了政府的组成，结束了各民主党派共同组成的联合政府，彻底把意共排挤出政府。

### 4. La lotta all'inflazione

***I termini del dibattito***. Le linee di fondo che il capitalismo italiano si apprestava a percorrere risultavano fissate con sufficiente chiarezza nei dibattiti che abbiamo riferito. ***Sul piano politico***, svuotamento progressivo degli embrioni di controllo operaio sulla gestione dell'economia e riconduzione delle organizzazioni dei lavoratori entro i binari tradizionali dell'attività sindacale, confinata al piano meramente salariale; ***sul piano della struttura generale del sistema economico***, accantonamento dell'idea della pianificazione(1), abolizione progressiva dei controlli, ritorno ad una piena economia di mercato; ***sul piano delle linee concrete di politica economica***, scelta decisa dell'obiettivo di integrazione europea, attenzione primaria dedicata alla ristrutturazione industriale e al rammodernamento produttivo, e politica di severo contenimento salariale. Vista in questa chiave, quella che usualmente viene considerata politica della congiuntura e che viene spiegata ricordando esigenze transitorie ed accidentali, acquista invece un significato strutturale di raggio assai più vasto(2). Nell'esaminare gli eventi di questi anni, vale la pena di dedicare seria attenzione alle vicende della politica monetaria, fiscale e salariale, perché è attraverso i provvedimenti in questi campi che la linea di evoluzione strutturale dell'intera economia venne realizzata.

Su questi aspetti, il dissenso fra le due linee, quella della sinistra riformatrice e quella della destra confindustriale(3) era profondo. Le sinistre avevano una visione coerente, che legava in una manovra unitaria il controllo della moneta, dei cambi, dei salari e delle imposte. Veniva in primo luogo il problema del ***finanziamento della ricostruzione.*** Qui, le sinistre chiedevano l'applicazione di una politica fiscale rigorosa e l'introduzione di un'imposta straordinaria sul patrimonio, in modo da prelevare potere d'acquisto(4) presso le classi più abbienti. Al tempo stesso, le sinistre chiedevano che i salari andassero tutelati controllando l'inflazione; e, per controllare l'inflazione ed evitare che l'inflazione redistribuisse troppo violentemente il reddito a danno dei redditi da lavoro e a favore dei profitti, si proponevano due misure: a) anzitutto tenere in vita ***il razionamento dei generi di consumo***, in modo da assicurare un reddito reale(5) minimo distribuito in natura all'intera popolazione; b) effettuare un ***cambio della moneta***. Questa seconda operazione era destinata non solo a ridurre la circolazione, in modo da combattere l'inflazione, ma era anche intesa come mezzo tecnico per applicare un'imposta sulle giacenze liquide, di cui si sarebbe dovuta trattenere una quota al momento della conversione dei biglietti di banca. Era infatti opinione diffusa che buona parte dei profitti guadagnati da speculatori assumesse la forma di riserve liquide, e che un'imposta straordinaria applicata al momento del cambio della moneta avrebbe svolto anche il ruolo di imposta sui profitti.

Veniva in secondo luogo il problema della ***utilizzazione dei fondi disponibili*** per la ricostruzione. Su questo punto, le sinistre, oltre a richiedere la nazionalizzazione dei colossi dell'industria, proponevano il controllo dei cambi, controllo che avrebbe consentito di amministrare le risorse importate dall'estero, che in quella fase rappresentavano un elemento chiave. La valuta estera disponibile era scarsa, dal momento che scarsa era la capacità di esportazione dell'industria italiana e altissimo il fabbisogno di importazioni, specie di materie prime. La valuta disponibile andava quindi amministrata con parsimonia e convogliata verso i settori più bisognevoli di aiuti per la ricostruzione e più rilevanti ai fini della ripresa delle attività produttive. Liberalizzare i cambi significava viceversa lasciare la valuta nelle mani degli esportatori, e rinunciare implicitamente a qualsiasi controllo sulla natura delle importazioni e, in ultima analisi(6), anche sul processo di ricostruzione dell'industria nazionale. Oltre a queste considerazioni strutturali, altri motivi di carattere contingente consigliavano il controllo dei cambi. Come diremo più ampiamente fra breve, l'inflazione procedeva velocemente. In un mercato dei cambi lasciato a se stesso, il corso del cambio sarebbe aumentato di continuo e questa ascesa progressiva avrebbe dato luogo ad inevitabili movimenti speculativi, a seconda delle aspettative più o meno inflazionistiche degli operatori. (In un clima inflazionistico, il mercato dei cambi diviene inevitabilmente un mercato speculativo, e il corso delle valute può salire praticamente senza limiti, indipendentemente dal potere d'acquisto attuale della valuta interna(7)). Queste ragioni avrebbero dovuto far propendere per un sistema di cambi rigorosamente controllati anche se riveduti di tanto in tanto col procedere dell'inflazione.

Il punto di vista della destra su questi problemi era radicalmente diverso. Anche le destre tracciavano una linea compiuta e coerente, ma partivano da principi opposti, che erano quelli dell'economia di mercato. Un primo caposaldo era l'idea che l'inflazione dipendesse esclusivamente da un eccesso di spesa pubblica; su questo punto Einaudi era fermissimo, e lottava strenuamente per una politica di riassestamento delle finanze dello stato. Da un lato, si raccomandava quindi il massimo rigore nello stanziamento di fondi pubblici, anche se ciò comportava palesemente una limitazione anche di quelle opere pubbliche che risultavano vitali per il processo di ricostruzione; dall'altro, si riaffermava una politica di espansione delle entrate, sia facendo leva sulla finanza ordinaria(8), sia su quella straordinaria: prestiti pubblici e imposta straordinaria sul patrimonio (unico punto, quest'ultimo, sul quale anche Einaudi e Corbino si trovavano concordi con le sinistre). Per le stesse ragioni, le destre erano contrarie al cambio della moneta, che il Corbino definiva un tentativo tardivo di imitare le esperienze della Francia e del Belgio. Secondo Corbino, il cambio della moneta andava considerato non solo inefficace contro l'inflazione, ma anche dannoso perché avrebbe ridotto ulteriormente la fiducia del pubblico nella moneta e reso ancora più instabile l'equilibrio monetario. Una volta riportato all'equilibrio il bilancio dello Stato(9), e quindi arrestata l'inflazione, le destre sostenevano che si sarebbe potuto porre il problema di reperire le risorse per la ricostruzione facendo appello alla classe lavoratrice(10) e chiedendo una linea di contenimenti salariali e di sacrifici. Quanto al problema dell'utilizzazione delle risorse per la ricostruzione, per le destre non vi erano problemi: si sarebbe dovuto smantellare al più presto ***ogni residuo di controlli amministrativi***, perché soltanto un mercato libero avrebbe assicurato un uso efficiente delle risorse produttive. Si ricordavano inoltre tutti gli inconvenienti che ogni controllo porta con sé, il peso della burocrazia che sarebbe stato necessario tenere in vita, la tendenza alla corruzione che i controlli avrebbero stimolato, le contrattazioni di mercato nero che sarebbero sorte e che avrebbero annullato i vantaggi del razionamento.

In questo quadro, le destre erano, inutile dirlo, contrarie anche al controllo dei cambi. Era infatti convinzione radicata dei teorici dell'economia di mercato che affidando il corso delle valute alle contrattazioni libere degli operatori, e assegnando le valute estere disponibili a chi offriva di pagarle al prezzo più alto, sarebbero state automaticamente assegnate a chi sapeva farne l'uso più produttivo; e, in tal modo, le scarse importazioni possibili sarebbero state utilizzate nel modo più efficiente per la ricostruzione.

***Inflazione e cambio della moneta***. Il conflitto fra le due linee si risolse ben presto a favore della linea liberista.

Nel giugno del 1945 venne costituito il primo governo dell'Italia unita dopo la liberazione. Esso fu presieduto da Ferruccio Parri, e vide il comunista Scoccimarro al Ministero delle Finanze, mentre il Ministero del Tesoro andò al conservatore Soleri (poi sostituito dal Ricci). Governatore della Banca d'Italia era Luigi Einaudi. Il governo trovava una situazione di inflazione ormai dilagante. Durante gli anni di guerra, l'inflazione era stata contenuta, almeno in parte, e soltanto alla fine delle ostilità l'aumento dei prezzi era divenuto vorticoso. L'indice dei prezzi all'ingrosso(11), su base 1938 =100, nel 1944 era pari a 858, e doveva salire ancor più velocemente negli anni seguenti, toccando il livello 2060 nel 1945, 2884 nel 1946, 5159 nel 1947. La fine della guerra aveva portato con sé non soltanto la fine dei meccanismi che in precedenza erano stati messi in opera per sottrarre liquidità al settore privato (quali le collocazioni forzate di titoli pubblici presso banche e privati), ma anche ***l'immissione di moneta cartacea*(12) *da parte delle autorità militari alleate,*** immissioni sulle quali le autorità monetarie italiane non avevano alcun controllo. Le autorità militari alleate, fin da quando alla fine del 1943 avevano occupato le regioni meridionali del paese, si erano riservate il diritto di emettere moneta a corso legale(13) (***le Alliede Military Notes, o amlire***); Queste banconote venivano usate per il pagamento degli stipendi ai militari e per l'acquisto di beni e servizi nei territori occupati. Era chiaro che immissioni di mezzi di pagamento così cospicue non potevano che provocare pressioni inflazionistiche violente. All'inizio, l'emissione di amlire venne effettuata senza alcuna contropartita per l'economia italiana, quasi una sorta di imposta fatta gravare sul paese sconfitto, e commisurata di volta in volta al fabbisogno delle truppe occupanti. Fu soltanto nel marzo del 1945 che gli Stati Uniti, seguiti dal Canadà, concessero al governo italiano una somma di aiuti supplementari (per 140 milioni di dollari) intesi come controvalore (***counterpart funds***) delle emissioni di amlire. In tal modo, almeno parte delle emissioni venne recuperata sotto forma di importazioni(14).

Un ulteriore fattore di inflazione fu costituito, secondo numerosi osservatori, ***dal cambio fra lira e dollaro*** che le autorità militari fissarono in ragione di 100 lire per un dollaro (o quattrocento per una sterlina). Questo livello del cambio rappresentava un brusco adeguamento rispetto al cambio prebellico, che era stato di 19 lire per un dollaro, e integrava una svalutazione implicita di oltre cinque volte rispetto all'anteguerra, misura che non pochi ritennero eccessiva rispetto alla perdita di potere d'acquisto verificatasi fra il 1938 ed il 1943. A tale sottovalutazione iniziale della lira molti attribuirono in buona parte l'origine dell'inflazione. È certo che un cambio più basso avrebbe significato un minore potere d'acquisto per le truppe occupanti, e quindi avrebbe comportato una spinta inflazionistica più tenue. Ma è anche certo che se la politica monetaria delle forze militari alleate era un fattore di inflazione, essa lo era assai più attraverso le emissioni incontrollate di amlire, che non a causa della sottovalutazione iniziale della lira.

Il governo Parri, che fin dall'inizio nasceva con un programma economico piuttosto limitato, pose in primo piano la decisione di ***effettuare il cambio della moneta***, come misura di lotta all'inflazione e di rastrellamento dei profitti speculativi. Il piano per il cambio della moneta venne approntato dalla Banca d'Italia e l'operazione venne fissata per il marzo del 1946. Questa lentezza di attuazione, che ovviamente indeboliva in partenza l'efficacia della manovra, scaturiva dai contrasti che l'operazione incontrava all'interno della compagine governativa, avversata com'era dalle destre. Avversario feroce della manovra era fin da allora il Corbino, che dichiarava la manovra controproducente e le riconosceva una funzione meramente materiale e tecnica di cambio delle unità di conto. In queste condizioni, l'unico provvedimento contro l'inflazione che il governo Parri riuscì a prendere fu quello di estendere alle regioni del Nord, ora liberate, il Prestito della Liberazione, che era stato lanciato nell'aprile del 1945 dal precedente governo Bonomi. Nel novembre del 1945, Parri diede le dimissioni e fu sostituito da De Gasperi, che nel formare il nuovo governo affidò il dicastero del Tesoro proprio al Corbino, dando così a intendere la propria avversità all'operazione di cambio della moneta. Scoccimarro, rimasto Ministro delle Finanze, ripropose il cambio della moneta nel programma di governo, insieme all'introduzione di un'imposta progressiva sul patrimonio e all'avocazione dei profitti di guerra. A sostenere il cambio della moneta nell'ambito del governo egli era tuttavia rimasto solo. Alle richieste di Scoccimarro venivano opposte continue difficoltà e richiesti nuovi rinvii. Si scoprì infine che le matrici apprestate per stampare i nuovi biglietti erano state trafugate e che la Banca d'Italia non riteneva di poter distribuire alle sedi provinciali i quantitativi di valuta necessari, a causa della scarsa sicurezza dei trasporti. Dell'operazione di cambio non si parlò più. Del resto, anche se essa fosse stata effettuata, i suoi effetti non sarebbero stati più quelli che si sarebbero potuti ottenere un anno prima.

***Cambi esteri e aiuti internazionali.*** La sconfitta subita dalle sinistre sul tema del cambio della moneta doveva ripercuotersi inevitabilmente sull'intera politica economica del governo. Con il 1946, cominciò ***la politica di liberalizzazione progressiva*** e di abolizione graduale dei controlli, a cominciare dal controllo del corso dei cambi. Fino a quel momento, il cambio ufficiale era rimasto al livello iniziale di 100 lire per un dollaro, con un regime di rigorosa assegnazione delle valute agli importatori. Le pressioni degli esportatori si esercitavano ovviamente in direzione opposta. In prima linea(15) si trovavano i tessili, che godevano di una posizione di favore sui mercati internazionali e che, riuscendo a sviluppare le proprie esportazioni con particolare successo, desideravano disporre liberamente sui mercati di importazione della valuta estera di cui venivano in possesso.

Nel marzo e nell'aprile del 1946, con due decreti successivi, vennero prese misure che servirono in parte a soddisfare le esigenze degli esportatori. In primo luogo, venne concesso agli esportatori ***un premio di esportazione*** di 125 lire per ogni dollaro; questo equivaleva a portare il cambio per gli esportatori da 100 a 225 lire. Si trattò di una misura ragionevole nella sostanza, in quanto la svalutazione facilitava le esportazioni (alcuni ritennero che, data la rigidità della domanda internazionale, le esportazioni si sarebbero sviluppate anche senza svalutazione, e giudicarono negativamente questo provvedimento); fu anche una misura realistica, in quanto la lira si era effettivamente svalutata considerevolmente anche sul mercato interno. In secondo luogo, con provvedimento assai criticabile, si concesse agli esportatori ***la libera disponibilità del 50% della valuta*** ricavata dalle esportazioni. Metà della valuta poteva quindi essere liberamente commerciata su un mercato libero (che venne detto *mercato parallelo*), mentre l'altra metà doveva essere ceduta all'Ufficio Italiano dei Cambi(16), al prezzo ufficiale. Il mercato parallelo registrava automaticamente la svalutazione progressiva della lira; esso registrava altrettanto automaticamente le aspettative di inflazione degli operatori, con tutte le caratteristiche speculative accennate in precedenza. Il corso su tale mercato era inoltre necessariamente più elevato del cambio di equilibrio, in quanto il cambio di equilibrio doveva risultare da una media fra cambio libero e cambio ufficiale fissato a 225 lire. Il regime dei cambi diveniva così piuttosto complesso, come tutti i sistemi basati su cambi multipli. Esistevano simultaneamente fino a quattro prezzi del dollaro: il cambio ufficiale di 100 lire, per spese dei turisti e rimesse degli emigranti; il cambio commerciale di 225 lire, che si applicava alla metà dei proventi delle esportazioni; il cambio libero, che si applicava al rimanente 50%, e che fluttuava giorno per giorno; infine il cambio stipulato volta per volta negli accordi commerciali con singoli paesi.

Nel luglio del 1946, dopo l'espletamento del referendum istituzionale e le elezioni per l'Assemblea costituente(17), si formò un secondo governo De Gasperi. In quei mesi, sembrava che l'inflazione avesse subito una battuta d'arresto(18): fra l'aprile e il settembre, l'indice dei prezzi all'ingrosso rimase pressoché stazionario. Le autorità economiche continuarono tuttavia nella politica di contenimento della spesa pubblica e di limitazione del flusso di opere pubbliche, indipendentemente dall'utilità che queste potessero avere per il processo di ricostruzione; e, al tempo stesso, nella convinzione che, contrariamente alla spesa pubblica, l'investimento privato non esercitasse alcun influsso inflazionistico, lasciavano crescere il flusso di liquidità a favore del settore privato e consentivano l'espansione incontrollata del reddito bancario. A loro modo di vedere , la spesa pubblica era mera "creazione di biglietti", mentre il credito al settore privato avrebbe alimentato la produzione e ridotto la scarsità di prodotti sul mercato. Coerentemente con questa visione, la politica governativa continuava nella abolizione progressiva dei controlli, sostenuta in questo dal Corbino che, come Ministro del Tesoro, attuava gradualmente il suo programma di liberalizzazione dell'economia. Nel mondo della produzione soltanto il carbone e pochissime altre materie prime rimasero soggette ad assegnazione(19), senza peraltro che vi fossero altri controlli sulle utilizzazioni successive, il che favoriva il fiorire del mercato nero e della speculazione. Con la motivazione di coprire la spesa pubblica, venne allora lanciato un nuovo prestito pubblico, detto della Ricostruzione. Al fine di assicurarne la sottoscrizione, fu però necessario incoraggiare l'intervento delle banche, le quali ottennero ammontari cospicui di liquidità dalla Banca d'Italia. Accadde così che il prestito invece di raccogliere liquidità giacente presso il pubblico, come era accaduto con il precedente Prestito della Liberazione, ebbe l'effetto di immettere liquidità fresca nel circuito monetario. L'inflazione riprese così vorticosa.

In questa linea di azione, rientrava con coerenza l'idea che gli aiuti esteri dovessero essere utilizzati anzitutto ***per accrescere le riserve valutarie e consolidare la posizione della lira***, piuttosto che per accelerare il processo di ricostruzione. Nei primi anni del dopoguerra, l'Italia ricevette aiuti attraverso l'organizzazione dell'UNRRA(20), emanazione delle Nazioni Unite. Tali aiuti consistettero soprattutto in sussidi alimentari, ma in un momento successivo presero anche la forma di mezzi di produzione che venivano ceduti a privati imprenditori, mentre il governo italiano tratteneva il ricavato. Nel 1948, agli aiuti di carattere internazionale somministrati dalle Nazioni Unite si sostituirono gli aiuti forniti direttamente dagli Stati Uniti con il piano ERP(***European Recovery Program***)(21). Questo programma prese avvio dal discorso pronunciato il 5 giugno del 1947 all'Università di Harvard dall'allora segretario di Stato Marshall(22), il quale lanciò l'idea di un vasto programma di aiuti ai paesi europei, allo scopo di accelerare la ricostruzione e la ripresa postbellica. Era chiaro che un intervento del genere rispondeva alle esigenze dell'economia statunitense, che in tal modo si metteva al riparo da una eventuale crisi economica(23) conseguente alla fine delle spese belliche; ed era anche chiaro che, con questo programma, gli aiuti venivano a creare un rapporto specifico fra paesi europei e Stati Uniti d'America, cosa questa che determinò un immediato raffreddamento del Partito comunista italiano nei confronti degli aiuti stessi. Nell'aprile del 1948, il Congresso americano(24) approvò il programma, e nel giugno successivo l'Italia sottoscrisse il protocollo di accettazione. Con il programma ERP, venivano forniti prestiti e contributi ai paesi europei; gli importatori acquistavano le merci loro occorrenti pagandole direttamente al governo italiano, il quale diventava titolare di un fondo lire, che avrebbe potuto utilizzare a scopi di ricostruzione. Ma, come dicevamo, specialmente agli inizi, il fondo lire venne utilizzato soprattutto per accrescere le riserve valutarie (che infatti nel corso del 1948 passarono da 70 a 440 milioni di dollari). Soltanto nel 1949, quando il programma di ristrutturazione dell'industria italiana venne avviato concretamente, si notò una utilizzazione del fondo lire a scopi produttivi, e si ebbe un acccrescimento sostanziale delle importazioni di macchinari e di materie prime.

***L'azione sindacale.*** Nei confronti della linea ufficiale, che sacrificava la ripresa a favore del rafforzamento della moneta, le sinistre sembravano deboli. Il Partito comunista, con la riunione del Comitato centrale del settembre 1946, proponeva un ***nuovo corso di politica economica***. Sempre rispettando la preoccupazione, manifestata da Togliatti(25), di non acutizzare la situazione, la linea che adesso veniva sostenuta contemplava una "ampia libertà all'iniziativa privata", chiedendo nel contempo la nazionalizzazione dei colossi monopolistici, la lotta all'inflazione e l'avvio di una riforma agraria. Di fatto, l'unico successo immediato che il Pci(26) ottenne fu quello di imporre le dimissioni del Ministro Corbino, che nel settembre del 1946 venne sostituito dal democristiano Bertone. Si aprì allora un breve periodo, durato fino al maggio del 1947, nel corso del quale fu possibile alle sinistre influire concretamente sull'azione del governo. Ma anche in questa fase, l'azione delle sinistre doveva essere gravemente condizionata dall'***indebolimento progressivo del sindacato.*** Immediatamente dopo la ricostituzione dello Stato democratico, all'interno del sindacato si erano andate delineando due linee di orientamento diverso, l'una più strettamente rivendicativa, volta ad ottenere progressi salariali e miglioramenti nelle condizioni dei lavoratori, l'altra più strettamente rivoluzionaria, tendente a mettere in discussione le stesse fondamenta del sistema economico e sociale. D'altro canto, fin dal principio, il dibattito fra queste due linee era stato soffocato dal fatto che il patto di Roma, che, stipulato nel 1944, aveva sancito l'unità sindacale, aveva anche di fatto spoliticizzato l'azione del sindacato confinandola entro limiti prettamente rivendicativi. Anche entro questi limiti, le vicende dovevano portare il sindacato ad un indebolimento progressivo. Gradualmente, sotto l'incalzare degli eventi, il sindacato fu portato ad accettare la linea del padronato, secondo la quale gli aumenti salariali andavano moderati, e, se il reddito dei lavoratori andava protetto, ciò doveva essere fatto non aumentando i salari monetari ma evitando l'aumento dei prezzi.

Nel gennaio del 1945, al congresso della Cgil(27) unitaria tenutosi a Napoli, era prevalsa la linea della centralizzazione delle trattative sindacali, linea che venne poi applicata con rigore esasperato fino a soffocare qualsiasi iniziativa non solo aziendale, ma anche regionale o provinciale. La centralizzazione veniva giustificata dalle sinistre con l'argomento che essa era strumento di eguaglianza e anche elemento di forza della classe lavoratrice. Al tempo stesso, tuttavia, la centralizzazione garantiva alle forze di governo la possibilità di controllare, attraverso la trattativa con il sindacato, l'intera classe operaia. Con gli accordi del settembre 1945 e del gennaio 1946, la linea della Confindustria, tendente a bloccare le rivendicazioni salariali ed a restaurare il pieno controllo padronale in fabbrica, conseguì i primi successi concreti. Con quegli accordi vennero sbloccati i licenziamenti. Di fatto, le prime ondate di licenziamenti si ebbero soltanto in un momento successivo, dopo la stabilizzazione del 1947, ma fin da allora il ricatto della disoccupazione pesò in maniera assai grave sull'azione sindacale. Gli accordi del dicembre 1945 e del maggio 1946 sancirono la reintroduzione del cottimo, che era scomparso fin dalla liberazione, e che rappresentò un ulteriore strumento di controllo all'interno della fabbrica. Come contropartita, con gli stessi accordi, e senza incontrare alcuna resistenza, i sindacati ottennero l'introduzione della scala mobile, con il meccanismo dell'***indennità di contingenza***. Infine, nell'autunno del 1946, il sindacato concedeva una tregua salariale che fu inizialmente di sei mesi e venne poi rinnovata per altri sei. Nei fatti, la tregua subì numerose violazioni; cionondimeno essa sanciva la rinuncia all'azione rivendicativa per tutta la sua durata, che fu di un anno. Con questa pattuizione, l'azione sindacale finì con il ridursi ad una linea di mera difesa del posto di lavoro, gli eventi del 1947, con la stretta creditizia (28) e la caduta della produzione, l'ondata di licenziamenti che ne seguì, e il consolidamento politico della linea moderata prodotto dalla vittoria della Dc alle elezioni politiche del 18 aprile 1948, costrinsero il sindacato entro limiti di azione sempre più angusti.

***La svolta del 1947***. L'anno 1947 si annunciò fin dall'inizio come denso di eventi.

Nel gennaio, De Gasperi si recò in visita ufficiale a Washington. Questo viaggio è stato unanimemente interpretato come un preannuncio della svolta successiva. Con il ritorno di De Gasperi dagli Stati Uniti, iniziò come ora diremo, una serie di manovre politiche che, nel giro di pochi mesi, dovevano modificare radicalmente la composizione del governo, ponendo termine ai governi di coalizione tra tutte le forze democratiche, per condurre, dopo l'allontamento delle sinistre ed una breve parentesi di governo monocolore Dc, alla lunga serie di governi centristi che doveva dominare la vita politica del paese per oltre un quindicennio. È dunque comprensibile che molti studiosi si siano chiesti quale sia stata la parte degli Stati Uniti nel determinare questa brusca svolta politica: fu il governo di Washington a premere su De Gasperi per l'esclusione del Pci dal governo, o fu De Gasperi che, prima di mettere in atto una operazione già decisa, volle assicurarsi l'appoggio degli Stati Uniti? Il quesito per molti versi è aperto(29). Di certo si può dire che la svolta italiana non fu isolata ma che ancora una volta l'Italia si trovò a battere la stessa strada(30) di altri paesi europei: nel marzo del 1947, anche in Belgio il Partito comunista veniva escluso dal governo, nel maggio successivo la stessa sorte toccava al Pcf(31) in Francia, e nel novembre al Partito comunista austriaco.

Al ritorno dagli Stati Uniti, De Gasperi aprì una crisi di governo. Nel corso della sua assenza, la scena politica era mutata, con la scissione del Partito socialista, che diede vita al Partito socialdemocratico(32) (la così detta scissione di Palazzo Barberini, avvenuta appunto nel gennaio). Il governo che si ricostituì meno di due settimane dopo contava ancora sull'appoggio delle sinistre, ma comprendeva soltanto due rappresentanti del Psi e del Pci (Sereni al Ministero dei Lavori pubblici, e Morandi a quello dell'Industria), mentre i Ministeri delle Finanze e del Tesoro venivano affidati ambedue al Campilli.

I mesi immediatamente successivi furono mesi di difficoltà economiche crescenti. Il programma economico del governo accentuava le linee precedenti: per combattere l'inflazione, si proponeva l'eliminazione tempestiva dei prezzi politici(33) (e specialmente di quello del pane) che gravavano sul bilancio dello Stato, e una riduzione generale della spesa pubblica; poco si diceva invece sul controllo del credito bancario, in merito al(34) quale la sola proposta era quella di limitare i finanziamenti, tipicamente speculativi, accordati alle giacenze di merci in magazzino. Come tutela dei salari reali, si proponeva un sistema, che non venne mai attuato, di tesseramento differenziato. In queste condizioni, era inevitabile che, nonostante la battaglia quotidiana che Einaudi, Governatore della Banca d'Italia, conduceva contro l'espansione della spesa pubblica, l'inflazione continuasse come prima e più veloce di prima. Nel primo semestre del 1947, l'aumento dei prezzi raggiunse il tasso del 30%, e il cambio libero del dollaro passò da 528 lire in gennaio a 825 in maggio. Di pari passo(35), peggiorava la situazione della bilancia commerciale, aggravata da un rallentamento nelle esportazioni.

Alla metà di maggio, De Gasperi aprì una nuova crisi, motivando la decisione con il famoso discorso del quarto partito, che il Sereni ricorda così: "... i voti non sono tutto, ... Non sono i nostri milioni di elettori che possono fornire allo stato i miliardi e la potenza economica necessaria a dominare la situazione. Oltre ai nostri partiti, vi è in Italia un quarto partito, che può non avere molti elettori, ma che è capace di paralizzare e rendere vano ogni nostro sforzo, organizzando il sabotaggio del prestito e la fuga dei capitali, l'aumento dei prezzi e le campagne scandalistiche. L'esperienza mi ha convinto che non si governa oggi l'Italia senza attrarre nella nuova formazione di governo... i rappresentanti di questo quarto partito".

Il governo che si ricostituì dopo meno di tre settimane, fu un monocolore Dc con l'integrazione di alcuni tecnici. Tutti i ministeri economici vennero affidati a uomini di sicura fede liberista. Einaudi lasciò il governo della Banca d'Italia al Menichella e assunse la direzione del nuovo Ministero del Bilancio; Del Vecchio, autorevole studioso di eguali tendenze liberiste, assunse il Ministero del Tesoro; i Ministeri delle Finanze e dell'Industria andarono rispettivamente a Pella e a Merzagora, ambedue legati agli ambienti della grande industria del Nord. A questo governo spettò di prendere nei mesi immediatamente successivi i provvedimenti di maggiore portata, e di realizzare la famosa svolta deflazionistica del 1947.

Nel luglio del 1947, venne creato il Comitato Interministeriale per il Credito e il Risparmio, con poteri di controllo generale della situazione monetaria. Immediatamente dopo, vennero prese misure rigorose per la riduzione della liquidità bancaria. Una frazione dei depositi bancari, fissata al 10% di quelli esistenti al primo ottobre 1947, e al 40% di quelli formati dopo tale data, venne vincolata, creandosi un vincolo complessivo di circa il 25%. Questa misura, insieme ad altri provvedimenti restrittivi, produsse una riduzione drastica della liquidità e una conseguente caduta della domanda globale. Con queste misure, l'aumento dei prezzi si attenuò e la spirale inflazionistica venne arrestata. Nel luglio dello stesso anno, il governo approvò finalmente l'applicazione dell'imposta straordinaria sul patrimonio, per la quale le sinistre si erano battute per due anni, e che, sul piano delle dichiarazioni astratte, aveva sempre incontrato l'approvazione anche di Corbino e di Einaudi. Ma poiché l'imposta non prevedeva alcun taglio sulle riserve liquide e consentiva la rateizzazione dei pagamenti, essa non agì in modo sostanziale come manovra contro l'inflazione.

Provvedimenti conseguenti vennero presi per stabilizzare il corso dei cambi. Fin dall'ottobre del 1946, l'Italia era stata ammessa al Fondo monetario internazionale; poiché gli accordi di Bretton Woods(36) prevedevano un regime di cambi fissi, anche l'Italia doveva soddisfare questa condizione e individuare un livello del cambio che potesse essere difeso stabilmente. Nell'agosto del 1947, il cambio ufficiale venne portato a 350 lire per un dollaro. Nel novembre dello stesso anno, il cambio venne lasciato del tutto libero; si tenne in vita il sistema del 50%, ma si stabilì che il 50% di valuta da cedere al cambio ufficiale sarebbe stato acquistato a un prezzo commisurato al corso libero del mese precedente. Legare il corso ufficiale al corso libero equivaleva a render il mercato totalmente libero. Il cambio libero, che nel regime del 50% aveva superato le 900 lire, si abbassò con la liberalizzazione e oscillò fra 570 e 600 lire. Nel 1949 venne infine fissato il cambio di 625 lire per un dollaro, cambio che era destinato a restare in vigore per oltre venti anni, fino alla svalutazione del dollaro nel 1971.

Sotto il profilo monetario, la manovra aveva conseguito un successo pieno; ma i costi che essa comportò per il paese non furono lievi. La stretta creditizia provocò una caduta degli investimenti proprio negli anni in cui il paese avrebbe dovuto intensificare gli sforzi per la ricostruzione, e finì quindi col ritardare sensibilmente la ripresa della produzione. Dalla fine del 1947 fino alla metà del 1950, quando lo scoppio della guerra di Corea segnò una ripresa della domanda internazionale, l'economia italiana visse in clima di sostanziale depressione.

Per questa ragione, la manovra deflazionistica del 1947, se venne ampiamente lodata dagli esperti di problemi monetari, se fece attribuire ai suoi autori il merito di avere salvato la lira (il crollo del marco tedesco nel 1923 era ancora vivo nella memoria di molti), non andò tuttavia esente da critiche. Essa fu difesa strenuamente dalle autorità monetarie, ma venne valutata con maggiore severità da osservatori esterni. In Italia, Lionello Rossi denunciò prontamente gli effetti deprimenti che il salvataggio della lira aveva avuto sull'andamento della produzione; all'estero, i commentatori furono concordi nel considerare la manovra come assai costosa in termini di reddito nazionale e di occupazione lavorativa.

Al di là delle discussioni immediate, vista nella sua prospettiva storica la manovra di stabilizzazione del 1947 si presta a molteplici interpretazioni. Sul piano tecnico, è innegabile che essa valse a bloccare l'inflazione; ma resta da spiegare per quali ragioni si fosse consentito all'inflazione di procedere così avanti, quasi si fosse voluta predisporre una giustificazione per una manovra tanto violenta. Tanto più che quelle stesse persone, ed Einaudi in prima linea, che per anni avevano individuato le cause dell'inflazione nella spesa pubblica e avevano lasciato libero il sistema bancario di espandere il credito al settore privato, dovevano poi smentirsi clamorosamente quando, volendo combattere l'inflazione davvero, presero come primo provvedimento proprio quello di attuare una stretta creditizia. Queste incongruenze tecniche degli esperti che ressero la politica monetaria di quegli anni, giustificano l'idea avanzata da più parti che la sostanza della manovra sia stata piuttosto di natura politica. La grande ondata di inflazione, in questa ottica, sarebbe stata lasciata libera di gonfiarsi allo scopo di far apparire inaccettabile l'azione delle sinistre e renderne alla fine impossibile la permanenza al governo; la brusca deflazione, con la depressione che ne seguì, avrebbe avuto la funzione di stroncare l'azione sindacale, consentire una ondata di licenziamenti, favorire l'opera di ristrutturazione cui la grande industria era intenta, e avviare la ripresa all'insegna della pace sociale e della moderazione salariale. In questo quadro confluivano tutti gli elementi della scena internazionale. La stabilizzazione monetaria consentiva all'Italia di aderire alle prescrizioni del Fondo Monetario Internazionale, stabilizzando i cambi esteri. Ciò a sua volta consentiva al paese di avviare quell'inserimento nell'economia europea, che, in una prospettiva più ampia, rappresentava la sostanza economica e politica dell'intera operazione.

**NOTE**

1. pianificazione 计划，规划，分为 pianificazione indicativa 指导性规划，pianificazione coercitiva 指令性计划
2. di raggio assai più vasto 行动范围更广的；raggio d'azione = ambito, spazio，可说成 a largo raggio
3. confindustriale = della CONFINDUSTRIA 意大利工业家联合会的，意大利工业

家联合会，是资方的代表机构，是工会组织进行劳资协议的谈判对手

4. potere d'acquisto 购买力
5. reddito reale 实际工资，与之相对应的还有 reddito nominale 名义收入
6. in ultima analisi 归根结底，说到底
7. valuta interna = valuta nazionale 本币，与之对应的是 valuta estera 外币，外汇
8. fare leva su qlco. / qlcu. = agire su qlco. / qlcu. per ottenere un certo fine 鼓动某事（某人）以达到一定的目的
9. il bilancio dello Stato 国家预算，il bilancio consuntivo dello Stato 国家决算
10. facendo appello alla classe lavoratrice 号召工人阶级，向工人阶级发出号召
11. l'indice dei prezzi all'ingrosso 批发价格指数; vendita all'ingrosso 批发, 与之相应 vendita al dettaglio (minuto) 零售
12. moneta cartacea 纸币 (emessa dalla Banca centrale)，还有 moneta metallica (di piccola entità) 金属货币（硬币），两者构成 moneta legale 法币，除此之外还有 moneta bancaria (assegno bancario e assegno circolare)和 moneta commerciale (cambiale)
13. il diritto di emettere moneta a corso legale 发行合法流通货币的权利
14. sotto forma di importazione 以进口的形式，sotto forma di = in forma di
15. in prima linea 站在第一线上，为首
16. L'Ufficio Italiano dei Cambi 意大利外汇管理局
17. il referendum istituzionale e l'Assemblea costituente 关于国家政体制的全民公决和立宪大会。1946 年 6 月 2 日，意大利举行了决定坚持君主制还是建立共和制的国家体制的全民公决，54%的人赞成共和制，从此意大利开始了共和国时期。同时举行了立宪会议选举，该会议确定了意大利的新宪法，并于 1947 年 12 月 27 日公布，1948 年 1 月 1 日生效。
18. battuta d'arresto "急刹车"；una bella battuta 妙语，一段漂亮的对话
19. soggetto a 受……支配的，受……控制的
20. UNRRA = United Nations Relief Rehabilitation Administration = Amministrazione delle Nazioni Unite per la riabilitazione e il Soccorso dei paesi liberati 联合国善后救济总署
21. ERP = European Recovery Program = Piano di Ricostruzione Europea 欧洲重建计划，又称为：马歇尔计划
22. Segretario di Stato Marshall 美国国务卿马歇尔
23. si metteva al riparo da una eventuale crisi 努力避免（躲过）一场可能出现的危

机，mettere al riparo = prendere le necessarie misure o i necessari provvedimenti per evitare danni

24. Congresso americano 美国国会
25. Togliatti 陶里亚蒂， 意大利共产党创始人之一，时任意共总书记
26. Pci = PCI = Partito Comunista Italiano 意大利共产党；当时的意大利主要党派有：DC = Democrazia Cristiana 意大利天主教民主党（天民党）；PSI = Partito Socialista Italiano 意大利社会党；PSDI = Partito Socialista Democratico Italiano 意大利社会民主党
27. Cgil = CGIL = Confederazione Generale Italiana del Lavoro 意大利总工会(filo socialista)；其他意大利主要工会组织有 CISL = Confederazione Italiana Sindacati Lavoratori 意大利劳动人民工会联合会(filo democristiani), UIL = Unione Italiana del Lavoro 意大利劳工联盟(filo socialdemocratico)
28. la stretta creditizia = la restrizione creditizia 信贷紧缩
29. Il quesito per molti versi è aperto = da molti punti di vista il problema è rimasto incerto 问题在很多方面都还是未下结论的。verso 表示方面，侧面。aperto 表示未下结论的，反之 chiuso 则是已做出定论的。
30. battere la stessa strada = seguire la stessa strada 走同样的道路，重蹈覆辙
31. Pcf = Partito Comunista Francese 法国共产党
32. Partito Socialdemocratico = PSDI 社会民主党，属于左翼党派
33. prezzi politici 政策价格，即不考虑实际成本的只从政治需要出发确定的低价
34. in merito a = rispetto a = riguardo a = quanto a 关于
35. di pari passo = con la stessa andatura 同时，一起，以同样的速度
36. Bretton Woods 布雷顿森林会议，1944 年在美国 New Hampshine 市召开的 44 国经济金融专家的会议，建立了新的国际货币体系。

## VOCABOLARIO

| | | |
|---|---|---|
| apprestarsi | *v.rifl.* | prepararsi, accingersi, apparecchiarsi, disporsi 准备 |
| svuotamento | *s.m.* | privazione 抽空，挖净 |
| embrione | *s.m.* | abbozzo, cosa o idea che comincia a prendere forma 胚胎，雏形 |
| riconduzione | *s.f.* | rinnovo, prologo dell'accordo dopo la scadenza 延续 |
| rammodernamento | *s.m.* | ammodernamento 更新 |

| | | |
|---|---|---|
| usualmente | *avv.* | abitualmente, solitamente, comunemente 通常 |
| prelevare | *v.tr.* | prendere, ritirare, estrarre 取出，提出 |
| redistribuire | *v.tr.* | ridistribuire 重新分配，再分配 |
| giacenza | *s.f.* | deposito, avanzo, rimanenza, scorta 积压，闲置 |
| conversione | *s.f.* | trasformazione, cambio 兑换，转换 |
| colosso | *s.m.* | gigante, ercole, titano 巨人 |
| parsimonia | *s.f.* | moderazione, prudenza 节俭，节约；谨慎 |
| convogliare | *v.tr.* | condurre, trasportare, indirizzare 带动，输送 |
| propendere | *v.tr.* | inclinare, essere favorevole, preferire 趋向，趋于 |
| riveduto | *agg.* | corretto, riesaminato, revisionato, modificato 被修正的，重新审视的，纠正的 |
| tracciare | *v.tr.* | disegnare, delineare, descrivere 描绘，勾画，规划 |
| caposaldo | *s.m.* | roccaforte, base, cardini, fondamento 堡垒，基地，基础 |
| strenuamente | *avv.* | coraggiosamente, ardimentosamente, ostinatamente, accanitamente 勇敢地，顽强地，坚决地 |
| riassestamento | *s.m.* | riordinamento, riorganizzazione, ristrutturazione 重新整顿，调整 |
| stanziamento | *s.m.* | assegnazione 拨款 |
| vitale | *agg.* | importante, essenziale 至关紧要的，生命悠关的 |
| tardivo | *agg.* | tardo, inefficace, vano, inutile 迟缓的，无效的 |
| arrestare | *v.tr.* | fermare, bloccare, interrompere 止住，使中止，使停止 |
| reperire | *v.tr.* | raccogliere, trovare, mettere insieme 筹措，收集，寻找 |
| contenimento | *s.m.* | limitazione, moderazione, restrizione, riduzione 限制，压缩，减少 |
| residuo | *s.m.* | avanzo, restante, rimanenza 残余，剩余 |
| inconveniente | *s.m.* | incomodo, ostacolo, fastidio 弊端，不当之处 |
| conservatore | *s.m.* | tradizionista, misoneista 保守派，保守主义者 |
| dilagante | *agg.* | largamente diffuso 蔓延的，普遍存在的 |
| cospicuo | *agg.* | notevole, ingente, rilevante, considerevole 可观的，巨大的 |
| commisurato | *agg.* | proporzionato, adeguato 相应的 |
| controvalore | *s.m.* | equivalenza 比价 |

| | | |
|---|---|---|
| emissione | *s.f.* | emanazione, diffusione, messa in circolazione 投放，发行 |
| adeguamento | *s.m.* | commisurazione, allineamento 使适应，调整 |
| anteguerra | *s.m.* | periodo precedente una guerra 战前时期 |
| tenue | *agg.* | leggero, lieve, debole, limitato 轻微的，微弱的，有限的 |
| rastrellamento | *s.m.* | ricupero, presa, ricerca 搜索，收缴 |
| speculativo | *agg.* | di speculazione 投机的 |
| approntare | *v.tr.* | preparare, predisporre, apprestare 准备，筹备 |
| controproducente | *agg.* | negativo, dannoso 适得其反的，不利的，有害的 |
| avversità | *s.f.* | sfortuna, calamità, contrarietà 厄运，不幸，灾害，对立 |
| avocazione | *s.f.* | confisca 没收 |
| rinvio | *s.m.* | dilazione, differimento, rimando, posticipazione, proroga 推迟 |
| matrice | *s.f.* | stampo 模版，模子 |
| trafugare | *v.tr.* | rubare, sottrarre furtivamente, portare via di nascosto 偷盗，盗窃，窃取 |
| ripercuotersi | *v.rifl.* | provocare una brusca scossa, un contraccolpo, riflettersi 引起反响，反映，影响 |
| equivalere | *v.intr.* | corrispondere, essere uguale, significare 相当于，等于 |
| rigidità | *s.f.* | durezza, rigidezza, rigorosità 坚挺；生硬 |
| ricavare | *v.tr.* | ottenere, prendere, trarre, guadagnare 赚取，得出 |
| commerciare | *v.tr.* | mercanteggiare, negoziare, trafficare, mettere in commercio 买卖 |
| cedere | *v.tr.* | dare, vendere 转让，给予；让步 |
| aspettativa | *s.f.* | previsione, possibilità, avvenire, futuro 前景，预期 |
| accennare | *v.tr.* | indicare, mostrare 提及 |
| espletamento | *s.m.* | compimento, attuazione, realizzazione, completamento 完成，进行，实行 |
| stazionario | *agg.* | fermo, inattivo, statico, invariato 停滞的 |
| protocollo | *s.m.* | accordo internazionale 协议，议定书 |
| titolare | *s.m./f.* | proprietario, padrone 东家，老板 |
| acutizzare | *v.tr.* | acuire, aggravare, esacerbare, intensificare 激化，使尖锐化 |
| contemplare | *v.tr.* | comprendere, contenere, prevedere 包括，纳入，规定 |

| | | |
|---|---|---|
| democristiano | *agg.* | del Partito Democrazia Cristiana 天民党人的，天民党的 |
| soffocare | *v.tr.* | opprimere, estinguere, domare, reprimere 扼杀，抑制，镇压 |
| sancire | *v.tr.* | decidere, deliberare, stabilire, decretare, imporre 决定，批准，确定 |
| spoliticizzare | *v.tr.* | rendere privo di caratteri politici 使非政治化 |
| prettamente | *avv.* | puramente 纯粹的 |
| incalzare | *v.tr.* | succedersi, susseguirsi rapidamente 紧接着发生，接踵而至，相继发生 |
| sbloccare | *v.tr.* | liberare, togliere il blocco, rimettere in funzione 解冻，解除封锁 |
| cottimo | *s.m.* | retribuzione commisurata al risultato che il lavoratore consegue mediante la sua attività 计件工资，计件付酬 |
| contropartita | *s.f.* | compenso, contraccambio, ricompensa 补偿，报偿 |
| tregua | *s.f.* | sospensione, interruzione, riposo, sosta 终点，中止，休止，暂停 |
| cionondimeno | *avv.* | ciononostante, tuttavia 尽管如此 |
| pattuizione | *s.f.* | accordo, negoziato, pattuito 约定，商定，决定 |
| angusto | *agg.* | stretto, limitato, piccolo 有限的，狭小的，小得可怜的 |
| monocolore | *agg.* | di unico colore, di unico partito 清一色的，一党的 |
| centrista | *agg.* | appartenente al centro in senso politico 中间派的 |
| verso | *s.m.* | parte, lato 方面，侧面 |
| scissione | *s.f.* | divisione, frazionamento, separazione 分裂 |
| tempestivo | *agg.* | pronto, opportuno, utile, sollecito 及时的 |
| tesseramento | *s.m.* | razionamento 定量配给 |
| motivare | *v.tr.* | spiegare i motivi, giustificare 说明理由，解释 |
| sabotaggio | *s.m.* | danneggiamento, rovina 破坏 |
| scandalistico | *agg.* | che provoca scandalo 造成丑闻的 |
| deflazionistico | *agg.* | deflativo, che concerne o tende a provocare deflazione 通货紧缩的 |
| frazione | *s.f.* | divisione, parte 部分，分数 |
| drastico | *agg.* | forte, deciso, durissimo 强烈的，严重的，凶猛的 |
| spirale | *s.f.* | crescendo, espansione 螺旋形上升，不断增长 |
| taglio | *s.m.* | riduzione, tagliatura 削减，砍 |

| | | |
|---|---|---|
| rateizzazione | *s.f.* | divisione del pagamento nel tempo 实行分期支付 |
| strenuamente | *avv.* | coraggiosamente, accanitamente, tenacemente 顽强地，坚韧不拔地 |
| deprimente | *agg.* | scoraggiante, opprimente, avvilente 压制的，压抑的 |
| salvataggio | *s.m.* | azione per salvare qualcosa o qualcuno, aiuto 挽救，拯救，保护 |
| smentirsi | *v.rifl.* | negare, disdire, sconfessare, rinnegare 否认 |
| clamorosamente | *avv.* | rumorosamente, risonantemente, strepitosamente 轰动性地，鼓噪一时地 |
| reggere | *v.tr.* | sostenere, sopportare, governare, controllare, dominare 支撑，执掌，主宰 |
| gonfiarsi | *rifl.* | enfiarsi, montare, ingrossare 膨胀 |
| stroncare | *v.tr.* | rompere, troncare, spezzare, abbattere 打破，粉碎，打击 |
| licenziamento | *s.m.* | mandare via, scioglimento del contratto di lavoro 解雇，解聘，辞退 |

## ESERCIZI

**1. Rispondere alle domande seguenti:**

1) Qual era il dissenso fra la linea di sinistra e quella di destra sul questito della politica monetaria, fiscale e salariale?
2) Qual era il risultato del conflitto delle due linee?
3) Quali erano le cause dell'inflazione dilagante durante il periodo del governo Parri?
4) Contro l'inflazione, che misura nuova ha preso il governo Parri? Ha funzionato? Perché?
5) Come era la discussione sulla liberalizzazione del cambio nel 1946? Che risultato ha avuto?
6) Che cosa ha fatto il governo De Gasperi per risolvere il problema dell'inflazione? Ci è riuscito?
7) Da dove ha ottenuto l'Italia gli aiuti esteri? Come li ha utilizzati?
8) Come era la forza sindacale in questo periodo e perché?
9) Quali cambiamenti sono successi sulla scena politica italiana dopo il ritorno di De Gasperi dagli Stati Uniti?

10) Fin dal 1947, quali misure ha preso il governo italiano per risolvere il problema dell'inflazione? E come erano i risultati?
11) Dare una giustificazione sulla manovra deflazionistica nel 1947.
12) Secondo te, di solito, sul piano monetario, quando si dovrebbe prendere la manovra deflazionistica e quando quella inflazionistica?
13) Cosa hanno fatto gli esperti economici e finanziari nella riunione di Bretton Woods?
14) Quale era l'influenza della riunione di Bretton Woods sull'economia mondiale?
15) Perché è andato sciolto negli anni '70 il sistema creato da Bretton Woods?
16) Prova a fare una breve presentazione dell'inflazione negli anni '30-'40.

**2. Leggere il testo e trovare i sinonimi delle parole seguenti:**

prova
ostilità
dilazione
inclinare
essenziale
bisogno
annullamento
tributario
resto
debole
attenuare
sfogo
abbiente
discastero
accidentale
ascesa
dilagante
trafugare

considerevole
stampo
rubare
ricco
esecuzione
prudenza
raccogliere
unicamente
preparare
ministero
irrefrenabile
interrotto
assertore
usualmente
parsimonia
reperire
tenue
tempestivo

**3. Collegare le parole con i corrispondenti significati:**

| | |
|---|---|
| angusto | sospensione |
| sbloccare | comprendere |
| contemplare | limitato |
| svalutazione | liberare |
| tregua | deprezzamento |
| pattuizione | uguale |
| equivalente | accordo |
| licenziamento | parte |
| tesseramento | rompere |
| rateizzazione | mandare via |
| frazione | razionamento |
| stroncare | danneggiamento |
| sabotaggio | pagamento a rate |

**4. Scrivere i contrari delle parole:**

| | |
|---|---|
| stazionario | spoliticizzare |
| colosso | rigidità |
| mobile | immettere |
| indebolimento | provento |
| avvio | progressivo |
| fiorire | sbloccare |
| drastico | allontanamento |
| depressione | brusco |
| scissione | credito |
| rallentamento | vano |
| deflazionistico | astratto |
| restrittivo | globale |
| strenuo | lieve |
| denso | tempestivo |
| severità | smentire |

**5. Spiegare le seguenti sigle:**

UNRRA ERP PCI DC PSI CGIL UIL CISL PSDI

**6. Temi di discussione:**

1) Come è la situazione di cambio in Cina? Perché all'inizio di febbraio 2001 il cambio di dollaro si è caduto e perché subito dopo si è elevato?
2) Secondo te, quale sistema di cambio sarebbe migliore per noi? Perché?
3) Quali sono i vantaggi della svalutazione? Quali sono gli svantaggi?
4) Pensi che il governo italiano in quel momento abbia fatto giusto la svalutazione? E la non svalutazione della moneta cinese?
5) Discutere la svalutazione di lira a quell'epoca ed esprimere la tua opinione verso la politica di "non svalutare Renminbi".

**7. Tradurre in italiano:**

| | | | |
|---|---|---|---|
| 价格指数 | 定量供应 | 重整 | 筹资 |
| 拨款 | 购买力 | 消费品 | 公债 |
| 外汇储备 | 自由支配 | 银行存款 | 固定汇率制 |
| 资本外逃 | 信贷紧缩 | 闲置资金 | 公共工程 |

**8. Fare frasi con le espressioni seguenti:**

— fare leva su
— fare appello a
— dare le dimissioni
— godere di
— equivalere a
— battuta d'arresto
— essere soggetto a
— essere tendente a

**9. Completare i brani seguenti:**

1) L'indice dei prezzi all'ingrosso, su base 1938 = 100, nel ____________ era pari a 858, e doveva salire ancor più velocemente negli anni seguenti, toccando il livello 2060 nel ____________, 2884 nel ____________, 5159 nel ____________.

2) Le autorità militari alleati si erano riservate il diritto di emettere ____________ (chiamata ____________); Queste banconote venivano usate per il pagamento degli ____________e per l'acquisto di ____________nei territori occupati. Era chiaro che immissioni di mezzi di pagamento così cospicue non potevano che provocare____________.
3) Nel 1943 ____________fissarono il cambio per un dollaro a livello di ____________ lire, paragonando al cambio prebellico, cioè____________lire era ____________ rispetto alla perdita di potere d'acquisto verificatasi fra il 1938 e il 1943.
4) In linea astratta, l'Italia avrebbe avuto nuovi mercati nei paesi del ____________, nel continente ____________ e nei paesi ____________, ma i paesi ____________ erano nella zona d'influenza sovietica, altri paesi ____________erano sotto l'influsso britanico o francese, l'____________era legata agli ____________, quindi non restavano che ____________.
5) Fin dal 1948 l'ltaiia aveva iniziato a stipulare una serie di accordi multilaterali con altri paesi europei, al fine di facilitare i pagamenti e garantire crediti reciproci. Alla fine del 1946, l'Italia era stata ammessa al ____________e alla ____________. Nel 1949, l'Italia aderì all'____________, nel 1950 all'____________, nel 1953 alla____________. La tappa finale di questo processo di integrazione nell'economia europea venne raggiunta nel 1957 con la stipulazione del ____________, che diede origine al ____________.
6) Nell'aprile del ____________, venne concesso agli esportatori un ____________ di ____________ lire per ogni dollaro e la libera disponibilità del ____________ della valuta ricavata dalle esportazioni, che si poteva commerciare liberamente sul mercato libero. Così esisteva simultaneamente 4 prezzi del dollaro: il cambio ufficiale di ____________ lire, per ____________ e____________; il cambio commerciale di ____________ lire applicato alla metà dei proventi ____________; il cambio libero al rimanente 50% ed il cambio stipulato negli accordi commerciali con singoli paesi.
7) Nel 1947 il segretario di Stato americano Marshall fece un discorso all'Università di Harvard, lanciò l'idea di un vasto programma di ____________, allo scopo di ____________, ma nello stesso tempo rispondeva alle esigenze dell'____________ per mettersi al riparo da ____________. Questo programma serviva anche a creare ____________.

**10. Riempire il seguente modulo:**

Grandi discussioni in Italia nel dopoguerra

| **Argomento** | **pro** | **contro** |
|---|---|---|
| Conservazione del sistema di razionamento per i generi alimentari | | |
| Controllo sulla disponibilità delle valute estere | | |
| Applicazione di imposta straordinaria sul patrimonio e cambio della moneta | | |

**11. Esercizi sulle parole in famiglia:**

| **verbo** | **participio passato** | **sostantivo** | **aggettivo** |
|---|---|---|---|
| | | permanenza | |
| | | revisione | |
| | | | disponibile |
| | | abolizione | |
| | consolidato | | |
| | | corruzione | |
| | | contrattazione | |
| | | distorsione | |
| | | difesa | |
| | | sorpresa | |
| | convinto | | |
| | opposto | | |
| | | ampliamento | |
| | | precedenza | |
| | inteso | | |
| | | provvedimento | |
| | tutelato | | |
| estendere | | | |

# Unità 5

## Prima fase: il dopoguerra e la ricostruzione (1945-1955) (4)

导言：

意大利的南方地区贫困落后的问题从实现统一起就一直存在，南北方之间的经济差距也从那时就开始了。历史上南方曾有一些薄弱的工业部门，也基本集中在那不勒斯一带，靠国家保护政策维持，其余都是技术落后的原始手工加工业。总体上来看，南方地区既没有繁荣的农业，更谈不上发展工业。仍然实行冬季种植粮食，夏季放牧牲畜的办法，且畜牧业并不发达，社会结构还具有明显的封建社会特点，发展工业、兴办企业的思想未得到推广。为发展南方经济，政府从土地改革入手，并通过法律规定对购买土地用于自己直接耕种的农户给予特殊优惠和各种信贷补贴。把土地交给农民的措施形成了小农户庄园的大网络，而小农户庄园由于规模小很快就显现出效益低下的弊端来。在那些可以进行深入的土地改造、引进灌溉种植高产值作物的地方，成效非常好；然而在内地山区，成效则完全不同。此外，南方地区的人口压力大，工业化前景亦不明朗，因此政府出台各项措施的首要目的还是要保证劳动力的充分就业。

### 5. L'intervento nel Mezzogiorno

È noto che il problema del Mezzogiorno fu agitato fin dal momento in cui il paese raggiunse la sua unità politica. Secondo l'opinione prevalente, il distacco economico fra Nord e Sud esisteva fin da allora. Nell'antico regno delle due Sicilie era presente un modesto settore industriale, che, pur contando alcuni stabilimenti tecnologicamente avanzati sia nel ramo tessile che in quello meccanico, era tuttavia estremamente concentrato dal punto di vista territoriale (praticamente tutto addensato intorno alla città di Napoli) e fortemente protetto da sussidi e commesse statali. Il resto dell'industria era costituito da lavorazioni primitive e artigianali. Mancava un settore agricolo prospero. Anche se, in alcune zone, vi era stato un ingresso di media proprietà borghese, soltanto nei decenni successivi questo avrebbe dato luogo allo sviluppo delle colture arboree nelle zone costiere. La montagna profondamente intaccata dal disboscamento e in preda ad(1) un esteso dissesto idrogeologico, le pianure, ampiamente infestate dalla malaria(2), ospitavano un ordinamento basato sulla cerealicoltura nei mesi invernali, avvicendata alla pastorizia nei mesi estivi. Scarsi gli allevamenti, per lo più(3) concentrati nel bestiame ovino, con una presenza ridottissima del bestiame bovino. Nelle campagne, la struttura sociale ancora pervasa di residui feudali soffocava lo spirito imprenditoriale.

È opinione del pari diffusa che il distacco economico del Mezzogiorno sia stato consolidato e aggravato dall'unificazione politica del paese. Come è noto, l'unificazione amministrativa fu assai veloce. Abolite le barriere doganali(4), e, successivamente, completata la rete ferroviaria, le poche industrie meridionali non resistettero alla concorrenza delle manifatture italiane ed europee. I meccanismi specifici attraverso i quali l'aggravamento della posizione del Sud si verificò, sono stati oggetto di ampia discussione e di acuta polemica. Secondo una tesi esposta con vigore da Gramsci(5) e da Sereni, alla radice del sottosviluppo meridionale starebbe la mancata evoluzione delle campagne. Questa sarebbe derivata dal fatto che l'unificazione politica del paese venne realizzata attraverso un'alleanza fra i ceti industriali del Nord e la borghesia agraria del Mezzogiorno, alleanza che sanzionò una posizione di subordinazione dei ceti contadini. Il permanere dell'agricoltura in condizioni di subordinazione e di sfruttamento avrebbe impedito l'ingresso del progresso tecnico, l'aumento della produttività e la formazione di un mercato prospero. Secondo una tesi opposta, sostenuta dal Romeo, sarebbe invece proprio in virtù delle(6) condizioni di sfruttamento del settore agricolo del Mezzogiorno che fu possibile reperire risorse per avviare i primi grandi investimenti (soprattutto in infrastrutture viarie e ferroviarie) che rappresentarono la premessa per il decollo industriale del paese. La miseria delle campagne del Sud sarebbe stato quindi il prezzo pagato per consentire lo sviluppo economico nazionale.

Nel corso dei novanta anni fra il 1860 ed il 1950, i provvedimenti a favore del Mezzogiorno furono numerosi, ma non sempre efficaci. Nell'insieme del bilancio dello Stato italiano, le risorse disponibili per opere destinate a promuovere lo sviluppo produttivo non furono abbondanti, data l'incauta politica di spesa che destinava somme ingenti all'industria pesante e alla difesa. Nel Mezzogiorno il grosso della spesa(7) fu dedicato a infrastrutture viarie, opere ferroviarie, porti, opere idrauliche e portuali (nel Nord, invece, la spesa fu concentrata nei settori più immediatamente produttivi della bonifica e dei miglioramenti agricoli). L'agricoltura meridionale attraversò un primo periodo di sviluppo immediatamente dopo l'unificazione, periodo nel quale si ebbero considerevoli aumenti nelle esportazioni dei prodotti tipici del Mezzogiorno, quali agrumi, vino, olio. Questo periodo favorevole venne tuttavia bruscamente interrotto nel 1888, con la svolta protezionista e l'entrata in vigore della nuova tariffa doganale. La svolta protezionista corrispose alla decisione di imprimere una spinta decisa all'industrializzazione del Nord; essa fu quindi favorita dai ceti della nascente borghesia industriale delle regioni settentrionali. I grandi proprietari fondiari del Mezzogiorno ottennero in cambio(8) un forte dazio sui cereali, che facendo aumentare il prezzo del grano produsse anche un aumento considerevole delle rendite fondiarie. Sotto il profilo sociale, questa operazione significò la fondazione del blocco industria-agricoltura che saldò gli industriali del Nord ai grandi proprietari del Mezzogiorno in un gruppo dominante. Sotto il profilo economico, la svolta fu perniciosa per l'agricoltura del Mezzogiorno. La politica protezionista provocò immediate ritorsioni da parte della Francia, e le esportazioni di vini e di oli dal Mezzogiorno crollarono, portando con sé la rovina di vaste schiere di piccoli proprietari, che negli anni precedenti avevano effettuato considerevoli investimenti e miglioramenti, e che rappresentavano la forza più viva dell'agricoltura meridionale e l'unica sede di accumulazione di capitale. La stessa politica danneggiò le classi contadine, che videro crescere il prezzo del grano e cadere in misura corrispondente i salari reali; e privilegiò la proprietà assenteista, che venne ulteriormente consolidata. In tal modo il processo di accumulazione che si era avviato nell'agricoltura meridionale venne stroncato.

Il deteriorarsi della situazione provocò un graduale accrescimento delle emigrazioni. Mentre nei decenni immediatamente successivi all'unità la parte maggiore degli emigranti proveniva dalle regioni del Nord, al volgere del secolo(9) ebbe inizio l'emigrazione torrentizia dalle regioni del Mezzogiorno. Nel tentativo di porre riparo a una situazione palesemente insostenibile, fra il 1904 ed il 1906, venne approvata una serie di leggi speciali contenenti provvidenze per singole regioni meridionali (leggi per Napoli, la Basilicata, la Calabria, la Sicilia e la Sardegna). Degna di nota(10) la legge speciale per Napoli del 1904, che creò la prima zona industriale del paese, e indusse l'installazione di alcuni grossi impianti (fra i quali uno stabilimento siderurgico tuttora esistente). Nello stesso torno di tempo(11) furono creati i cantieri navali di Taranto. Ma si trattava di provvedimenti inadeguati. Tanto più che, di fronte a queste misure isolate, proseguiva la politica generale che viceversa danneggiava le regioni del Sud. Particolari discussioni si accesero sulla politica tributaria, che, attraverso numerosi meccanismi messi in luce(12) per la prima volta dal Nitti, e riconfermati oggi da studi contemporanei, esercitava una pressione fiscale assai più gravosa al Sud che non al Nord.

Negli anni fra le due guerre la politica governativa non mutò nella sostanza, anche se l'esistenza stessa di una questione meridionale venne ufficialmente negata. La politica di industrializzazione continuò a favorire gli insediamenti del triangolo industriale, mentre nel Mezzogiorno si ebbero pochi episodi costituiti da grandi impianti isolati: nel Napoletano, venne potenziato lo stabilimento siderurgico dell'Ilva di Bagnoli, ed i cantieri navali di Castellammare, e venne creato il Centro aereonautico di Pomigliano d'Arco; presso Crotone, venne creato un complesso chimico. Contro questi interventi isolati nell'industria, restava in vita una politica agraria che continuava a provocare il regresso dell'agricoltura meridionale. La protezione dei cereali (la così detta battaglia del grano) favoriva ancora una volta la grande proprietà, a scapito delle(13) masse contadine. L'estendersi delle colture granarie sacrificava le colture foraggere ed i pascoli, producendo un calo sensibile negli allevamenti, non solo bovini, ma adesso anche ovini. Gli interventi per la così detta bonifica integrale, avviata dopo il 1925, non ebbero risultati migliori, anche perché, mentre lo Stato eseguiva le opere di base, le trasformazioni susseguenti erano affidate all'iniziativa privata che, specie nel Sud, risultò totalmente inadeguata. Tutto ciò non faceva che accrescere la pressione demografica nelle campagne; tanto più che, nel periodo fra le due guerre, le migrazioni verso l'estero erano praticamente cessate, e le migrazioni interne si erano ridotte, anche perché ufficialmente avversate dalla politica governativa e colpite da divieti amministrativi. In tal modo era chiaro che nelle campagne del

Mezzogiorno il livello del reddito era talmente basso che, non solo veniva preclusa qualsiasi capacità di accumulazione, ma non venivano raggiunti nemmeno i livelli di sussistenza, creandosi così una situazione socialmente intollerabile.

All'indomani della seconda guerra mondiale, il problema del sottosviluppo meridionale apparve come problema di urgenza immediata.

Le condizioni precarie dell'agricoltura meridionale, caratterizzata da una pressione demografica eccessiva rispetto alla povertà delle risorse, l'aggravarsi della situazione in seguito all'interruzione dei flussi emigratori negli anni della guerra, la carenza di attività produttive moderne capaci di assorbire il sovrappiù di popolazione disoccupata, rappresentavano non solo un caso patologico sotto il profilo economico e sociale, ma anche una situazione tendenzialmente esplosiva, che rischiava di mettere a repentaglio l'ordine pubblico(14). Fin dal 1944, i movimenti contadini e popolari del Mezzogiorno avevano assunto carattere di ribellione contro la grande proprietà e contro l'apparato statale(15). Di fronte a questa situazione l'unico provvedimento concreto preso nell'immediato dopoguerra fu il decreto Gullo (emanato nell'ottobre del 1944 dall'allora Ministro dell'Agricoltura, il comunista Fausto Gullo) che autorizzava l'assegnazione ai contadini di terre lasciate incolte dai proprietari. Questo provvedimento, che riesumava un più antico decreto emanato nel 1919 dal Ministro Visocchi, ebbe una applicazione limitata ma non trascurabile. Per il resto, i movimenti popolari furono fronteggiati con la repressione. I conflitti a fuoco(16) ebbero inizio nel settembre del 1944 nel Fucino, quando la polizia sparò su gruppi di contadini che avevano occupato alcune terre incolte, e proseguirono in numerosissimi scontri che ebbero luogo a Licata, a Palermo, e nelle Puglie, regione questa che in quegli anni divenne uno dei centri maggiori delle lotte contadine. Temporaneamente attenuatosi, il movimento contadino riprese con vigore rinnovato nel 1949. Nel maggio di quell'anno si era avuto il primo grande sciopero dei braccianti della Valle Padana(17), sciopero che si era rapidamente esteso ad altre regioni fino alla Sicilia. Il movimento popolare si risvegliò soprattutto nel Mezzogiorno, ma questa volta, in luogo del ribellismo generico, i moti assunsero la forma specifica di ***occupazione di terre latifondistiche***. Ancora una volta, la reazione immediata delle autorità fu quella di soffocare il movimento con la forza. Scontri con la polizia avvennero a Melissa, a Torremaggiore, a Montescaglioso, a Bernalda, tutti segnati da vittime, e in alcuni casi da autentiche stragi (fra il 1949 ed il 1950, nelle campagne del Mezzogiorno si ebbero oltre quindici morti).

Se da un lato qualche forma di intervento si imponeva, non fosse altro che per la tutela dell'ordine costituito, la natura specifica degli interventi non era di facile individuazione. La possibilità di sviluppare nel Mezzogiorno un settore industriale, che gradualmente assorbisse l'eccesso di manodopera contadina, veniva considerata con grande scetticismo, per motivi di volta in volta diversi, ma sempre tali da far apparire fuor di luogo(18) una politica di industrializzazione accelerata delle regioni meridionali. Negli anni della ricostruzione, l'industria delle regioni settentrionali doveva affrontare problemi non lievi di recupero e di riconversione. Le prospettive di ripresa erano assai incerte, sembrava allora che anche se la struttura produttiva del paese avesse superato i problemi della ricostruzione, si sarebbe tutt'al più restaurata la situazione prebellica, quando l'industria italiana presentava una struttura debole, sostenuta da robuste protezioni, e caratterizzata da un tasso di accrescimento molto ridotto. In questo clima, e con queste prospettive, quando perfino le possibilità di ricostruire il sistema industriale delle regioni settentrionali sembravano scarse, l'idea di estendere il processo di industrializzazione alle regioni meridionali appariva del tutto fuori di luogo. Infatti, negli anni dell'immediato dopoguerra, la politica industriale nel Mezzogiorno fu anzitutto una ***politica di smantellamenti***(19), che investì in primo luogo le industrie meccaniche del Napoletano, che negli anni dello sforzo bellico avevano avuto un certo sviluppo.

Questa prospettiva negativa per lo sviluppo industriale del mezzogiorno era destinata a consolidarsi negli anni successivi, nel corso del miracolo economico. L'Italia era fin da allora impegnata in una progressiva integrazione economica con gli altri paesi europei, e pareva che tutti gli sforzi dovessero essere concentrati nell'acquisire un grado di efficienza e di competitività sempre più elevato, al fine di consentire l'affermazione dell'industria italiana sui mercati internazionali. Pareva allora chiaro che questa lotta per la conquista dei mercati esteri dovesse essere combattuta in primo luogo dall'industria delle regioni settentrionali, che, per tradizioni ormai rispettabili e per i successi già riportati, dava affidamento di riuscire vittoriosa; sembrava viceversa altrettanto sicuro che se si fosse tentato uno sviluppo industriale nel Mezzogiorno, la nuova industria del Sud non avrebbe retto alla concorrenza dei mercati esteri. Il tentativo di sviluppare l'industria meridionale avrebbe rappresentato di per sé una prova assai ardua, e non sembrava che l'industria del Nord, già impegnata sul fronte esterno, potesse impegnarsi in una seconda battaglia sul fronte interno. In tal modo, la decisione di aprire l'economia italiana all'integrazione economica internazionale, così come aveva influito in modo determinante sulla struttura settoriale dell'industria italiana, finiva per cristallizzarne anche la dislocazione territoriale.

In questo orientamento confluivano ovviamente anche gli interessi particolari delle regioni settentrionali, che, mentre consideravano le regioni meridionali come possibili mercati di sbocco per i propri prodotti, vedevano con perplessità la possibilità che le stesse regioni si tramutassero in centri di produzione industriale. Sotto questo profilo, la infelice polemica sulla necessità di evitare nel Mezzogiorno i "doppioni" di industrie settentrionali, polemica sviluppatasi soprattutto fra il 1958 e il 1960, appare assai indicativa. Queste vedute aziendalistiche erano destinate a rafforzarsi col passare degli anni, quando apparve chiaro che, mentre le regioni settentrionali andavano approssimandosi a una situazione di piena occupazione, il Mezzogiorno rappresentava una riserva di manodopera, capace, almeno in apparenza, di alimentare l'industria del Nord ancora per molti anni. Si andava così confermando, negli ambienti industriali, la visione dualistica secondo la quale l'economia italiana risultava costituita da un gruppo di regioni industrializzate e dinamiche cui si contrapponeva il gruppo delle regioni meridionali, la cui funzione precipua era quella di esportare forze di lavoro. Come vedremo, questa visione era destinata a essere riveduta soltanto molti anni dopo.

Una volta scartata la possibilità di attuare nel Mezzogiorno una politica di industrializzazione vera e propria, non restava altra soluzione che quella di intervenire con una politica di opere pubbliche destinata a consolidare le infrastrutture civili, a rafforzare il settore agricolo, a favorire lo sviluppo del turismo, ed eventualmente a predisporre il terreno per quegli insediamenti industriali che si fossero spontaneamente sviluppati. Su queste basi, e cioè sul proposito di attuare nel Mezzogiorno una politica di opere pubbliche, fu possibile coalizzare un accordo politico. Interventi di questa natura riscuotevano infatti il consenso delle regioni settentrionali, in quanto accrescevano la capacità di acquisto del Mezzogiorno senza svilupparne la capacità di produzione, almeno in via immediata; e riscuotevano al tempo stesso l'approvazione delle regioni meridionali, in quanto ne risollevavano il reddito, davano un impulso all'industria delle costruzioni, fornivano qualche occasione di lavoro per la manodopera non qualificata, e in definitiva consolidavano il potere delle amministrazioni locali, attraverso le quali il flusso di spesa pubblica era destinato a passare.

***La riforma fondiaria.*** La riforma fondiaria fu approvata in tre tempi successivi. I primi provvedimenti, riguardanti la Calabria, furono emanati nel maggio del 1950 (legge Sila, del 12.5.1950). Seguì la così detta "legge stralcio" (21.10.1950), che estese la riforma a territori da determinarsi successivamente con decreto governativo (tali territori furono il Delta padano, la Maremma toscana, il bacino del Fucino, alcune zone della Campania e della Puglia, il bacino del Flumendosa, e altre zone della Sardegna). Nel dicembre dello stesso anno, la Regione Sicilia emanò una legge di riforma, relativa al territorio dell'isola e avente caratteri suoi particolari (legge del 31.12.1950).

Furono assoggettati a esproprio i terreni posseduti in eccedenza al valore imponibile di lire 30.000, con espropriazione di quote crescenti in funzione diretta(20) del reddito totale del proprietario e in funzione inversa del reddito medio per ettaro, fino ad esonerare del tutto le aziende altamente efficienti e quelle a prevalente indirizzo zootecnico. I proprietari espropriati ebbero quale indennizzo titoli del debito pubblico al 5% al portatore, per una somma determinata in base al valore dei terreni fissato dall'imposta straordinaria sul patrimonio del 1947. Nel suo insieme, i provvedimenti di riforma investirono circa otto milioni di ettari, pari al 30% della superficie agraria e forestale del paese. Circa 800.000 ettari (di cui 650.000 nel Mezzogiorno) furono oggetto di esproprio effettivo.

I terreni espropriati vennero assegnati a famiglie contadine. L'estensione dei terreni assegnati venne calcolata in modo da assicurare a ogni unità familiare un livello di reddito accettabile, sia che l'assegnatario ricevesse un terreno unitario (il "podere"), sia che ricevesse frammenti minori (le "quote"), da coltivare unitamente ad altri frammenti e ad altri appezzamenti eventualmente già posseduti. L'estensione dei poderi risultò assai piccola: in media 6 ettari, con un massimo di 30 in alcune aziende pastorali sarde. Le quote si aggirarono sui 2-3 ettari. Al fine di assicurare un insediamento stabile degli assegnatari, la riforma previde che, mediante il pagamento di trenta annualità, ciascuno di essi diventasse proprietario dei terreni ricevuti. Gli Enti di Riforma si accollarono inoltre l'onere di cospicui investimenti per l'edificazione di case e borgate rurali, aventi lo scopo di spezzare i tradizionali insediamenti accentrati e creare nuovi insediamenti sparsi. La cassa per il Mezzogiorno si assunse l'onere di realizzare investimenti per i miglioramenti fondiari, nonché per l'istituzione di ***nuclei di assistenza tecnica***, per indirizzare gli agricoltori nella gestione delle nuove aziende.

Mentre la Riforma fondiaria realizzava un trasferimento ***coattivo*** di terra ai contadini, una manovra altrettanto massiccia di ***trasferimento pacifico*** venne realizzata mediante la legge per la piccola proprietà coltivatrice. Questa legge, approvata nel 1949, prevedeva particolari facilitazioni e ampie sovvenzioni creditizie alle famiglie contadine che si rendevano acquirenti di terra per assoggettarla a conduzione diretta. Essa era palesemente ispirata alle medesime finalità che reggevano l'operazione della riforma fondiaria, ed ebbe effetti altrettanto cospicui: nel Mezzogiorno, si calcola che, grazie a(21) questa legge, circa 600 mila ettari di terra siano passati in proprietà di famiglie contadine.

Questa complessa manovra di assegnazione di terra ai contadini, portò a creare una vasta rete di aziende familiari, che, per la loro stessa piccolezza, dovevano presto rivelarsi inefficienti. Là dove fu possibile attuare trasformazioni fondiarie profonde e introdurre colture irrigue ad alto reddito, i risultati furono decisamente favorevoli; nelle zone interne, invece, i risultati furono del tutto inadeguati. D'altro canto, lo scopo primo dell'intera manovra, tenendo conto del carico demografico del mezzogiorno e delle scarse prospettive di industrializzazione, era quello di assicurare la piena occupazione delle forze lavorative. La creazione di una rete di aziende familiari risolveva questo problema, eliminando, almeno nelle zone in cui veniva pienamente attuata, il lavoro salariato, e riconducendo ogni prestazione di lavoro nell'ambito dell'azienda familiare. In tal modo, il costo marginale del lavoro per ogni azienda veniva praticamente reso uguale a zero, il che permetteva di ottenere l'occupazione integrale del lavoro disponibile e di massimizzare il prodotto. Al tempo stesso(22), poiché nell'ambito familiare il reddito viene distribuito di norma con criteri ugualitari, si evitava che il reddito del lavoratore agricolo cadesse a zero, anche se cadeva a zero la produttività marginale del lavoro.

I risultati conseguiti furono assai diversi a seconda delle(23) zone. Nelle zone costiere pianeggianti, dove l'esproprio fu accompagnato da intense opere di trasformazione, dove vennero realizzati sistemi di irrigazione con conseguente passaggio a colture ricche, sorsero aziende agricole efficienti e prosperose; sotto questo profilo, la Piana di Metaponto, lungo l'arco jonico, rappresenta uno degli esempi di maggiore successo dell'azione di Riforma. Ma nelle zone interne, dove le produzioni rimasero basate su un'agricoltura arida, i risultati, sia in termini di reddito che in termini di efficienza, furono estremamente modesti; in tali zone, di conseguenza, le condizioni di miseria non furono eliminate.

***La Cassa per il Mezzogiorno***. La Cassa per opere straordinarie di pubblico interesse per il mezzogiorno venne istituita nel 1950 (legge 10.8.1950, n. 646). Il dibattito che si svolse in Parlamento sul progetto di legge istitutivo della Cassa dà un'idea esatta delle diverse visioni che separavano le parti politiche. I sostenitori del nuovo organismo facevano proprie le idee dei così detti nuovi meridionalisti, i quali, superate le posizioni liberistiche dei meridionalisti più antichi, ritenevano che un intervento pubblico fosse necessario per spezzare il cerchio dell'arretratezza nel Mezzogiorno; tuttavia, e qui la tradizione liberista conservava il suo influsso, anche i nuovi meridionalisti ponevano l'accento sulla politica delle opere pubbliche, come campo elettivo di intervento dello stato. Questa visione trovava un sostegno teorico nella teoria del sottosviluppo sostenuta dal Nurkse e dal Rosenstein Rodan, la cui autorità veniva infatti invocata a giustificazione del progetto di creazione della Cassa. Sulla sponda opposta(24), il partito comunista, fedele all'interpretazione gramsciana della questione meridionale, sosteneva che il problema del Mezzogiorno fosse anzitutto un problema di struttura politica e che meri provvedimenti tecnici, come un programma di opere pubbliche, non avrebbero mai potuto modificare la situazione; si sarebbe dovuto invece fare leva in primo luogo sulla riforma agraria, per riscattare le classi contadine dalla loro antica emarginazione politica e portarle alla posizione di protagoniste dello sviluppo del Sud. In coerenza con tale posizione, le sinistre votarono in Parlamento contro il progetto di legge che istituiva la Cassa.

***Impegni in opere infrastrutturali assunti dalla Cassa***

(*valori percentuali*)

| settori | 1950-1955 | 1956-1960 | 1961-1965 | 1966-1970 | 1971-1975(a) |
|---|---|---|---|---|---|
| Agricoltura | 59,1 | 63,5 | 39,6 | 31,1 | 21,2 |
| Industria(aree e nuclei) | — | — | 4,7 | 7,7 | 18,4 |
| Vie e mezzi di comunicazione | 26,3 | 13,7 | 19,5 | 24,8 | 16,7 |
| Acquedotti e fognature | 12,4 | 18,8 | 26,2 | 28,5 | 27,8 |
| Opere ospedaliere | — | — | 2,8 | 3,5 | 1,5 |
| Varie | 2,2 | 4,0 | 7,2 | 4,4 | 14,4 |
| Totale | 100 | 100 | 100 | 100 | 100 |
| Totale(valori assoluti in miliardi lire correnti) | 576,4 | 584,6 | 637,0 | 1102,5 | 2533,1 |
| Totale come % degli impegni complessivi Cassa | 93,6 | 85,3 | 60,0 | 43,1 | |

(a) Investimenti realizzati.

*Fonte*: A. Del Monte e A. Giannola *Il Mezzogiorno nell'economia italiana*, cit., p. 306 (dati del Comitato di Ministri per il Mezzogiorno).

Fedele alle premesse generali della politica per il Mezzogiorno, la Cassa, specialmente nei primi anni, svolse un'opera più umanitaria che propulsiva, attuando una politica delle infrastrutture ispirata all'obiettivo di portare condizioni di vita civile alle popolazioni del mezzogiorno là dove esse si trovavano. Sotto il profilo spaziale, l'intervento venne quindi diffuso in tutto il territorio; sotto il profilo del contenuto, l'agricoltura assorbì la parte più rilevante degli stanziamenti, seguita dalle infrastrutture civili, strade carrozzabili, opere idrauliche, scuole, ospedali. Si noterà anche, dalla tabella precedente, che nei primi anni le spese per infrastrutture assorbirono praticamente la totalità degli stanziamenti; soltanto dopo il 1960, i fondi destinati all'agricoltura scesero al di sotto del 50 % del totale, e venne fatto più largo spazio alle spese per l'industrializzazione.

***Gli incentivi per l'industrializzazione.*** La politica di sviluppo industriale rappresentò la parte più debole e tardiva della politica meridionalista. In sostanza, non venne previsto alcun intervento sotto forma di investimenti diretti per l'industrializzazione; venne soltanto istituito un insieme di incentivi, nella speranza che ciò fosse sufficiente a stimolare sia gli imprenditori locali, sia eventuali imprenditori di altre regioni. Tuttavia, sempre in omaggio all'idea(25) che il primo obiettivo fosse quello di massimizzare l'occupazione, gli incentivi vennero dedicati prevalentemente alle piccole e medie imprese. Gli incentivi furono di vario genere. Anzitutto si ebbero agevolazioni creditizie: tre Istituti di credito speciale, l'Isveimer(26) per il Mezzogiorno continentale, l'Irfis(27) per la Sicilia, e il Cis(28) (quest'ultimo appositamente costituito) per la Sardegna ebbero il compito di effettuare credito industriale a tassi agevolati. Accanto ai finanziamenti a tasso agevolato(29) (in taluni casi il tasso poteva scendere fino al 3%), si ebbero contributi a fondo perduto(30), assegnati direttamente dalla Cassa. Una legislazione complessa prevedeva inoltre una serie di agevolazioni il cui regime venne continuamente ritoccato e modificato. In linea generale, le principali agevolazioni furono dirette all'obiettivo di ridurre il costo iniziale(31) di impianto (riduzione di imposte per la costituzione di nuove società e per l'acquisto di terreni e fabbricati destinati ad attività produttive, riduzioni di tariffe ferroviarie per trasporto di macchinari, e, come si è ricordato, contributi a fondo perduto per macchinari e opere murarie, e finanziamenti a tasso agevolato); o a ridurre il costo di esercizio (esenzione decennale dall'imposta di ricchezza mobile, riduzioni di imposta sulle forniture di energia elettrica, sgravi di contributi previdenziali dovuti all'Inps(32)). Solo in un momento successivo, furono previsti anche incentivi volti ad accrescere la domanda: le pubbliche amministrazioni e le imprese pubbliche furono tenute a riservare ad imprese meridionali il 30% delle proprie spese per forniture, ed il 40% dei propri investimenti (per le imprese a partecipazione statale(33), la riserva fu del 60%). Tuttavia, la struttura degli incentivi, centrata principalmente su riduzioni di costo invece che su interventi volti ad(34) accrescere la domanda, esercitò soltanto un effetto assai debole sulle decisioni di investimento; e, come vedremo in seguito, quando si ebbe uno sviluppo concreto degli investimenti industriali, questo, invece di coinvolgere soprattutto le piccole e medie imprese e le iniziative locali, servì in prevalenza a grandi imprese nazionali per installare nel Mezzogiorno costosi impianti ad elevata intensità di capitale.

Si può dunque concludere che, nella sua fase di avvio, la politica per il Mezzogiorno, concentrata come fu sul settore agricolo e sulle infrastrutture civili, assunse un contenuto più assistenziale che propulsivo.

## NOTE

1. in preda a = essere dominato da = cadere in potere di 任凭……肆虐，为……所苦
2. infestato da = in preda a = distrutto (danneggiato, travagliato) da 被……蹂躏，受……祸害
3. per lo più = perlopiù = in genere 通常，一般，多数，基本
4. barriere doganali 关税壁垒；相对而言还有非关税壁垒 barriere non doganali
5. Gramsci 葛兰西，意大利共产党的创始人，反法西斯的战士，也是马列主义的哲学家
6. in virtù di = in forza di = in opera di = a norma di = grazie a 由于；按照，依照，根据
7. il grosso della spesa 开支的主要部分，开销的大头
8. in cambio 作为交换，换取
9. al volgere del secolo 在世纪之交之际，在世纪之初
10. degna di nota 值得注意；degno di 值得
11. nello stesso torno di tempo = intorno a quel tempo = nel periodo di quel tempo 在那个时期，大概那个时候，大约在那段时期
12. mettere in luce = chiarire, indicare, mostrare 指出，揭示，说明

13. a scapito di = a danno di = con pregiudizio a 有损于，有害于
14. l'ordine pubblico 公共秩序，后边课文里的 l'ordine costituito 已经建立的秩序
15. l'apparato statale = il complesso di organi statali 国家机器
16. i conflitti a fuoco 武装冲突
17. Valle Padana = la pianura Padana 波河平原
18. fuor di luogo = inopportuno = inadeguato 不适宜的
19. politica di smantellamenti 撤退政策，即从原来的进步（进攻性）水平上退下来的政策，此处的 smantellamenti 用意不是拆卸
20. in funzione diretta 按照正比，反之则是 in funzione inversa 按照反比
21. grazie a = per merito di = con l'aiuto di = a causa di 由于
22. al tempo stesso = nel frattempo = frattanto = nel contempo 同时
23. a seconda di = conformemente a = secondo 按照，依照，依据 Decidiamo a seconda delle circostanze. 我们酌情决定
24. sulla sponda opposta = dalla parte opposta = al lato opposto 在反面，在对面
25. in omaggio a = secondo 按照，依照，根据
26. Isveimer = Istituto per lo Sviluppo Economico dell'Italia Meridionale 意大利南方经济发展银行
27. Irfis = Istituto Regionale per il Finanziamento alle Industrie in Sicilia 西西里地区工业投资银行
28. Cis = Credito Industriale Sardo 撒丁工业信贷银行
29. finanziamenti a tasso agevolato 低息融资；tasso = tasso di interesse 利率 agevolato 优惠的，此处指低的
30. contributi a fondo perduto 无偿援助 fondo perduto 无偿的
31. costo iniziale 开办成本，costo di esercizio 经营成本；esercizio 经营，运作
32. Inps = Istituto Nazionale Previdenza Sociale 国家社会保障署
33. imprese a partecipazione statale 国家参与制企业，国家（具体是国库部）作为股东之一投资并派遣管理人员，这类企业和私营企业一样按照市场规律运作，目前正经历私有化进程。
34. volto a = diretto verso 朝着，朝向

## VOCABOLARIO

| | | |
|---|---|---|
| distacco | *s.m.* | distanza, separazione 脱节，差距 |
| ramo | *s.m.* | campo, settore, branca 分支；部类 |

| | | |
|---|---|---|
| addensato | *agg.* | concentrato, raddensato, affollato 集中的 |
| commessa | *s.f.* | ordine di fornitura 订单 |
| coltura | *s.f.* | coltivazione 种植，作物 |
| arboreo | *agg.* | che ha la forma o la qualità di albero 树木的，灌木的 |
| intaccato | *agg.* | danneggiato 被毁坏的 |
| disboscamento | *s.m.* | taglio degli alberi 砍伐，毁林 |
| dissesto | *s.m.* | collasso, crollo, fallimento, rovina 崩溃，破产，垮台 |
| idrogeologico | *agg.* | delle acque superficiali e sotterranee 水文的 |
| malaria | *s.f.* | malattia parassitaria e aria insalubre nei luoghi paludosi 瘴气，疟疾 |
| cerealicoltura | *s.f.* | coltivazione dei cereali 粮食种植 |
| pastorizia | *s.f.* | attività del pastore 放牧 |
| ovino | *agg.* | relativo alle pecore e alle capre 羊的 |
| pervadere | *v.tr.* | diffondere, invadere, permanere, caratterizzare 弥漫，充满 |
| ceto | *s.m.* | classe, categoria, rango 阶层 |
| sanzionare | *v.tr.* | convalidare, ratificare, confermare, sancire 批准，认可 |
| reperire | *v.tr.* | raccogliere, trovare, mettere insieme 寻求，筹集 |
| incauto | *agg.* | imprudente, sconsiderato, malaccorto, imprevidente 不慎，轻率的 |
| ingente | *agg.* | considerevole, cospicuo, numeroso, enorme, rilevante 大量，巨大的，庞大的 |
| viario | *agg.* | stradale 道路的 |
| bonifica | *s.f.* | risanamento, miglioramento del terreno 改良，土壤改良 |
| rendita | *s.f.* | reddito, utile, entrata, interesse 定期收入，定期收益 |
| saldare | *v.tr.* | mettere insieme, ricongiungere 固定在一起，焊接 |
| pernicioso | *agg.* | molto dannoso 有毒的，有害的 |
| ritorsione | *s.f.* | rappresaglia 反击，反应，回报 |
| schiera | *s.f.* | truppe, squadra, massa, folla 队伍，阵营 |
| sede | *s.f.* | ambiente, posto, momento opportuno, occasione 所在地，地方；机会，时机 |
| assenteista | *agg.* | disinteresse, indifferente 漠不关心的；旷工的 |

| | | |
|---|---|---|
| torrentizio | *agg.* | di torrente 急流的，奔流的，湍急的 |
| insostenibile | *agg.* | insopportabile, spaventoso, terribile, tremendo 无法支撑的，无法忍受的，不堪的 |
| provvidenze | *s.f.* (*pl.*) | provvedimento 供应，供应品 |
| torno | *s.m.* | giro, circa [只用于短语] di torno 周围，四周 |
| tributario | *agg.* | fiscale 税收的，税务的 |
| insediamento | *s.m.* | installazione, stanziamento 定居，驻扎，安家 |
| Napoletano | *s.m.* | di Napoli 那不勒斯一带 |
| aereonautico | *agg.* | dell'avviazione e dell'aeromobile 航空的 |
| granario | *agg.* | del grano 粮食的，谷物的 |
| foraggero | *agg.* | di pianta coltivata per foraggio 饲草的，饲料的 |
| pascolo | *s.m.* | pastura 放牧，草场，牧场 |
| precludere | *v.tr.* | chiudere, impedire, vietare 阻挡，阻止 |
| sussistenza | *s.f.* | necessario per la sopravvivenza, mantenimento, vettovagliamento 生存，生活必需品 |
| intollerabile | *agg.* | fastidioso, insopportabile, molesto 不能容忍的，无法忍受的 |
| precario | *agg.* | incerto, insicuro, temporaneo, provvisorio, instabile 不稳定的，临时性的 |
| carenza | *s.f.* | mancanza, insufficienza, scarsezza, carestia 缺乏，匮乏，短缺 |
| sovrappiù | *s.m.* | eccedenza, superfluo, soprappiù 剩余，多余 |
| patologico | *agg.* | malato, anormale 病态的 |
| incolto | *agg.* | non coltivato, non curato 未耕种的，撂荒的 |
| riesumare | *v.tr.* | rilanciare, ridare la vita, fare rivivere 发掘，再激活 |
| scontro | *s.m.* | combattimento, discussione accesa, contesa 冲突，碰撞，争论 |
| bracciante | *s.m.* | lavoratore agricolo non stabile 雇工，农工 |
| latifondistico | *agg.* | di chi possiede grande proprietà terriera 大地主的，大庄园主的 |
| strage | *s.f.* | massacro, macello, sterminio 杀戮，屠杀，惨案 |
| individuazione | *s.f.* | identificazione, diagnosi 确定，找到 |

| | | |
|---|---|---|
| scetticismo | *s.m.* | diffidenza, incredulità, sfiducia 怀疑论 |
| riconversione | *s.f.* | riorganizzazione, cambiamento 转型，转轨，再转换，再转变 |
| cristallizzare | *v.tr.* | fossilizzare, immobilizzare 固化，程式化 |
| dislocazione | *s.f.* | spostamento, trasferimento, distribuzione 分布，部署，位移 |
| doppione | *s.m.* | cosa identica a un'altra 重样的事物，翻版 |
| approssimarsi | *v.rifl.* | avvicinarsi, appressare, accostarsi 接近，近似 |
| dualistico | *agg.* | separato, distinto, contrasto 二元的，二元论的 |
| contrapporre | *v.tr.* | opporre, contrastare, confrontare 对置，对立 |
| precipuo | *agg.* | essenziale, fondamentale, particolare, principale 重要的，首要的，主要的 |
| scartare | *v.tr.* | escludere, gettare via 排除，抛弃 |
| coalizzare | *v.tr.* | unire, allearsi, associarsi, collegarsi 联合，结盟 |
| risollevare | *v.tr.* | rialzare, ridare forza, incoraggiare, riprendersi 再提升；重振，挽救 |
| stralcio | *agg.* | 【形容词用于短语】legge stralcio 临时法律 |
| esproprio | *s.m.* | espropriazione 征收，没收 |
| espropriazione | *s.f.* | esproprio 征收，没收 |
| imponibile | *agg.* | tassabile, che può essere oggetto a tassazione 应税的 |
| esonerare | *v.tr.* | dispensare, esentare, esimere, sgravare 免除，免税 |
| zootecnico | *agg.* | dell'allevamento di animali 养殖的，畜牧的 |
| assegnatario | *s.m.* | persona che riceve l'assegnazione 接受划拨者，接受分配者 |
| podere | *s.m.* | fondo agricolo di qualche ampiezza 大块土地 |
| appezzamento | *s.m.* | pezzo di campo 小块土地 |
| aggirarsi | *v.rifl.* | avvicinarsi, consistere press'a poco, essere più o meno 在……上下左右，大约 |
| annualità | *s.f.* | somma pagata annualmente, quota annuale per l'ammortamento di un debito 年俸，年薪，年金 |
| accollarsi | *v.rifl.* | assumersi, addossarsi, contrarre, gravarsi 承担，承受，担负 |

| | | |
|---|---|---|
| spezzare | *v.tr.* | rompere, fare a pezzi, frantumare, spaccare, tagliare 打破，打碎 |
| indirizzare | *v.tr.* | instradare, incanalare, dirigere, rivolgere 引向，带向，朝向，奔向 |
| coattivo | *agg.* | costrittivo, coercitivo, obbligatorio 强制的 |
| massiccio | *agg.* | forte, pesante, imponente, grande 巨大的，强大的，大量的，大批的 |
| conduzione | *s.f.* | gestione, amministrazione, guida 管理，经营，驾驭 |
| ispirare | *v.tr.* | convincere, inspirare, suscitare, animare 模仿，启示，符合，适应 |
| irriguo | *agg.* | irrigato 灌溉的 |
| ugualitario | *agg.* | egualitario 平等的，同等的 |
| irrigazione | *s.f.* | dare acqua al terreno 灌溉 |
| jonico | *agg.* | del Mar Ionio 爱奥尼奥海的 |
| meridionalista | *s.m./f.* | chi studia i problemi del meridione d'Italia 南方问题学者，南方派 |
| sponda | *s.f.* | bordo, riva 岸，边 |
| gramsciano | *agg.* | di Gramsci（前意大利共产党总书记）葛兰西的 |
| emarginazione | *s.f.* | condizione di chi è emarginato, esclusione, estromissione 边缘化，被排除在外 |
| riscattare | *v.tr.* | pagare il riscatto, liberare, emancipare 赎回，解放，解脱 |
| coerenza | *s.f.* | logica, organicità, coesione 一致性，逻辑性，有机性 |
| propulsivo | *agg.* | che determina una propulsione, che promuove 推进的，推动的 |
| carrozzabile | *agg.* | percorribile dalle carrozze e dagli autoveicoli 可行车的 |
| stanziamento | *s.m.* | assegnazione di una somma in bilancio 拨款 |
| tardivo | *agg.* | tardo, postumo, ritardato 迟到的，迟缓的 |
| ritoccare | *v.tr.* | perfezionare, modificare, correggere, rivedere 修正，重审 |
| fabbricato | *s.m.* | edificio, costruzione 建筑物，建筑 |
| murario | *agg.* | relativo alla muratura, al muro 墙体的 |
| esenzione | *s.f.* | dispensa, immunità, esonero 免除，豁免 |
| sgravio | *s.m.* | eliminazione dei pesi, degli oneri 减负，减免负担 |
| previdenziale | *agg.* | relativo alla previdenza sociale 社会救济的 |

## ESERCIZI

**1. Rispondere alle domande seguenti:**

1) Fare una breve presentazione del distacco economico tra il Nord e il Sud.
2) Dopo l'unificazone italiana, sull'agricoltura quali politiche ha preso il governo italiano? Che effetto hanno avuto sul Mezzogiorno?
3) Fra il 1904 e il 1906, per porre riparo all'accrescimento dell'emigrazione, che misura è stata utilizzata? Ha favorito lo sviluppo economico del Mezzogiorno?
4) Subito dopo la Guerra, quali erano i principali problemi del sottosviluppo meridionale?
5) È facile sviluppare l'industria nel Sud? Secondo te, quali manovre sarebbero più realizzabili?
6) Quali erano i contenuti principali della riforma fondiaria italiana negli anni '50?
7) Per la piccola proprietà coltivatrice che manovra speciale si prendeva durante la Riforma fondiaria? Ha funzionato bene?
8) A che serviva la Cassa del Mezzogiorno?
9) Quali istituti erano costituiti per supportare lo sviluppo industriale meridionale?

**2. Tradurre in italiano:**

| | |
|---|---|
| 关税壁垒 | 筹集资金 |
| 国家订货 | 经济差距 |
| 基础设施 | 非专业劳动力 |
| 撤退政策 | 怀疑主义 |
| 武装冲突 | 土壤改良 |
| 地租 | 二元论 |
| 可支配收入 | 疟疾流行 |

**3. Leggere bene il testo e trovare i sinonimi delle parole seguenti:**

| | |
|---|---|
| classe | scapito |
| controversia | peggioramento |
| conflitto | sottomissione |
| scarsità | distacco |

cospicuo
specializzato
forte
allearsi
indifferente
rivolta
esproprio
accollarsi
indirizzare
massiccio
irriguo
sponda
ritoccare
modificare
assentare
riva
scopo
assistenza
sfiducia
instabile
concentrato
insopportabile
pesante
massacro
imponibile
spezzare
coattivo
conduzione
ugualitario
coerenza
fabbricato
favorito
assumere
agevolazione
stimolo
angustia

**4. Scrivere i contrari delle parole seguenti:**

temporaneo
susseguente
subordinato
prevalente
oggetto
espropriazione
incauto
disboscamento
coattivo
ugualitario
esonerare
massiccio
arido
emarginazione
eccesso
regresso
decollo
unificazione
pernicioso
esonerare
distacco
infrastruttura
facilitazione
espropriazione
spezzare
massimizzare
opposto
coerenza

**5. Fare frasi con le espressioni:**

— mettere in luce
— degno di
— a scapito di
— in virtù di
— corrispondere a
— essere destinato a
— in eccedenza a
— essere assoggettato a
— grazie a
— a seconda di
— allo stesso tempo
— fare leva su
— al di sotto di

**6. Tradurre in cinese:**

1) Furono assoggettati a esproprio i terreni posseduti in eccedenza al valore imponibile di lire 30.000, con espropriazione di quote crescenti in funzione diretta del reddito totale del proprietario e in funzione inversa del reddito medio per ettaro, fino ad esonerare del tutto le aziede altamente efficienti e quelle a prevalente indirizzo zootecnico.
2) Mentre la Riforma fondiaria realizzava un trasferimento coattivo di terra ai contadini, una manovra altrettanto massiccia di trasferimento pacifico venne realizzata mediante la legge per la piccola proprietà coltivatrice.
3) I risultati conseguiti furono assai diversi a seconda delle zone. Nelle zone costiere pianeggianti, dove l'esproprio fu accompagnato da intense opere di trasformazione, dove vennero realizzati sistemi di irrigazione con conseguente passaggio a colture ricche, sorsero aziende agricole efficienti e prosperose; sotto questo profilo, la Piana di Metaponto, lungo l'arco jonico, rappresenta uno degli esempi di maggiore successo dell'azione di Riforma.

**7. Completare i brani seguenti:**

1) Furono assoggettati a esproprio i terreni posseduti in eccedenza al valore

imponibile di _________ lire, con espropriazione di quote crescenti in funzione diretta del ___________ e in funzione inversa del ___________, fino ad esonerare del zootecnico. I proprietari espropriati ebbero quale indennizzo totali del ___________ al 5 % al portatore, per una somma determinata in base al valore dei terreni fissato dall'___________ del 1947. Nel suo insieme, i provvedimenti di riforma investirono circa il ___________ della superficie agraria e forestale del paese. Circa ___________ ettari (di cui ___________ nel Mezzogiorno) furono oggetto di esproprio effettivo.

2) La Cassa per il Mezzogiorno venne istituita nel _______________. Nei primi anni, svolse un'opera più _____________ che _____________, con l'obiettivo di ________ alle popolazioni del Mezzogiorno. Sotto il profilo spaziale, l'intervento venne diffuso in __________; sotto il profilo del contenuto, l'__________ assorbì la parte più rilevante degli stanziamenti, seguita dalle ___________, soltanto dopo il ___________, venne fatto più largo spazio alle spese per ___________.

# Unità 6

## Seconda fase: gli anni dello sviluppo, ossia il miracolo economico (1956-1963) (1)

导言：

1953-1963 年这 10 年经济快速发展是以严重的失衡为特征的。舆论普遍认为，正是意大利经济高速发展自身的结构失衡，导致以后漫长岁月的停滞和危机。所以最好从一开始就分析一下发展的两个方面：积极面是工业化的发展和货币的稳定，消极面则是移民、南方贫困、社会服务不配套的问题。一派思想从右翼的立场出发，把发展的不平衡和扭曲现象归于市场结构中垄断因素的出现。另一派思想从左翼立场出发，把失衡归结为缺乏适当的公共发展规划和放任工业的自由发展。还有一种少数意见，认为发展的积极面和消极面都是单一机制的产物，很难只兴其利而除其弊。

### 1. Sviluppo e squilibri

È cosa ormai nota che il veloce sviluppo economico del decennio 1953-63 fu contrassegnato da profondi squilibri. Anzi, è opinione diffusa che siano stati proprio gli squilibri strutturali che la crescita veloce dell'economia italiana portava con sé a provocare, al termine di quel decennio, l'arresto dell'espansione e la crisi degli anni successivi. È quindi opportuno(1) indicare fin dall'inizio le due facce dello sviluppo, quella dell'industrializzazione e della stabilità monetaria da un lato, quella dell'emigrazione, della povertà del Mezzogiorno, dell'inadeguatezza dei servizi sociali dall'altro. Gli ***aspetti positivi*** più salienti dello sviluppo possono essere elencati come segue: crescita veloce del reddito medio per abitante, crescita del tasso di accumulazione, crescita del settore industriale, veloce apertura dell'economia verso l'esterno, stabilità monetaria, equilibrio nella bilancia dei pagamenti. Gli ***aspetti negativi*** più discussi furono invece: dualismo nella struttura industriale, emigrazioni crescenti, sperequazioni nella distribuzione del reddito, incongruenze nella struttura dei consumi, arretratezza del Mezzogiorno, inefficienze (almeno apparenti) della spesa pubblica, congestione delle grandi concentrazioni urbane.

Il principale problema di interpretazione che lo sviluppo economico italiano pone è quello di stabilire in quale misura i due gruppi di elementi avrebbero potuto essere separati, e quindi in che misura sarebbe stato possibile realizzare uno sviluppo industriale privo di(2) dualismi e di distorsioni. L'opinione più diffusa tende a riaffermare la separabilità dei due gruppi di fenomeni, e propende quindi per ritenere che una corretta gestione della politica economica avrebbe potuto salvare gli elementi positivi dello sviluppo eliminando quelli negativi. Coloro che si pongono in questa ottica, attribuiscono la profonda diseguaglianza di risultati che caratterizzò lo sviluppo generale del paese a fattori diversi e non sempre concordanti. Una prima corrente di pensiero, che critica il meccanismo di sviluppo da posizioni, per così dire, di destra, attribuisce gli insuccessi e le distorsioni alla presenza di elementi di monopolio nella struttura dei mercati. Questa è la posizione della Lutz che, come poi vedremo, fa risalire il dualismo della struttura industriale all'azione sindacale e alla ***mancanza di concorrenza perfetta***(3) sul mercato del lavoro. Una seconda corrente di pensiero, che critica lo sviluppo del paese partendo da posizioni di sinistra, attribuisce gli squilibri alla mancanza di ***una adeguata programmazione pubblica*** dello sviluppo e all'aver consentito che lo sviluppo industriale seguisse liberamente gli impulsi provenienti dalla domanda finale dei consumatori. Meno diffusa risulta l'idea che aspetti positivi e negativi dello sviluppo fossero il ***risultato di un meccanismo*** unico, che sarebbe stato assai difficile depurare dei suoi inconvenienti.

Nelle pagine che seguono, cercheremo tuttavia di mostrare che, se i due gruppi di fenomeni si trovarono accomunati nell'economia italiana, ciò non fu dovuto a circostanze fortuite, ma all'operare di un meccanismo unitario, che produsse al tempo stesso il veloce sviluppo industriale e gli squilibri che abbiamo ricordati.

***Investimenti, esportazioni, e produzione industriale negli anni dello sviluppo (quote percentuali rispetto al reddito nazionale lordo, a prezzi 1963. 1951-1964)***

| | Investimenti Totali | Investimenti nell'industria | Valore aggiunto dell'industria manifatturiera | Esportazioni di merci manifatturiere |
|---|---|---|---|---|
| 1951 | 16,7 | 4,4 | 20,4 | 5,1 |
| 1952 | 16,3 | 4,6 | 20,4 | 4,3 |
| 1953 | 17,5 | 4,5 | 20,6 | 4,4 |
| 1954 | 18,4 | 4,6 | 22,1 | 4,7 |
| 1955 | 20,6 | 5,0 | 22,6 | 5,1 |
| 1956 | 20,6 | 5,2 | 23,3 | 5,8 |
| 1957 | 21,1 | 5,3 | 23,6 | 6,4 |
| 1958 | 20,7 | 4,9 | 23,0 | 6,4 |
| 1959 | 23,8 | 4,9 | 24,0 | 7,5 |
| 1960 | 23,2 | 5,3 | 25,5 | 8,5 |
| 1961 | 24,1 | 5,9 | 26,1 | 9,4 |
| 1962 | 26,6 | 6,3 | 27,3 | 9,8 |
| 1963 | 24,9 | 6,3 | 27,6 | 9,9 |
| 1964 | 22,1 | 4,7 | 27,2 | 11,2 |

*Fonte:* Istat, *Annuario di contabilità nazionale, 1976.*

## 2. *Esportazioni e sviluppo dualistico*

È una questione aperta se possa essere individuato un fattore dominante al quale attribuire l'avvio del processo di rapido sviluppo degli anni cinquanta. Su questo punto, le opinioni sono ancora sostanzialmente divise. Una corrente di pensiero alla quale si allineano anche studiosi stranieri che hanno analizzato il caso italiano, propende per individuare il fattore dominante dello sviluppo italiano nell'***espansione veloce delle esportazioni***, cosa questa che farebbe rientrare lo sviluppo economico italiano nello schema del così detto sviluppo ***guidato dalle esportazioni.*** In questa linea di pensiero si ritrovano il Kindleberger, il Lamfalussy, lo Stern. Le obiezioni che vengono mosse a questa interpretazione tendono a mettere in risalto(4) la presenza di altri elementi, oltre a quello dell'espansione delle esportazioni, che un'analisi completa non deve trascurare. Il Castronovo, dopo un'attenta analisi dei vari possibili fattori, conclude che il fattore propulsivo fu la presenza di condizioni favorevoli alla accumulazione, sotto forma di bassi salari, e quindi un regime di profitti elevati, ampie possibilità di autofinanziamento, unite ad una bassa conflittualità operaia, e ad un forte arretrato tecnologico che consentì aumenti di produttività molto veloci. I disoccupati italiani, scrive il Castronovo, fornirono un "vero e proprio esercito di riserva, reclutabile in massa nel profondo della provincia italiana", e questo, oltre a tenere bassi i costi salariali, ridusse la conflittualità ad un elemento marginale, tale da non turbare affatto i meccanismi di accumulazione del sistema. Altri, come il Silva ed il Rey, osservano che lo sviluppo delle esportazioni si verificò in forma massiccia soltanto dopo il 1955-1956, e per un numero limitato di settori produttivi (che furono segnatamente quelli dell'industria automobilistica, dei prodotti petroliferi, di alcuni prodotti tessili, delle calzature, della gomma) mentre negli anni precedenti lo sviluppo si era appoggiato sostanzialmente alla spesa pubblica, soprattutto in agricoltura, nell'edilizia, e nei trasporti.

Queste considerazioni non vanno sottovalutate. Tuttavia, anche se è vero che, almeno fino al 1958, i fattori propulsivi più intensi furono quelli della domanda interna, il ruolo delle esportazioni resta centrale, per due aspetti. Anzitutto data la natura dell'economia italiana, caratterizzata, come è noto, da una propensione alle importazioni molto elevata, lo sviluppo industriale avrebbe potuto essere realizzato in regime di apertura commerciale soltanto grazie ad uno sviluppo veloce delle esportazioni. Il dinamismo delle esportazioni assunse quindi il ruolo di fattore chiave, che consentì un rapido sviluppo delle importazioni sia di materie prime che di macchinari, rendendo in tal modo possibili i cospicui progressi tecnologici e la rapida industrializzazione, insieme ad una altrettanto rapida apertura agli scambi con l'estero. In secondo luogo, e questo è forse l'aspetto principale, indipendentemente dal ruolo propulsivo che le esportazioni possano avere svolto, è certo che il fatto stesso di avere sviluppato un flusso crescente di esportazioni produsse sulla struttura economica del paese ripercussioni tanto profonde e tanto durature che tutti gli aspetti principali dell'economia del paese possono essere spiegati partendo proprio dallo sviluppo delle industrie esportatrici. Piuttosto quindi che chiedersi quale possa essere stato il fattore determinante dello sviluppo, è più fruttuoso, per comprendere i meccanismi interni dello sviluppo, indagare ***in quale modo lo sviluppo delle esportazioni abbia influito sulla struttura dell'economia italiana***.

Abbiamo detto che l'economia italiana, all'inizio degli anni cinquanta, si trovava nella necessità di sviluppare una corrente sostanziosa di esportazioni. Secondo i canoni tradizionali della legge dei costi comparati, l'espansione delle esportazioni avrebbe dovuto aver luogo nei settori in cui l'economia italiana, in virtù della(5) propria dotazione naturale di risorse, presentava un vantaggio comparativo nei costi di produzione, e quindi nei prodotti più tradizionali, ad elevato contenuto di lavoro(6). Sennonché, nel caso delle economie in via di sviluppo, il teorema dei costi comparati non trova, almeno nella sua formulazione più letterale, applicazione accettabile. L'esigenza di un paese in via di sviluppo, e quindi anche l'esigenza dell'economia italiana, non era semplicemente di esportare, ma di espandere costantemente il flusso delle proprie esportazioni, in modo da fare fronte al fabbisogno crescente di importazioni. Un'espansione crescente delle esportazioni non poteva essere ottenuta altro che puntando sui(7) prodotti la cui domanda si presentava come fortemente dinamica nei mercati internazionali. Capovolgendo la formulazione scolastica del teorema dei costi comparati, si può dire che l'Italia, invece che specializzarsi nei prodotti nei quali godeva di un vantaggio comparativo, si trovava di fronte all'esigenza di acquisire un vantaggio comparativo nei settori in cui la domanda internazionale era in forte espansione, in modo da poter sviluppare una corrente crescente di esportazioni.

D'altro canto, una volta presa la via dell'apertura dei mercati, questo modellarsi della produzione interna sulla struttura della domanda estera rappresentava una scelta obbligata. Se l'industria italiana avesse insistito nella produzione di beni tradizionali, tessili o alimentari, lo sviluppo delle esportazioni sarebbe stato assai magro. L'unico modo che l'Italia aveva per sviluppare un flusso crescente di esportazioni era quello di modellare le proprie esportazioni (e quindi la propria produzione) secondo la domanda dei paesi europei industrializzati, i soli che potevano offrire ampie e crescenti possibilità di sbocco. La struttura della produzione italiana si trovava in tal modo forzata a seguire l'orientamento che le imprimeva la domanda proveniente dai paesi europei in fase di avanzata industrializzazione. Poiché la domanda proveniente dai paesi più avanzati non poteva essere che una domanda tipica di società caratterizzate da livelli di reddito ben più elevati, e quindi orientate largamente verso i consumi di massa e di lusso(8), anche l'economia italiana era costretta a fare largo spazio alla produzione di beni di consumo di massa o addirittura di lusso; beni peraltro che risultavano del tutto fuori fase rispetto ai livelli modesti del reddito italiano per abitante(9). La produzione dell'industria italiana andava in tal modo assumendo struttura e caratteri tipici di un'economia opulenta, quando ancora il livello modesto del reddito medio avrebbe giustificato una produzione orientata verso beni di consumo di più immediata necessità(10).

D'altro canto, mentre l'industria italiana faceva il suo ingresso nella produzione di massa dei beni di consumo durevoli, i settori industriali degli altri paesi europei passavano a produzioni ancora più avanzate; in tal modo, la modernizzazione dell'industria italiana serviva in buona sostanza soltanto ad evitare che le distanze si accrescessero ulteriormente, mentre, nel quadro complessivo dell'industria mondiale, le produzioni italiane restavano concentrate nei settori a tecnologia relativamente semplice.

L'apertura verso i mercati esteri, e la conseguente necessità di sviluppare una corrente di esportazioni orientata verso i mercati dei paesi industrializzati, diede luogo alla formazione di una struttura produttiva ***suddivisa in due gruppi di settori distinti,*** ciascuno dei quali presentava caratteristiche tecnologiche profondamente diverse. Il primo settore era rappresentato dalle industrie esportatrici; il secondo dalle attività produttive orientate prevalentemente verso il mercato interno. La coesistenza stabile di due settori nettamente differenziati venne segnalata per la prima volta dalla Lutz, e definita con il termine di "dualismo" della struttura industriale italiana.

Come per il problema dell'avvio del processo di sviluppo, così anche per il dualismo, si è discusso a lungo su quale vada considerato il fattore principale della struttura squilibrata dell'industria italiana. La Lutz, che è stata la prima a richiamare l'attenzione sul fenomeno, lo attribuisce all'***azione dei sindacati,*** la cui forza contrattuale sarebbe sempre stata in Italia assai superiore a quel che sarebbe stato giustificato in base alle condizioni oggettive dell'economia. Secondo la Lutz, i sindacati italiani, giovandosi dell'appoggio di forze politiche organizzate, avrebbero imposto livelli di salari assai superiori a quelli che un libero gioco del mercato avrebbe prodotto. Poiché i sindacati riescono a imporre il rispetto dei contratti di lavoro solo nelle grandi imprese, solo queste avrebbero risentito le conseguenze di un livello dei salari eccessivo. Come risultato, le grandi imprese, trovandosi svantaggiate sul mercato del lavoro, avrebbero trovato necessario risparmiare per quanto possibile l'uso del fattore lavoro, e introdurre, invece, metodi di produzione meccanizzati, giovandosi anche del fatto che esse, sul mercato dei capitali, si trovavano assai più avvantaggiate di quanto non fossero le imprese minori. Esattamente il contrario sarebbe avvenuto, secondo la Lutz, nel settore delle piccole imprese. Queste non avrebbero risentito eccessivamente dell'azione dei sindacati trovando modo di sfuggire di fatto all'applicazione dei contratti collettivi. Grazie alla possibilità di corrispondere salari più bassi di quelli pagati dalle imprese maggiori, le piccole imprese avrebbero trovato conveniente perpetuare metodi di lavorazione primitivi, realizzando livelli di produttività molto più bassi.

È indubbio che la Lutz segnala un fenomeno di rilievo ed è certo che le distorsioni nel mercato ed i fattori che ella mette in risalto (le grandi imprese sono favorite nel mercato dei capitali, mentre le piccole sono favorite nel mercato del lavoro) rappresentano un elemento di rilievo, che in misura maggiore o minore è stato presente nell'economia italiana (e probabilmente anche nell'economia di altri paesi). È dubbio peraltro se il meccanismo invocato dalla Lutz possa rendere ragione per intero del dualismo della struttura industriale italiana, in quanto esso non spiega per quale ragione le grandi imprese si sarebbero dovute sviluppare solo in alcuni settori e non ovunque, e perché le imprese minori avrebbero dovuto perpetuarsi solo in settori diversi e ben individuati. È noto che l'impresa grande paga salari più elevati; ma per quale ragione essa avrebbe dovuto nascere in determinati settori piuttosto che in altri? La teoria della Lutz serve opportunamente ad illustrare il funzionamento di un'economia nella quale il dualismo esiste già, e forse contribuisce a spiegare attraverso quali meccanismi esso si perpetui, ma non rende ragione del modo in cui esso viene a crearsi.

Eckaus propende invece per attribuire le cause del dualismo alla esistenza di ***discontinuità tecnologiche*** che, in alcuni settori, impongono l'adozione di tecniche altamente meccanizzate. La ripartizione dell'industria fra settore progressivo e settore arretrato verrebbe in tal modo a dipendere dalla ripartizione della domanda fra prodotti che esigono coefficienti di capitale elevati e prodotti che consentono tecniche di produzione primitive. A sua volta la rigidità dei coefficienti di produzione sarebbe dovuta al fatto che il progresso tecnologico è monopolizzato dai paesi più ricchi e industrializzati (i paesi poveri non avendo la possibilità di dedicare risorse alla ricerca scientifica). Poiché nei paesi ricchi la manodopera scarseggia e abbonda il capitale, la ricerca tecnologica sarebbe diretta a scoprire metodi di produzione sempre più intensamente capitalistici. I paesi in via di sviluppo, non disponendo di un' elaborazione tecnologica propria, non avrebbero altra strada che quella di imitare i metodi di produzione adottati nei paesi ricchi, e si troverebbero quindi costretti, per mancanza di alternative, ad adottare metodi di produzione avanzati anche quando le condizioni interne farebbero propendere per un impiego più esteso del fattore lavoro.

Non si può certo negare che anche la rigidità dei coefficienti rappresenti un problema considerevole, ed è indubbio che la ricerca tecnologica finanziata dai paesi ricchi è orientata verso metodi che risparmiano lavoro e non verso metodi che risparmiano capitale. Tuttavia, considerato in sé e per sé, questo elemento non rende ragione del dualismo industriale. Se davvero l'unica fonte di tecnologie produttive fossero i paesi ricchi, l'uso di tecnologie avanzate si dovrebbe trovare in tutti i settori produttivi, e non solo nei settori esportatori. Poiché viceversa solo i settori esportatori fanno l'uso di tecnologie avanzate, mentre i settori che producono per il mercato interno continuano ad impiegare tecnologie assai più arretrate, sembra chiaro che l'uso di tecnologie intensamente meccanizzate sia connesso all'esigenza di affermarsi sui mercati esteri, più che alla mancata disponibilità di tecnologie alternative.

In epoche successive, la discussione sul dualismo è stata ripresa con l'apporto di nuove chiavi interpretative. L. Spaventa ha richiamato l'attenzione sulle diverse forme di mercato vigenti nei singoli settori, e contrappone un settore oligopolistico (al riparo dalla concorrenza esterna) ad un settore concorrenziale (viceversa aperto agli scambi con l'estero). Il settore oligopolistico sarebbe un settore tipicamente inefficiente e arretrato, mentre il secondo presenterebbe caratteri di efficienza e di dinamismo. Più di recente il Fuà ha ripreso la discussione sul dualismo utilizzando ancora una volta la distinzione fra grande e piccola impresa, ma ricollegandola questa volta non più al potere di mercato ma al grado di avanzamento tecnologico. Nella sua analisi, la grande impresa sarebbe tecnologicamente avanzata, mentre la piccola impresa utilizzerebbe tecnologie più semplici e superate; di qui il fatto che le imprese minori riuscirebbero a sopravvivere soltanto a condizione di evadere al controllo sindacale e corrispondere salari inferiori a quelli contrattuali.

Come abbiamo detto, è nostro avviso che i caratteri strutturali dello sviluppo economico degli anni cinquanta non possano essere oggetto di analisi separata e che esista invece un meccanismo unitario che li collega strettamente. Abbiamo anche detto che questo meccanismo può essere ricostruito partendo dal dato di fatto costituito dalla veloce espansione delle esportazioni, connessa al fatto che la possibilità di esportare si presentò di volta in volta soltanto per alcuni prodotti e per alcuni mercati. Il settore orientato verso le esportazioni doveva necessariamente essere un settore efficiente e competitivo sul piano internazionale. Esso si giovava certamente della lunga esperienza di industrializzazione protetta che aveva caratterizzato l'economia italiana dalla fine del secolo al termine della seconda guerra mondiale, e utilizzava i traguardi raggiunti per trasporli su un piano assai più ampio, combattivo e dinamico. In questo settore, che ospitava l'industria meccanica, la chimica, e in un momento successivo anche alcuni settori dell'abbigliamento e delle calzature, le imprese dovevano necessariamente realizzare livelli di produttività assai elevati, e adottare tecnologie avanzate, caratterizzate da alti coefficienti di capitale per lavoratore; se così non avessero fatto, esse non sarebbero state in grado di(11) offrire prodotti caratterizzati da requisiti qualitativi adeguati alle esigenze del mercato internazionale. Dovendo trovare sbocco nei mercati industrializzati, le imprese italiane erano costrette ad(12) adottare tecnologie di produzione simili a quelle diffuse altrove, in modo da offrire prodotti aventi requisiti di precisione, resistenza e omogeneità del tutto simili a quelli fabbricati nei paesi esteri. Un ritmo di accrescimento della produttività molto elevato è stato infatti caratteristica peculiare dei settori esportatori dell'industria italiana.

All'estremo opposto, i settori che lavoravano per il mercato interno, non essendo sottoposti alla pressione della competitività, restavano alla retroguardia per quanto riguarda produttività, efficienza e innovazioni tecnologiche. Nel settore stagnante, troviamo le attività tradizionali dell'industria italiana, le industrie tessili e alimentari, nonché i grandi polmoni della disoccupazione cittadina, e cioè l'industria delle costruzioni e il commercio al dettaglio. In questi settori, la produzione continuava con i metodi arretrati di un tempo, l'aumento della produttività era di gran lunga inferiore, prevalevano ancora imprese di piccola dimensione, metodi di produzione primitivi. Mentre il settore dinamico veniva continuamente sollecitato dall'espansione della domanda estera, il settore stagnante si limitava a rispondere all'espansione della domanda interna, senza alcuna particolare esigenza di efficienza, e quindi con la possibilità di reclutare anche manodopera non qualificata, e di impiegarla con dotazioni di capitale assai ridotte, e quindi a livelli di produttività molto bassi.

***Tassi annui di accrescimento della produttività oraria in alcuni rami dell'industria manifatturiera, 1953-1963***

| | |
|---|---|
| Industria manifatturiera | 8,7% |
| Industria alimentare | 4,6% |
| Industria tessile | 4,8% |
| Industria metallurgica | 8,6% |
| Industria chimica | 10,8% |
| Industria della costruzione di mezzi di trasporto | 10,9% |

*Fonte*: Banca d'Italia, *Relazioni* per gli anni 1962 e 1964.

La contrapposizione fra settori dinamici e settori stagnanti risulta con chiarezza dalla tabella precedente, dove abbiamo riportato l'andamento della produttività oraria per alcuni settori di produzione. La differenza fra settori alimentare e tessile da un lato, e i settori metallurgico, chimico e della grande meccanica dall'altro è evidente.

## NOTE

1. essere opportuno = essere meglio = essere corretto = essere conveniente 最好……，这类句型中常见的还有 essere possibile (impossibile, necessario)等
2. privo di 缺少，缺乏，匮乏……，反义词组则是 pieno di 充满。例如：I giovani sono privi di esperienze ma pieni di coraggio. 年轻人缺乏经验但充满勇气。
3. concorrenza perfetta 完全竞争，libera concorrenza 自由竞争；与之相对应的有 concorrenza imperfetta 不完全竞争，concorrenza monopolistica 垄断竞争
4. mettere in risalto = mettere in evidenza = sottolineare 强调指出
5. in virtù di = in forza di = grazie a 由于，基于，鉴于
6. prodotti ad elevato contenuto di lavoro 劳动密集型产品，prodotto ad alto contenuto di tecnologie 技术密集型产品
7. puntare su 瞄准，瞄着，依靠
8. consumo di massa 大众消费，consumo di lusso 豪华（奢侈）型消费
9. reddito per abitante = reddito pro capite 人均收入
10. beni di consumo di immediata / prima necessità 生活必需消费品；beni di consumo durevole 耐用消费品；beni strumentali 生产资料
11. essere in grado di fare ... = essere capace di fare ... 能够做……，有能力做……

12. essere costretto a = non potere non 被迫，不得不

## VOCABOLARIO

| | | |
|---|---|---|
| contrassegnare | *v.tr.* | contraddistinguere 区分，区别 |
| arresto | *s.m.* | fermo, sosta, blocco 停顿，停止 |
| dualismo | *s.m.* | antagonismo, contrasto, dissidio, dualità 二元论 |
| sperequazione | *s.f.* | disparità, disuguaglianza, squilibrio 不平等，不均衡 |
| incongruenza | *s.f.* | inadeguatezza, illogicità, incoerenza 不当，不适宜，不合适 |
| congestione | *s.f.* | ingorgo, intasamento, ringorgo 拥挤，拥堵 |
| propendere | *v.tr.* | essere incline, essere favorevole, preferire 倾向于，趋向 |
| depurare | *v.tr.* | purificare, chiarificare 净化，清除，除去 |
| accomunato | *agg.* | associato, unito, contenuto 共有的，共享的 |
| fortuito | *agg.* | accidentale, casuale, occasionale 偶然的，意外的 |
| allinearsi | *v.rifl.* | mettersi in linea; adattarsi, adeguarsi, conformarsi, commisurarsi 站在一边；遵照，符合 |
| autofinanziamento | *s.m.* | reimpiego totale o parziale degli utili della stessa impresa 自我投资 |
| conflittualità | *s.f.* | stato di agitazione e di contrasto fra lavoratori e datori di lavoro 劳资双方 对峙状态，对抗性，冲突性 |
| reclutabile | *agg.* | arruolabile 可招募的，招聘得到的 |
| turbare | *v.tr.* | perturbare, sconvolgere, disturbare, ostacolare, scombussolare 干扰，困扰 |
| sottovalutazione | *s.f.* | deprezzare, non dare peso, prendere alla leggere 低估，轻视 |
| propensione | *s.f.* | attitudine, disposizione, inclinazione, tendenza, predisposizione 倾向，嗜好，偏好 |
| dinamismo | *s.m.* | energia, dinamicità, attività, movimento 动力，活力 |
| ripercussione | *s.f.* | riflessione, conseguenza, effetto, riflesso 反应，效果，影响 |
| canone | *s.m.* | regola, principio, prescrizione 规则，规矩，法则，规程 |

| | | |
|---|---|---|
| senonché | *cong.* | sennonché, se non che, tranne che, fuorché; ma; altrimenti 但是，除了……之外，若非；否则 |
| teorema | *s.m.* | affermazione che, in una teoria, viene dimostrata logicamente a partire dagli assiomi 论点，定理 |
| formulazione | *s.f.* | espressione esatta, manifestazione, enunciazione 提出，表示 |
| capovolgere | *v.tr.* | rovesciare, ribaltare, rivoltare, invertire 颠倒，翻转 |
| modellare | *v.tr.* | conformare, ispirare, delineare, immitare 模仿，效仿 |
| forzato | *agg.* | obbligato, costretto, impostato 强迫的，强制的 |
| opulento | *agg.* | ricco, abbondante 富裕的，富饶的，富有的，富足的 |
| giovarsi | *v.rifl.* | servire, utilizzare, approfittare, beneficiare 利用，使用 |
| svantaggiare | *v.tr.* | sfavorire, danneggiare, nuocere 使不利，损害 |
| avvantaggiare | *v.tr.* | favorire, proteggere, promuovere, sostenere 使有利，保护，使发展 |
| corrispondere | *v.tr.* | dare, pagare, versare 支付，给付 |
| perpetuare | *v.tr.* | perdurare, permanere, sopravvivere, tramandare 持久，持续 |
| segnalare | *v.tr.* | indicare, avvertire, dare avviso, fare segnalazione 指出，告知 |
| discontinuità | *s.f.* | irregolarità, frequente interruzione, saltuarietà 间断，不连续性 |
| ripartizione | *s.f.* | distribuzione, divisione, suddivisione 分配，切分，分割 |
| coefficiente | *s.m.* | concausa, fattori di produzione 协同因素 |
| monopolizzare | *v.tr.* | accaparrare, avere il monopolio, produrre in esclusiva 实行垄断，垄断化 |
| scarseggiare | *v.tr.* | mancare, diffettare 缺乏，匮乏，短缺 |
| apporto | *s.m.* | contributo, conferimento 贡献 |
| evadere | *v.tr.* | fuggire, distrarsi, scappare 逃避，躲避 |
| contrattuale | *agg.* | del contratto 合同的，契约的，协议的 |
| ospitare | *v.tr.* | accogliere 接待，接纳 |
| requisito | *s.m.* | qualità, dote, virtù, condizioni necessarie 基本素质，必要条件 |

| | | |
|---|---|---|
| peculiare | *agg.* | caratteristico, particolare, tipico 典型的，独特的，特有的 |
| retroguardia | *s.f.* | retrovia 后方，后卫 |
| stagnante | *agg.* | fermo, ristagnante 停滞的，无变动的 |

## ESERCIZI

**1. Rispondere alle seguenti domande:**

1) Quali erano i due aspetti dello sviluppo economico italiano nel periodo di boom?
2) In quale modo lo sviluppo delle esportazioni ha influito sulla struttura della economia italiana?
3) Come è il fenomeno "dualismo" riferito da Lutz per la prima volta?
4) Quali erano le principali caratteristiche dei due tipi di industrie italiane a quell'epoca?

**2. Fare frasi con le seguenti espressioni:**

— essere opportuno
— essere costretto a
— puntare su
— essere in grado di
— essere privo di
— a termine di
— tendere a
— fare spazio a
— disporre di
— in virtù di

**3. Scrivere i contrari delle seguenti parole:**

| | |
|---|---|
| depurare | successo |
| sottovalutare | duraturo |
| elevato | obiezione |
| obbligatorio | durevole |
| avanzato | distinto |
| avvantaggiare | rigido |
| omogeneità | retroguardia |

**4. Trovare i sinonimi delle seguenti parole nel testo:**

| | |
|---|---|
| contraddizione | distribuzione |
| evitare | particolare |
| opinione | target |
| assumere | ricco |
| efficace | reazione |
| principio | offrire |
| influenzare | tendenza |
| contributo | stagnante |

**5. Fare analisi grammaticali dei seguenti brani:**

1) Piuttosto quindi che chiedersi quale possa essere stato il fattore determinante dello sviluppo, è più fruttuoso, per comprendere i meccanismi interni dello sviluppo, indagare in quale modo lo sviluppo delle esportazioni abbia influito sulla struttura dell'economia italiana.

2) La Lutz, che è stata la prima a richiamare l'attenzione sul fenomeno, lo attribuisce all'azione dei sindacati, la cui forza contrattuale sarebbe sempre stata in Italia assai superiore a quel che sarebbe stato giustificato in base alle condizioni oggettive dell'economia.

3) È indubbio che la Lutz segnala un fenomeno di rilievo ed è certo che le distorsioni nel mercato ed i fattori che ella mette in risalto rappresentano un elemento di rilievo, che in misura maggiore o minore è stato presente nell'economia italiana.

**6. Tradurre in italiano:**

| | |
|---|---|
| 收入分配不均 | 消费结构扭曲 |
| 公共开支效益差 | 社会服务不配套 |
| 市场缺乏充分竞争 | 出口导向型发展模式 |
| 劳动密集型产品 | 资本密集型产品 |
| 大众耐用消费品 | 一次性消费产品 |
| 单一机制的产物 | 比较成本法则 |

# Unità 7

## Seconda fase: gli anni dello sviluppo, ossia il miracolo economico (1956-1963) (2)

导言：

意大利经济中逐渐形成的先进部门和停滞部门之间的技术二元化，进一步波及整个生产结构。充满活力的部门受到实现越来越高的生产率和竞争力水平需求的刺激，更愿意把投资用于提高生产率方面而非提高就业率上。结果，出口部门的生产率提高很快，而吸收的从业人数却非常有限。生产率的猛增和就业率的微增是意大利工业活跃部门的特点。而停滞部门则情况截然相反。后者的特点是：生产率少有提高，而就业的增长很显著。出口部门的发展带动了良性循环，构成了工业化发展、货币稳定和国际收支平衡的并存。但同时也带来了南方发展的进一步失衡和不平等现象：对内、对外的劳工移民和南方的欠发达问题再次凸显。

**3. debolezza sindacale e distribuzione del reddito**

Il dualismo tecnologico fra settore avanzato e settore stagnante che si andava creando nell'economia italiana tendeva di per sé(1) a produrre ulteriori conseguenze che investivano l'intera struttura della produzione.

Il settore dinamico, spinto dall'esigenza di realizzare livelli di produttività e di competitività sempre più elevati, tendeva a finalizzare gli investimenti agli aumenti di produttività più che agli aumenti di occupazione. Ne conseguiva che, mentre la produttività cresceva assai velocemente, il numero di addetti assorbiti dai settori esportatori restava piuttosto limitato. **Forti guadagni di produttività e bassi aumenti di occupazione** sono la caratteristica dei settori dinamici dell'industria italiana. Esattamente il contrario avveniva nei settori stagnanti, quelli che, come abbiamo detto, lavorano prevalentemente per il mercato interno. Qui l'assenza di motivazioni all'efficienza induceva le imprese a evitare investimenti intensi, e a seguire la domanda del mercato aumentando l'occupazione via via che(2) le esigenze di produzione si facevano sentire. In questi settori, la procedura era quindi capovolta: aumenti di produttività modesti, e rilevante accrescimento dell'occupazione. I settori delle costruzioni, del commercio al dettaglio e (specialmente nelle regioni meridionali) il pubblico impiego(3) sono state le grandi spugne che hanno assorbito la disoccupazione, trovando collocazione a tutti coloro che venivano espulsi dall'agricoltura e che non trovavano impiego nei settori dinamici dell'industria. Fra il 1951 e il 1963, l'occupazione dipendente è cresciuta infatti quasi dell'84% nel settore delle costruzioni, quasi del 100% nel settore del commercio, ma solo del 40% nel settore dell'industria manifatturiera.

Il fatto che i settori più dinamici dell'industria assorbissero lavoro solo in misura modesta, e che la stragrande maggioranza dei lavoratori che abbandonavano l'agricoltura fosse costretta a trovare occupazione precaria nei settori meno dinamici, **contribuiva a ridurre la forza sindacale dei lavoratori** e di conseguenza a frenare l'aumento dei salari. Sarebbe ovviamente errato affermare che, nel decennio dell'espansione, sia mancata in Italia un'autentica azione rivendicativa da parte delle classi lavoratrici; ma è certo che per molti anni tale azione fu sommamente debole. La debolezza della condizione operaia si riscontrava anzitutto all'interno della fabbrica. Soprattutto nelle grandi industrie, il controllo dell'impresa si esplicava non solo sull'attività lavorativa ma si estendeva anche alla vita privata del lavoratore. Erano anni in cui grandi imprese come la Fiat eseguivano, con la collaborazione di organi della pubblica sicurezza, controlli rigorosi sull'attività di partito dei singoli operai e non esitavano ad eseguire licenziamenti aventi contenuto e motivazione strettamente politici. In questo controllo rigoroso rientravano anche fattori di natura internazionale; le imprese statunitensi, ad esempio, dichiaravano ufficialmente di voler rifiutare le commesse ad imprese italiane nelle quali i sindacati di sinistra detenessero la maggioranza. La debolezza delle classi operaie si riscontrava inoltre nella condotta del sindacato. I sindacati avevano di fatto imboccato una linea di collaborazione con il padronato, accettando il principio secondo cui si dovessero realizzare anzitutto gli aumenti di produttività dei quali l'industria italiana aveva bisogno, e dare luogo agli aumenti dei salari soltanto in un momento successivo. I sindacati maggiori erano inoltre divisi, e non soltanto per i collegamenti di partito, che erano diversi, ma anche come linea concreta di condotta. La Cgil, strettamente legata al Pci, seguiva **una linea rigorosamente accentratrice**; decisioni di vertice governavano le pattuizioni più minute dei singoli contratti, e fissavano modalità e tempi della lotta sindacale, dai grandi scioperi nazionali fino alle contestazioni locali e aziendali. Su una linea totalmente opposta, la Cisl, collegata alla Dc, aveva prescelto fin da allora **la via della contrattazione aziendale**. Era questa una linea che, negli anni successivi, in condizioni di forza ben diverse, anche la Cgil doveva finire per adottare. Ma in quegli anni la linea di conflittualità aziendale patrocinata da Pastore finiva con l'essere una linea debole, in quanto frazionava il fronte operaio, dava agli imprenditori la possibilità di raggiungere accordi separati, ciascuno secondo le condizioni della propria impresa, consentiva un ampliamento delle diseguaglianze salariali, e faceva sì che l'aumento dei salari avvenisse in misura diversa, azienda per azienda, sotto forma di slittamento salariale quasi un'elargizione che accresceva il potere padronale e non quello dei lavoratori.

La posizione di debolezza del sindacato è provata dal fatto che, nel corso degli anni cinquanta, non vi furono in Italia scioperi di carattere nazionale aventi contenuto strettamente economico; gli scioperi che ebbero luogo, anche se caratterizzati da partecipazione elevata, ebbero durata assai breve(almeno rispetto a quanto accadeva in altri paesi industrializzati). Nel 1959, si ebbe una prima grande ondata di scioperi nazionali, segno di un deciso mutamento di clima. Il successo fu scarso, cosa che accrebbe il malumore operaio; ma alla fine del 1960, dopo il tentativo di governo repressivo effettuato da Tambroni e la reazione violenta della classe operaia, la situazione mostrò un netto mutamento. Lo sciopero degli elettromeccanici del dicembre 1960, culminato con la grande manifestazione che, per il giorno in cui fu tenuta, venne detta il "Natale in piazza", doveva segnare una svolta profonda.

Nel clima di debolezza degli anni cinquanta, non vi è da stupirsi se l'aumento dei salari industriali sia stato di fatto estremamente modesto. Ciò non significa che nel corso del miracolo economico i salari reali non siano aumentati affatto; al contrario essi subirono aumenti non trascurabili. Ma, specialmente nei settori dinamici, gli aumenti dei salari restavano costantemente al di sotto(4) degli aumenti della produttività, dando luogo alla formazione di un volume crescente di profitti e ad una progressiva redistribuzione del reddito a favore dell'impresa e a danno dei lavoratori.

Ovviamente, questo progressivo ampliarsi dei margini di profitto(5) si verificava soprattutto, se non esclusivamente, nei settori dinamici, nei quali l'aumento della produttività era più veloce e sopravanzava di gran lunga(6) l'aumento dei salari. In tal modo, i settori più avanzati venivano a disporre in misura crescente di fondi interni per l'investimento, per cui l'attuazione di un flusso crescente di investimenti in questi settori risultava non solo appetibile, dati i profitti che generava, ma anche finanziariamente facile a realizzarsi. Ciò non faceva che accrescere le distanze fra settori dinamici e settori stagnanti, per cui il sistema del dualismo finiva con il perpetuarsi automaticamente.

Una misura del differente andamento dei margini di profitto nei singoli settori dell'industria manifatturiera è contenuta nella tabella seguente, nella quale abbiamo riportato i margini di profitto per alcuni settori, calcolati dal rapporto fra indici della produttività oraria e indici dei salari. Il contrasto fra i settori stagnanti (alimentari e tessili) e i settori dinamici (costruzione di mezzi di trasporto, metallurgia, chimica) è evidente.

**Margini di profitto in alcuni rami dell'industria manifatturiera, 1953–1964**

(Indici della produttività su indici dei salari)

| | Manifatturiere | Alimentari | Tessili | Costruzione di mezzi di trsporto | Metallurgiche | Chimiche |
|---|---|---|---|---|---|---|
| 1953 | 100,0 | 100,0 | 100,0 | 100,0 | 100,0 | 100,0 |
| 1954 | 104,6 | 104,4 | 101,5 | 102,7 | 115,3 | 110,2 |
| 1955 | 109,0 | 102,9 | 99,7 | 110,5 | 132,4 | 111,2 |
| 1956 | 109,1 | 101,4 | 100,7 | 118,4 | 130,9 | 113,1 |
| 1957 | 110,5 | 98,4 | 104,0 | 118,6 | 142,2 | 106,4 |
| 1958 | 113,2 | 95,6 | 104,1 | 124,6 | 131,9 | 118,9 |
| 1959 | 122,9 | 99,8 | 110,1 | 134,3 | 142,1 | 134,8 |
| 1960 | 128,0 | 101,9 | 107,1 | 145,0 | 154,2 | 151,5 |

**continued**

| | Manifatturiere | Alimentari | Tessili | Costruzione di mezzi di trsporto | Metallurgiche | Chimiche |
|---|---|---|---|---|---|---|
| 1961 | 125,2 | 95,0 | 102,1 | 144,2 | 147,3 | 153,6 |
| 1962 | 117,9 | 85,5 | 88,8 | 146,2 | 139,0 | 147,9 |
| 1963 | 106,6 | 75,8 | 84,5 | 136,3 | 121,5 | 141,8 |
| 1964 | 102,1 | 61,7 | 78,1 | 116,9 | 117,4 | 136,7 |

Fonte: Banca d'Italia, Relazioni annuali.

### 4. *Stabilità monetaria e bilancia dei pagamenti*

Quando abbiamo detto a proposito dell'(7) andamento della produttività e dei salari negli anni del miracolo economico vale a spiegare anche la stabilità monetaria che caratterizzò questo periodo.

La domanda globale(8) dipende dal livello degli investimenti e dal livello del moltiplicatore, livello che a sua volta è determinato dalla propensione al consumo. Per analizzare la formazione della domanda globale di quegli anni, occorre dunque chiedersi quale fosse l'andamento rispettivo degli investimenti e della propensione al consumo.

In tutto il periodo dell'espansione, gli investimenti furono la componente più dinamica del reddito nazionale, e crebbero a tassi assai elevati e praticamente senza interruzione in tutti i settori. Fra il 1951 ed il 1962, il tasso di aumento degli investimenti globali a prezzi correnti(9) sfiorò il 10% annuo.

Il forte accrescimento degli investimenti avrebbe potuto dare luogo a una pressione inflazionistica per eccesso di domanda, se fosse stato accompagnato da un eguale accrescimento della domanda globale. Viceversa la domanda globale cresceva a ritmi più attenuati, perché il valore del moltiplicatore si andava riducendo di anno in anno. Abbiamo detto che la distribuzione del reddito si andava modificando progressivamente a favore dei redditi di impresa e a danno dei redditi da lavoro(10); poiché la propensione al consumo dei titolari di redditi da lavoro è sempre superiore alla propensione al consumo dei titolari di redditi da capitale, questa redistribuzione veniva in sostanza a togliere ai gruppi che consumano frazioni maggiori del proprio reddito per attribuirlo a gruppi che ne consumano una frazione minore. Come conseguenza, la propensione media al consumo dell'intera collettività diminuiva e con essa cadeva progressivamente il valore del moltiplicatore.

In tal modo, un forte tasso di accrescimento degli investimenti accoppiato a un valore decrescente del moltiplicatore produceva una domanda globale crescente a un tasso ridotto, inferiore al tasso di accrescimento degli investimenti e pari, sempre fra il 1951 ed il 1962, al 7,8% annuo a prezzi correnti. La pressione della domanda globale risultava di conseguenza assai minore di quel che lo sviluppo degli investimenti avrebbe potuto produrre, e il pericolo di un'inflazione per eccesso di domanda risultava praticamente eliminato. Il sistema del dualismo industriale, oltre che dotato della(11) capacità di autoperpetuarsi, risultava così anche arricchito del requisito della stabilità monetaria.

Il periodo dell'espansione è stato infatti notoriamente un periodo di singolare stabilità monetaria. È vero che i prezzi al consumo mostravano una tendenza ininterrotta a crescere al ritmo del 3-4% all'anno. Ma tale movimento non costituiva causa di preoccupazione, sia perché fenomeni simili di inflazione strisciante erano comuni anche ad altri paesi, sia perché tale movimento era ben compensato dall'assoluta stabilità dei prezzi all'ingrosso (il cui indice base 1953 oscillava intorno al valore 100), sia infine perché nel suo insieme la lira non si svalutava rispetto alle merci più di quel che non avvenisse per le altre valute, anzi se mai si svalutava di meno, tanto che nel 1958 era stata riconosciuta come la valuta più stabile del mondo occidentale e come tale aveva guadagnato l'Oscar(12) delle valute.

In questo periodo, i prezzi all'ingrosso risultarono quasi assolutamente stazionari, salvo lievi oscillazioni in aumento e in diminuzione, peraltro pienamente compensate. La stabilità dei prezzi all'ingrosso ovviamente non poteva che rendere sempre più competitive le nostre esportazioni; così, anche per questa via il sistema risultava autopropulsivo, in quanto la stabilità interna contribuiva all'affermazione dei prodotti nazionali sui mercati esteri e lo sviluppo delle esportazioni contribuiva a sua volta allo sviluppo della produzione interna nei settori dinamici. Il sistema risultava, almeno fino a questo punto, perfettamente coerente.

Nel medesimo periodo, i prezzi al consumo risultarono lievemente crescenti, ma l'aumento dell'indice generale dei prezzi al consumo risultava da un comportamento molto disparato dei singoli indici dei prezzi. Mentre i prezzi dei beni provenienti da settori esportatori tendevano a restare stazionari o a crescere molto lentamente, i prezzi dei beni provenienti da settori arretrati tendevano a crescere assai più velocemente. Anche nella struttura dei prezzi, si riproduceva così il dualismo fra settori esportatori e settori orientati verso il mercato interno. Nei settori stagnanti, i salari tendevano a crescere più della produttività, il che creava una inevitabile pressione inflazionistica da costi; nei settori dinamici, avveniva viceversa il contrario, per cui il livello dei prezzi tendeva a essere stabile. Ne risultava un lieve ma continuo aumento dell'indice generale, dovuto al diseguale andamento della produttività nei due gruppi di settori. È chiaro d'altra parte che tale aumento dei prezzi al consumo non rappresentava in alcun modo il risultato di una pressione della domanda globale, ma costituiva invece un caso tipico di inflazione strisciante derivante da squilibri settoriali.

### 5. La disoccupazione nascosta: emigrazioni, Mezzogiorno, terziarizzazione

Abbiamo finora illustrato gli aspetti positivi del miracolo economico. Se il resoconto potesse arrestarsi qui si potrebbe davvero concludere che l'impulso delle esportazioni aveva messo in moto, nell'economia italiana, quello che è stato definito il circolo virtuoso dello sviluppo, che accomuna in una coesistenza quasi magica, lo sviluppo, la stabilità monetaria e l'equilibrio dei conti con l'estero. Ma se invece, come è necessario, prendiamo in esame non soltanto la medaglia ma anche il suo rovescio, ci accorgiamo che lo stesso impulso delle esportazioni aveva messo in moto un ben diverso circolo vizioso di squilibri e di diseguaglianze. Fra gli squilibri maggiori, vanno ricordati le emigrazioni di lavoratori sia interne che verso l'estero, il sottosviluppo del Mezzogiorno, i fenomeni di urbanizzazione e di terziarizzazione.

**A. *Le correnti migratorie.*** Abbiamo detto che i settori esportatori erano pressati dalle esigenze di efficienza per conquistare spazio sui mercati esteri. Le esigenze di efficienza produssero due conseguenze di grande rilevanza strutturale. In primo luogo, come abbiamo già osservato, la creazione di nuovi posti di lavoro nei settori più efficienti fu molto modesta; in secondo luogo, come diremo meglio in seguito, la decisione di puntare sullo sviluppo di settori produttivi efficienti sul piano internazionale, portò con sé quella di concentrare gli sforzi per lo sviluppo industriale *nelle regioni del Nord*, e più specificamente: nelle regioni del triangolo industriale trascurando del tutto l'industrializzazione di altre regioni, ed in particolare del Mezzogiorno.

La prima conseguenza di questa impostazione fu che negli anni del miracolo economico si aprì *una corrente migratoria di dimensioni estesissime*. Le migrazioni erano state da lunghi anni un fenomeno tipico e drammatico dell'economia italiana; e, nell'immediato dopoguerra, le scelte economiche della ricostruzione, di cui abbiamo discusso in precedenza, avevano portato i governi italiani a farsi nuovamente fautori dell'emigrazione verso l'estero, come unica via di uscita dalla miseria per molte regioni: la presa di posizione ufficiale di De Gasperi a favore delle emigrazioni è nota, e dimostra come la classe politica assegnasse con lucidità ad un fenomeno patologico come quello migratorio, il ruolo preciso di sdrammatizzare il problema della disoccupazione, aiutando così lo sviluppo del paese.

Con il miracolo economico, le correnti migratorie mutarono aspetto. Anzitutto le emigrazioni transoceaniche persero gradualmente importanza, per fare luogo ad una corrente sempre più schiacciante di *migrazioni dirette verso l'Europa*. In secondo luogo, alle emigrazioni verso l'estero, si accompagnò *una corrente crescente di migrazioni interne*. Le tappe dell'emigrazione estera possono essere seguite anno per anno. Si può dire che l'anno di svolta sia stato il 1956, quando per la prima volta gli espatri verso i paesi europei balzarono al di sopra delle 200 mila unità, mentre quelli verso i paesi extraeuropei iniziavano un lento declino. Le migrazioni interne invece possono essere rilevate con sufficiente certezza soltanto alla data dei censimenti della popolazione, e quindi il loro andamento annuale sfugge ad una osservazione precisa. Dall'analisi dei censimenti risulta che, nel decennio 1951-1961, le migrazioni interne mostrarono una convergenza verso il triangolo industriale, al quale affluivano emigrati sia dal Mezzogiorno sia dalle regioni più povere del Centro-Nord (soprattutto dal Veneto). In questi anni, circa due milioni di persone, pari al 12% della popolazione presente, abbandonarono il Mezzogiorno, ripartendosi (per quel che i dati disponibili lasciano presumere) all'incirca(13) in parti uguali fra destinazioni estere e destinazioni nazionali. Nel decennio successivo, come vedremo meglio in seguito (14), questi movimenti dovevano mutare considerevolmente; le emigrazioni dalle regioni del Nord verso l'estero erano destinate ad annullarsi del tutto, e gli emigranti dal Mezzogiorno dovevano dirigersi per tre quarti verso destinazioni nazionali (regioni del Nord e città di Roma) e soltanto per un quarto verso destinazioni straniere. Il grosso delle emigrazioni meridionali proveniva, sia nel primo che nel secondo decennio, dalle zone più povere del Mezzogiorno interno, mentre le zone di agricoltura più ricca e le zone urbane tendevano se mai ad acquistare popolazione. Ciò significa che intensi spostamenti di popolazione avvennero anche nell'ambito delle stesse regioni meridionali.

**B. *Il Mezzogiorno nel miracolo economico.*** L'imponenza del flusso migratorio rendeva chiaro che la politica di intervento nel Mezzogiorno, così come era stata impostata nel 1950, era stata ormai superata dagli eventi. Le condizioni di vita create nel Mezzogiorno dalla riforma fondiaria e dall'opera della Cassa, se potevano apparire accettabili per chi non aveva alternative e se rappresentavano un progresso di fronte alle ben più miserabili e precarie condizioni del bracciantato non potevano tuttavia reggere il confronto con le possibilità di occupazione che offrivano le regioni settentrionali. Con il procedere dell'emigrazione l'intera struttura degli insediamenti nel Mezzogiorno veniva a modificarsi. Le zone interne erano le prime ad essere abbandonate; le opere pubbliche e le infrastrutture civili che l'intervento della Cassa aveva creato finivano in buona parte per risultare inutilizzate, così come molti degli insediamenti rurali che si era cercato di stimolare nel quadro della riforma fondiaria. D'altro canto, la popolazione che non emigrava verso il Nord, si muoveva verso le zone costiere, le uniche che avevano visto il sorgere di attività industriali e commerciali e che quindi offrivano qualche possibilità di occupazione. Accanto alle zone interne spopolate, il Mezzogiorno cominciava quindi a presentare zone costiere congestionate.

**Bilancio demografico delle circoscrizioni italiane dal 1951 al 1971**

| | Saldo naturale | Saldo migratorio | | Saldo naturale | Saldo migratorio | |
|---|---|---|---|---|---|---|
| | 1951-1961 | 1951-1961 | | 1961-1971 | 1961-1971 | |
| Italia nord-occidentale | 316.710 | 1.131.519 | +9,08% | 688.970 | 1.075.487 | 7,65% |
| Italia nord-orientale | 543.119 | –482.920 | –5,18% | 574.117 | 140.309 | 1,45% |
| Italia centrale | 591.543 | 86.156 | +0,95% | 692.057 | 309.628 | 3,13% |
| Italia meridionale e insulare | 2.607.372 | –2.054.359 | –11,60% | 2.476.894 | –2.090.970 | –11,50% |
| Italia | 4.064.744 | –1.319.604 | –2,72% | 4.432.038 | –565.545 | –1,09% |

*Fonte: L Pieraccini, GA. Marselli e L. Matrone, Venti anni di emigrazione di Mezzogiorno, di prossima pubblicazione*

Era palese che la politica di interventi diffusi, basata su criteri più umanitari che propulsivi, rappresentava ormai una forma di spreco. Come scrisse l'economista inglese Vera Lutz, in un saggio che ebbe allora larga risonanza, le strade costruite dalla

Cassa per il Mezzogiorno "servivano ormai agli abitanti del Mezzogiorno soltanto per abbandonare per sempre i loro paesi di origine".

I criteri che ressero le modificazioni impresse alla politica di intervento meritano di essere ricordati. Lo sviluppo industriale delle regioni del Nord, così come più in generale quello europeo, faceva apparire in una luce totalmente diversa il problema secolare della disoccupazione del Sud. Mentre nell'immediato dopoguerra era parso che la soluzione del problema dovesse essere necessariamente una soluzione interna, la situazione sembrava adesso capovolta, e la soluzione più facile, quella che gli eventi sembravano offrire spontaneamente, pareva adesso una soluzione esterna, quella offerta dall'emigrazione. È vero che questa visione era destinata ad essere smentita dai fatti nel giro di pochi anni, quanti ne occorsero al miracolo economico italiano per esaurirsi; ma, in quel torno di tempo, essa parve invece una soluzione di carattere duraturo. Di conseguenza, parve ragionevole porre termine alla politica di carattere umanitario e inaugurare una politica nuova più aderente alla situazione presente. I criteri ispiratori di tale politica furono essenzialmente due:

***a) Sotto il profilo settoriale***, si realizzò una svolta precisa, a favore dell'industrializzazione; tale svolta comportò non soltanto uno spostamento di fondi verso il settore industriale, ma anche un nuovo orientamento nella politica delle opere pubbliche, che vennero prescelte in modo da risultare più strettamente funzionali allo sviluppo di nuovi insediamenti industriali. La nuova politica industriale venne d'altro canto concepita nel quadro dell'ipotesi generale che si è ricordata poc'anzi(15), e cioè che la disoccupazione strutturale del Mezzogiorno dovesse e potesse ormai trovare soluzione fuori dei confini del Mezzogiorno. Da questo assunto preliminare discendeva che lo sviluppo industriale doveva svolgere anzitutto la funzione di ***accrescere l'efficienza*** del sistema produttivo meridionale, aumentando il livello del reddito e della produttività del lavoro; non sembrava invece essenziale che l'industrializzazione dovesse risolvere anche il problema della disoccupazione. Per questa ragione, il fatto che, come vedremo, le nuove industrie del Sud abbiano assunto prevalentemente la forma di grandi impianti, ad elevata intensità di capitale e con scarso assorbimento di manodopera, non può essere considerato come elemento palesemente contraddittorio nella politica degli interventi.

***b) Sotto il profilo territoriale***, gli interventi vennero orientati secondo un criterio di concentrazione, criterio che trovò applicazione con la creazione di un insieme di

***aree e di nuclei di sviluppo industriale***(16). Questa politica segnava la fine della politca di dispersione degli interventi, e la volontà di procedere individuando precisi punti del territorio nei quali lo sforzo per l'industrializzazione andava concentrato.

L'evento concreto che sanzionò la svolta per l'industrializzazione fu l'emanazione della legge 634, del 30 luglio 1957, che disciplinò ***l'istituzione delle aree e dei nuclei di sviluppo industriale***. La legge prevedeva che, nelle zone dotate dei requisiti necessari, venissero costituiti Consorzi di enti locali. Tali Consorzi avrebbero individuato i suoli da destinare ad ***aree*** di sviluppo industriale, avrebbero allestito le opere pubbliche necessarie (strade, allacciamenti ferroviari, forniture di energia elettrica, rustici industriali, altri servizi). Le imprese ubicate entro i perimetri individuati dai Consorzi potevano godere, secondo la legge, di agevolazioni più elevate di quelle previste per il Mezzogiorno in generale. La legge prevedeva che, nelle zone suscettibili di sviluppi cospicui, venissero create ***aree*** di sviluppo, mentre i ***nuclei*** venivano previsti per zone a sviluppo più incerto e meno esteso. Nella concezione iniziale, la politica delle aree di sviluppo industriale doveva tendere a portare lo sviluppo industriale in un numero di zone molto ristretto. In termini generali, si può dire che le zone individuate per un autentico sviluppo industriale erano soltanto quattro: la zona di Napoli-Caserta-Salerno, il triangolo Bari-Taranto-Brindisi, la zona di Catania-Siracusa, e in un momento successivo una quarta zona in Sardegna, che fu quella di Porto Torres. In definitiva queste sono le zone nelle quali negli anni successivi vennero localizzate le attività industriali maggiori. Tuttavia, in seguito a pressioni locali, il numero dei consorzi che ottennero l'approvazione del Comitato fu molto superiore, e ben presto il numero delle aree e dei nuclei ufficialmente approvati superò la cinquantina.

La legge del 1957 apportò innovazioni degne di nota anche in materia di agevolazioni finanziarie alle industrie. La più rilevante fu l'istituzione di contributi a fondo perduto che la Cassa per il Mezzogiorno veniva autorizzata a concedere ad iniziative industriali, nella misura del 20% del costo di costruzione dello stabilimento. Tali contributi, inizialmente previsti per i soli nuovi impianti e per imprese ubicate nei territori delle aree di sviluppo industriale, vennero in seguito estesi anche agli ampliamenti di impianti preesistenti. Una seconda innovazione non meno degna di nota fu introdotta dalla stessa legge in quanto essa stabilì che, contrariamente a quanto fissato con la legge del 1953, il credito agevolato nel Mezzogiorno avrebbe potuto essere esercitato non soltanto dagli istituti che quella legge aveva potenziati o creati (l'Isveimer, l'Irfis, il Cis), ma anche dagli altri "istituti e aziende di credito abilitati ad esercitare il credito a medio termine". Questa misura ampliò di molto la disponibilità di credito agevolato per il Mezzogiorno; ma essa funzionò anche come ulteriore agevolazione all'ingresso nel Sud delle grandi imprese, le quali potevano in tal modo finanziare le proprie iniziative meridionali attraverso i medesimi istituti bancari di cui si servivano nel Nord. Accadde infatti, nel corso degli anni successivi, che i grandi investimenti vennero finanziati sempre più ampiamente dai così detti istituti abilitati (e cioè da banche del Nord) mentre gli istituti meridionali furono gradualmente confinati ad operazioni locali di rilievo minore.

Un aspetto allora molto discusso della nuova legge fu quello riguardante le ***riserve a favore delle regioni meridionali.*** Con la legge del 1957 le vecchie riserve vennero risistemate e considerevolmente ampliate. All'obbligo già stabilito per le amministrazioni dello stato di riservare a imprese meridionali il 30% delle forniture e lavorazioni loro occorrenti, si aggiunse l'obbligo per le Amministrazioni statali di riservare al Mezzogiorno il 40% dei propri investimenti (questa norma venne poi estesa agli investimenti autostradali ed a quelli eseguiti dall'Enel)(17). Si stabilì inoltre che le imprese a partecipazione statale dovessero ubicare nel Mezzogiorno una quota minima, pari al 60%, dei nuovi impianti e che comunque dovessero collocare nel Mezzogiorno non meno del 40% del totale degli investimenti eseguiti. Queste norme suscitarono gravi discussioni, che videro schierati da un lato i sostenitori dei meccanismi spontanei del mercato, che vedevano in queste norme una forzatura che non poteva produrre che sprechi e inefficienze, dall'altro i sostenitori della pianificazione e delle funzioni specifiche delle imprese pubbliche come organi di intervento.

La stessa legge istituì ***il Comitato di Ministri per il Mezzogiorno***(18). A questo organo, che restò in funzione fino al 1971, vennero assegnate funzioni di coordinamento generale degli interventi. Al Comitato spettarono le seguenti funzioni principali: a) predisporre il Piano quinquennale di coordinamento degli interventi nel Mezzogiorno; b) fissare i criteri di assegnazione degli incentivi e la graduazione delle agevolazioni. La misura delle agevolazioni variava a seconda della dimensione dell'impianto (erano preferite le iniziative minori), dell'ubicazione (erano preferite le imprese ubicate all'interno delle aree dei nuclei), e del settore (lo stesso Comitato, nel formulare il programma di interventi, doveva indicare i settori prioritari); c) presentare al Parlamento una ***Relazione annuale*** sull'attività di coordinamento svolta; tale ***Relazione*** rappresentò, fino a quando, nel 1971, il Comitato non venne soppresso, la fonte maggiore di documentazione sull'economia del Mezzogiorno.

Non è facile formulare un giudizio sulla politica delle aree e dei nuclei. È certo che in concomitanza con(19) tale politica si ebbe nel Mezzogiorno l**a *prima ondata cospicua di investimenti industriali***; fra il 1958 ed il 1963, nella fase più accesa del miracolo economico gli investimenti industriali nel Mezzogiorno raggiunsero per la prima volta livelli assai elevati, toccando la quota, che allora apparve eccezionale, del 25% degli investimenti industriali nazionali. È altrettanto indiscutibile che questi eventi rappresentarono una innovazione considerevole nella struttura economica del Mezzogiorno. Comparvero nel Mezzogiorno i primi impianti di grandi dimensioni, portatori di tecnologie avanzate. Ne risultò trasformata la struttura della classe operaia; anche se, nel quadro generale dell'economia meridionale, l'occupazione nei grandi impianti non fu molto elevata, furono proprio i grandi impianti a dare luogo ai primi grandi nuclei di classe operaia organizzata. Nel passato, nuclei di classe operaia erano esistiti soltanto nel Napoletano, adesso non soltanto lo stabilimento Italsider(20) di Bagnoli, ma anche la nuova acciaieria dell'Italsider di Taranto, la Montedison di Brindisi, la Sincat di Siracusa, l'Anic di Gela, rappresentavano concentrazioni operaie di rilevanza non indifferente.

Per altri versi, la svolta dell'industrializzazione fu viceversa assai meno innovativa. Le aree di sviluppo industriale erano state concepite in opposizione all'azione centralizzata della Cassa, come esperimenti di decentramento della politica di industrializzazione e di maggiore autonomia delle forze politiche locali. Sebbene in linea di principio questa avrebbe potuto dare luogo ad una gestione più democratica dell'intervento, è assai discutibile se ciò sia di fatto avvenuto. Infatti, sul piano tecnico, i Consorzi risultarono sovente incapaci di organizzarsi in misura adeguata, e l'intervento di sostegno della Cassa si accrebbe progressivamente, sia nella fase di creazione delle aree che in quella successiva di gestione. I Consorzi utilizzarono invece la loro autonomia sul piano della gestione politica, e la utilizzarono in direzione non di rado clientelare, sfruttando i mezzi finanziari di cui disponevano come strumenti di lotta politica. Dalla politica di industrializzazione non nacque dunque una nuova classe di borghesia industriale. Ma ne uscì ulteriormente sviluppata e consolidata la classe di burocrati amministratori, la così detta ***borghesia di stato***, che agì essenzialmente quale strumento di conservazione sociale. Sotto questo profilo, nonostante la svolta per l'industrializzazione, la politica di intervento nel Mezzogiorno continuò lungo le medesime linee seguite in precedenza.

**c. *Terziarizzazione e urbanizzazione.*** Lo sviluppo delle emigrazioni non poteva assorbire tutta la mano d'opera in cerca di occupazione. L'esodo agricolo rendeva disponibili schiere innumerevoli di lavoratori, e le emigrazioni dal Mezzogiorno non facevano che accrescere il numero dei senza lavoro che si riversavano nelle regioni del Nord. Poiché era necessario trovare una collocazione per tutti coloro che, usciti dall'agricoltura non riuscivano ad occuparsi nell'industria né potevano emigrare all'estero, non restava che trovare loro un'occupazione nel settore terziario. È proprio in questi anni che ha inizio la politica di ***espansione degli addetti ai servizi***, sia nella distribuzione commerciale e servizi vari, sia nel settore della pubblica amministrazione, e cioè in quei settori nei quali un'espansione degli addetti non poteva essere presa come segno sicuro di progresso.

L'espansione del pubblico impiego è stato uno dei mezzi di fatto impiegati per alleviare la disoccupazione, specie meridionale. Una sorta di attività sostitutiva dell'investimento diretto che avrebbe consentito di occupare le stesse unità lavorative ***in loco***(21), ma che, per le ragioni che poi illustreremo, non trovava la via della realizzazione. È cosa nota, anche se su questo punto mancano statistiche precise, che la grande maggioranza dei pubblici funzionari proviene dalle regioni meridionali; se si pensa che i pubblici funzionari in servizio civile hanno superato i due milioni, è facile rendersi conto del grande contributo che l'espansione del pubblico impiego ha dato all'assorbimento della disoccupazione delle regioni meridionali. Analoga considerazione si può fare per le amministrazioni locali che, specie nel Mezzogiorno, sono andate gonfiando i propri quadri, con un'espansione la cui efficienza è quanto meno dubbia(22).

Si ponevano così le basi per l'inefficienza crescente della pubblica amministrazione, fenomeno sul quale dovremo ritornare assai più ampiamente in seguito.

## NOTE

1. di per sé 自身，本身
2. via via che = man mano che 逐渐，慢慢地

3. il pubblico impiego 公共事业
4. al di sotto 在……以下，不足；反之 al di sopra 在……之上，超过
5. margini di profitto = spazio(percentuale) del profitto 边际利润
6. di gran lunga = molto, moltissimo 大大地，远远地
7. a proposito di = quanto a = intorno a 关于，说到
8. la domanda globale = la domanda aggregata 总需求
9. a prezzi correnti 按照现价，按照市价
10. redditi da lavoro 劳动收入，redditi da capitale 资本收入，投资收入
11. dotato di 具有，具备
12. l'Oscar 奥斯卡奖，此处指本行业的最高奖励
13. all'incirca = pressapoco = circa 大约，大概，差不多
14. in seguito = successivamente = in un secondo tempo 后来，以后
15. poc'anzi = un po' prima = poco fa 不久前，刚才
16. aree e nuclei di sviluppo industriale 工业开发区和开发点
17. ENEL= Ente Nazionale per l'Energia Elettrica 国家电力局
18. Comitato di Ministri per il Mezzogiorno 南方工作委员会
19. in concomitanza con = in compagnia con = accompagnato da 伴随着
20. Italsider 意大利冶金集团；Montedison 蒙特爱迪生集团；Sincat = Società Industriale Catanese 卡塔尼亚工业公司； Anic = Azienda Nazionale Idrogenazione Carburanti 埃尼集团的国家炭化氢燃料公司
21. in loco 就地，当地
22. l'efficienza è quanto meno dubbia （其）效益也十分令人怀疑。这是一种客气的幽默口气，实际上 quanto meno = molto

## VOCABOLARIO

| | | |
|---|---|---|
| sommamente | *avv.* | altissimamente, eminentemente, straordinariamente 极大地，非常，极其 |
| condotta | *s.f.* | atteggiamento, comportamento, contegno 表现 |
| imboccare | *v.tr.* | prendere, entrare, immettersi, buttarsi 走上，走向，奔向 |
| accentratore | *agg.* | centralizzato, concentrato 集中制的，集中化的 |
| pattuizione | *s.f.* | accordo, concordare, stabilire, accordarsi 约定，商定 |
| slittamento | *s.m.* | scivolamento, svalutazione, deprezzamento 此处指贬值 |

| | | |
|---|---|---|
| elargizione | *s.f.* | donazione, erogazione, offerta, regalo, largizione 布施，捐赠 |
| padronale | *agg.* | del padrona 资方的，雇主的，主人的 |
| malumore | *s.m.* | malcontento, scontento, insoddisfazione 不满 |
| repressivo | *agg.* | soffocante, franativo 压抑的，镇压的，压制的 |
| stupirsi | *v.rifl.* | meravigliarsi, sirprendere, sbalordire 惊奇，诧异，奇怪 |
| sopravanzare | *v.tr.* | avanzare, precedere, superare, primeggiare 超越，领先，居上 |
| appetibile | *agg.* | desiderabile, invidiabile 渴望的，渴求的 |
| moltiplicatore | *s.m.* | In economia, coefficiente che esprime la variazione di un valore macroeconomico in relazione all'incremento di un altro elemento del sistema 收益增值率 |
| sfiorare | *v.tr.* | toccare leggermente, andare molto vicino 擦过，掠过；突破 |
| decrescente | *agg.* | calente, regressivo, discendente 下降的，下跌的 |
| arricchito | *agg.* | diventato ricco, migliorato, incrementato 使充实的 |
| notoriamente | *avv.* | conosciuta da tante persone 众所周知地，尽人皆知地 |
| stazionario | *agg.* | fermo, inattivo, statico, immutato, invariato 不变的，停滞的，静态的 |
| disparato | *agg.* | differente, diverso, svariato, vario 不同的，各种 |
| strisciante | *agg.* | in economia, di fenomeno non intenso e grave, ma persistente e alla fine danoso 蔓延性的 |
| terziarizzazione | *s.f.* | processo socioeconomico finito con la prevalenza degli addetti ai servizi rispetto a quelli industriali e agricoli 三产化，第三产业化 |
| migratore | *agg.* | migrante 移民的 |
| pressare | *v.tr.* | comprimere, opprimere, premere, spingere 挤压，催促，敦促 |
| impostazione | *s.f.* | decisione, scelta 确定，提出；决策，抉择 |
| fautore | *s.m.* | sostenitore, seguace 拥护者，提倡者，鼓吹者 |
| lucidità | *s.f.* | chiaro, preciso, perspicuo 清醒，清楚，清晰 |
| transoceanico | *agg.* | che attraversa l'oceano 越洋的，跨越大洋的 |

| | | |
|---|---|---|
| balzare | *v.tr.* | saltare, sbalzare, scattare 跃进，跳跃 |
| extraeuropeo | *agg.* | non europeo 欧洲之外的，非欧洲的 |
| censimento | *s.m.* | operazione statistica di rilevazione universale simultanea 普查 |
| presumere | *v.tr.* | supporre, pretendere, ritenere 推论，推断，假设 |
| imponenza | *s.f.* | grandiosità, maestosità, magnificenza 宏大，宏伟 |
| bracciantato | *s.m.* | condizione, categoria dei braccianti 雇农地位，农工阶层 |
| spopolato | *agg.* | disabitato, deserto 人口减员，人烟稀少 |
| spreco | *s.m.* | dispersione, dispendio inutile 浪费，糟蹋，挥霍 |
| saggio | *s.m.* | monografia, studio 论文 |
| risonanza | *s.f.* | impressione, eco, sensazione 共鸣，反响 |
| ispiratore | *agg.* | informatore 启发的，激励人的 |
| concepire | *v.tr.* | generare, ideare, capire, comprendere 理解，构想，孕育 |
| disciplinare | *v.tr.* | controllare, regolare 规范，管理，调节 |
| allacciamento | *s.m.* | collegamento, congiunzione, unione 接通，连线 |
| rustico | *s.m.* | edificio senza rifinitura 附属建筑，粗制的 |
| ubicato | *agg.* | situato 位于……的 |
| perimetro | *s.m.* | circonferenza, linea di contorno 周边，周围 |
| suscettibile | *agg.* | capace di subire alterazioni/modificazioni 能接受的，易受影响的 |
| localizzare | *v.tr.* | situare 定位，设立于…… |
| apportare | *v.tr.* | portare, provocare, causare, produrre 带来，造成，引起 |
| abilitato | *agg.* | autorizzato, dichiarato abile, dichiarato idoneo 授权的 |
| sopprimere | *v.tr.* | opprimere, stringere, pressare 压倒，压服，压迫 |
| acciaieria | *s.f.* | stabilimento per la lavorazione dell’acciaio 钢铁厂，炼钢厂 |
| decentramento | *s.m.* | decentralizzazione, allontanamento dal centro 分散，分散化 |
| clientelare | *agg.* | relativo a clientela 拉关系的，结党营私的 |
| burocrate | *s.m.* | formalista 官僚，官僚主义者 |
| conservazione | *s.f.* | mantenimento, manutenzione, difesa 保留，保守，保存 |
| esodo | *s.m.* | uscita, migrazione, trasferimento 出行，出走，迁移 |
| riversarsi | *v.rifl.* | confluire, affluire, irrompere 流出，涌向，源源而来 |

## ESERCIZI

**1. Rispondere alle seguenti domande:**

1) Negli anni del miracolo economico, sono aumentati i salari reali? Perché?
2) Come è creato il fenomeno del dualismo industriale? E come si è perpetuato?
3) Come è garantita la stabilità monetaria negli anni '50?
4) Quali erano gli aspetti principali degli squilibri dell'economia italiana?
5) Perché all'inizio del periodo del miracolo economico, c'era una maggiore corrente migratoria?
6) Che innovazione ha apportato la legge del 1957? Che significato ha avuto?
7) Perché in questo periodo, sono sviluppate la terziarizzazione e l'urbanizzazione?

**2. Scrivere i sinonimi delle seguenti parole:**

| | |
|---|---|
| oscillazione | disparato |
| decrescente | slittamento |
| patrocinare | detenere |
| stupirsi | frazione |
| medesimo | dotato |
| finalizzare | malumore |
| localizzare | sovente |
| esodo | concezione |
| presumere | cospicuo |
| concepire | preliminare |
| dispersione | essenziale |
| declino | tappa |
| apportare | agevolato |

**3. Scrivere i contrari delle seguenti parole:**

| | |
|---|---|
| virtuoso | lucidità |
| superiore | rurale |
| spreco | incentivo |
| prioritario | decentramento |

alleviare
smentire
convergenza
analogo
palese
spopolato

**4. Spiegare le seguenti sigle in italiano:**

Irfis Cis Isveimer Enel Eni Iri

**5. Fare l'analisi grammaticale dei seguenti brani:**

1) Queste norme suscitarono gravi discussioni, che videro schierati da un lato i sostenitori dei meccanismi spontanei del mercato, che vedevano in queste norme una forzatura che non poteva produrre che sprechi e inefficienze, dall'altro i sostenitori della pianificazione e delle funzioni specifiche delle imprese pubbliche come organi di intervento.
2) Una seconda innovazione non meno degna di nota fu introdotta dalla legge, in quanto essa stabilì che, contrariamente a quanto fissato con la legge del 1953, il credito agevolato nel Mezzogiorno avrebbe potuto essere esercitato non soltanto dagli istituti che quella legge aveva potenziati o creati, ma anche dagli altri istituti e aziende di credito abilitati ad esercitare il credito a medio termine.

**6. Completare i seguenti brani:**

1) Il ____________ tecnologico fra settore avanzato e settore ____________ che si andava creando nell'economia italiana tendeva di per sè a produrre ulteriori conseguenze che investivano l'intera ____________ della produzione.
2) Forti guadagni di ____________ e bassi aumenti di ____________ sono la caratteristica dei settori dinamici dell'industria italiana.
3) I settori ____________, ____________ e ____________ sono state le grandi spugne che hanno assorbito la disoccupazione, trovando collocazione a tutti coloro che venivano ____________ dall'agricoltura e che non trovavano ____________ nei settori dinamici dell'industria.

**7. Tradurre in italiano:**

绝大多数 零售贸易 边际利润
批发价 慢性通货膨胀 总需求

**8. Riempire il seguente modulo:**

**Confronto fra due tipi di imprese**

| | Industrie esportatrici | Industrie per il mercato interno |
|---|---|---|
| settori | | |
| dimensione | | |
| azioni sindacali | | |
| contributo all'occupazione | | |
| livello dei salari | | |
| tecnologie usate | | |
| profitto | | |
| produttività | | |
| prezzi dei prodotti | | |

**Intervento nel Mezzogiorno**

| | **Prima del 1957** | **Dopo il 1957** |
|---|---|---|
| **Obbiettivo** | | |
| **dal punto di vista territoriale** | | |
| **dal punto di vista settoriale** | | |
| **Incentivi per l'industrializzazione** | | |
| **risultato** | | |

**9. Fare frasi con le seguenti espressioni:**

— dare luogo a

— a proposito di

— essere dotato di

— rispetto a

— al di sotto di

— all'incirca

— destinare

— in loco

# Unità 8

## Terza fase: la crisi del 1964-1969 e le lotte sindacali (1)

导言：

意大利经济在1963-1973年这10年间表现出与之前一段时期截然不同的特点。以1962-1963年和1969-1970年的工会斗争为最高潮。积累率低，投资率低，通货膨胀加快，国际收支出现巨额逆差。社会各界对经济规划的争论毫无结论。1963-1973年这10年内，政府过渡到以天民党和社会党联盟为基础的中左派手中，这个时期贯穿着深刻的社会矛盾，1963和1969年出现两次高潮。整体局面呈现出：一方面工会组织力量不断增强，另一方面打击工会力量和恢复雇主权势的雇主战略。对于1963年工人斗争的胜利，资方的第一反应就是通过全面提高物价来弥补在工资斗争中的损失，由此引发通货膨胀，造成战后价格历史性的转折：非农业产品的物价指数1963年达到104增长，次年达到108.5。造成通货膨胀蔓延的因素有两个：第一，企业力图靠抬高销售价格来捍卫其利润；其次，由于总需求在增长，因此在国内市场提高物价是可以实现的。

### 1. La crisi del 1964-1968

Il decennio 1963-1973 presenta caratteri diametralmente opposti a quelli che avevano dato l'impronta al periodo precedente. *Sul piano della cronaca*, mentre gli anni del miracolo economico erano stati anni di alto tasso di accumulazione, di stabilità monetaria, di equilibrio della bilancia dei pagamenti, il decennio successivo si presenta segnato da conflitti assai più tesi, che culminano nelle grandi lotte sindacali del

1962-1963 e del 1969-1970. Il tasso di accumulazione rallenta, il padronato ricorre a strategie di ristrutturazione per garantirsi aumenti di produzione anche con tassi di investimento minori, il ritmo dell'inflazione si accelera, la bilancia dei pagamenti presenta un passivo cospicuo. ***Sul piano del dibattito***, il decennio 1963-1973 è pervaso invece da una volontà ininterrotta di realizzare un controllo politico del processo di sviluppo, di eliminare gli squilibri mediante interventi razionalizzatori, di attenuare i conflitti sociali attraverso una correzione delle diseguaglianze più gravi. Sono questi gli anni in cui il dibattito sulla programmazione economica si fa più intenso e continuo e in cui le parti sociali discutono quasi senza soluzione di continuità i testi di successivi documenti di programmazione, destinati a tracciare linee concordate di intervento delle autorità economiche e di sviluppo del paese. Spinge in questa direzione il fatto che, nel decennio 1963-1973, il governo del paese passi nelle mani di formazioni di centro-sinistra, basate sull'alleanza fra Dc e Psi. Come diremo, questi dibattiti restano sostanzialmente confinati al piano delle idee, e la stessa approvazione del Piano quinquennale di sviluppo economico, che il Parlamento effettua nel 1967, non viene di fatto seguita da alcuna misura concreta di attuazione.

Abbiamo detto che il periodo che stiamo esaminando è attraversato da profondi conflitti sociali che si manifestano in una lotta sindacale più accesa culminata nelle due grandi offensive del 1963 e del 1969. Gli aspetti che dominano questo quadro sono, ***da un lato la forza crescente delle organizzazioni sindacali, dall'altro l'avvicendarsi delle strategie padronali*** dirette a combattere tale forza ed a restaurare il potere padronale.

L'accrescimento della forza sindacale nel corso di questi anni è indubbio. Superata la fase di debolezza degli anni cinquanta, le organizzazioni sindacali acquisiscono un vigore ed un peso politico assai maggiore. Molteplici elementi avevano contribuito a questo rafforzamento. Da un lato, l'aumento nel numero dei lavoratori di fabbrica, accompagnato da una più matura coscienza sindacale e da indiscussi progressi organizzativi compiuti dal sindacato; dall'altro una situazione obiettiva di minore disoccupazione, anche se tale situazione era stata raggiunta non soltanto per lo sviluppo delle attività industriali all'interno, ma anche per le forti correnti migratorie verso paesi europei, che avevano assorbito larga parte della disoccupazione strutturale del Mezzogiorno. In questi anni si vedono i risultati tangibili della forza acquisita dal sindacato, risultati che prendono la forma di aumenti salariali destinati a costituire un record nella storia dell'industria italiana, e da un insieme di conquiste di carattere normativo e di tutela delle condizioni di lavoro, conquiste che vengono sanzionate nel 1970 con l'emanazione dello Statuto dei lavoratori(1). È un vero paradosso che negli stessi anni in cui la classe dei lavoratori acquista un peso sindacale e politico crescente, comincino a maturare invece altri fattori che dovranno progressivamente indebolirla sul terreno economico, primo fra tutti ***il declino progressivo delle emigrazioni verso i paesi europei***, non accompagnato da un aumento corrispondente nella creazione di nuovi posti di lavoro da parte dei settori produttivi interni.

Da parte padronale, la reazione a questa avanzata presenta una progressione di astuzia e di concretezza. Come vedremo, la linea del padronato non è altrettanto facile da interpretare, perché essa appare costantemente divisa fra due obiettivi, parzialmente in conflitto. Da un lato il padronato sente l'esigenza di ***contrastare il rafforzamento delle organizzazioni sindacali***; dall'altro, per ragioni di(2) pace sociale, esso è costretto a ***combattere la disoccupazione***, almeno nelle sue forme più acute. I due obiettivi non sono facili da armonizzare. A volte, il padronato tenta la via dell'inflazione per recuperare dal lato dei ricavi l'aumento dei salari, ma urta contro ostacoli di natura internazionale, quando l'inflazione rende non competitive le esportazioni. Altre volte il padronato tenta la via della disoccupazione e della crisi, per indebolire l'azione sindacale; ma poi è costretto a consentire una ripresa ed una nuova espansione dell'occupazione, magari nel settore dei servizi, per evitare attriti sociali eccessivi. Altre volte, ancora, il padronato tenta la via della ristrutturazione, con forme tecnologiche le più svariate allo scopo di dividere la classe operaia e ridurne il grado di sindacalizzazione attraverso un decentramento aziendale o territoriale. Vedremo ancora come in questi tentativi, che si avvicendano nel tempo, il padronato non riesca costantemente a coagulare un'azione concorde, e spesso si presenti esso stesso diviso in raggruppamenti che si contrappongono con violenza.

### 2. La nuova situazione nel mercato del lavoro

La situazione, che abbiamo descritto in relazione al decennio del miracolo economico, si era modificata in misura considerevole anzitutto nel mercato del lavoro. Abbiamo detto che, negli anni precedenti, l'industria manifatturiera aveva creato un numero relativamente ridotto di nuovi posti di lavoro, e che un numero considerevolmente maggiore di lavoratori aveva trovato occupazione all'estero. Fra il

1951 ed il 1959, infatti, l'industria manifatturiera creò all'incirca 50-60 mila nuovi posti di lavoro all'anno; il saldo migratorio invece (emigrati meno rimpatriati) oscillò intorno alle 150 mila unità, un valore triplo. Con il 1960, la situazione si capovolse. Mentre gli emigrati continuarono ad aumentare (nel 1960 e 1961 circa 180 mila all'anno, al netto dei(3) rimpatri), per la prima volta l'industria manifatturiera creò nuovi posti di lavoro in misura ancor superiore (quasi 300 mila sia nel 1960 che nel 1961). Questo rapido aumento di occupazione, concentrato nelle regioni del Nord, produsse un movimento dei salari verso l'alto; cominciarono a comparire in questa o quella industria, per questa o quella specialità, salari più elevati di quelli contrattuali. Fino a quando si trattava di fenomeni staccati, anche se diffusi, essi riflettevano da un lato l'aumento nella domanda di lavoro, ma dall'altro anche la debolezza della classe lavoratrice, dal momento che il padronato si serviva dello slittamento salariale come arma di contrattazione individuale e quindi di divisione. Si vide ben presto invece che, al di là della piena (o apparentemente piena) occupazione, si andava determinando un concreto rafforzamento delle organizzazioni sindacali. A questo rafforzamento contribuivano oltre al miglioramento delle condizioni di occupazione, anche altri fattori di natura diversa. Le emigrazioni interne avevano dato luogo ad un processo dirompente, che aveva portato con violenza vaste masse rurali a contatto con gli antichi nuclei operai, realizzando una profonda presa di coscienza e una altrettanto rilevante maturazione politica della classe lavoratrice. In questa situazione nuova si notava, nelle lotte operaie, la partecipazione accesa degli operai meridionali. Questa più estesa consapevolezza e partecipazione induceva le organizzazioni sindacali a darsi nuove linee organizzative e nuovi obiettivi. La rigida linea centralizzatrice, che era stata propria della Cgil in tempi ormai lontani, venne abbandonata in favore di un esteso decentramento delle trattative; e accanto ai vecchi obiettivi salariali, si aggiunsero nuove richieste di carattere normativo. Nel triennio 1960-1962, il numero di conflitti nell'industria manifatturiera raddoppiò rispetto al triennio precedente (da 900 mila a oltre 1 milione e 700 mila) e il numero di ore perdute(4) crebbe di tre volte e mezzo (da 16 milioni a quasi 58 milioni). Il culmine venne raggiunto fra il 1962 ed il 1963. Dopo una prima intensa ondata di scioperi, nel luglio del 1962, l'Intersind (l'associazione delle imprese a partecipazione statale), distaccando per la prima volta la propria linea da quella della Confindustria, stipulò un accordo separato. Con tale accordo venne riconosciuta per la prima volta la ***contrattazione aziendale***, anche se ad essa venne assegnato un contenuto meramente ***applicativo.*** Nel settembre successivo, il contenuto della contrattazione aziendale venne esteso ai cottimi, ai premi di produzione, e ad altri aspetti. Un successivo sciopero del febbraio 1963, si concluse con la capitolazione della Confindustria, che accettò anch'essa il principio della contrattazione aziendale.

**Occupati permanenti(incrementi annuali) e saldo migratorio(migliaia)**

| | Industria | Industrie manifat-turiere | Attività terziarie | Pubblica ammini-strazione | Saldo migratorio |
|---|---|---|---|---|---|
| 1952 | 146,9 | 11,2 | 114,3 | 29,9 | 180,7 |
| 1953 | 220,8 | 87,7 | 109,4 | 25,9 | 121,6 |
| 1954 | 286,7 | 101,2 | 116,7 | 20,6 | 143,7 |
| 1955 | 55,3 | 1,2 | 110,4 | 23,7 | 178,2 |
| 1956 | 38,3 | 77,9 | 103,2 | 19,0 | 189,5 |
| 1957 | 93,3 | 72,3 | 120,5 | 26,7 | 178,5 |
| 1958 | 2,1 | −17,2 | 93,5 | 13,7 | 116,4 |
| 1959 | 97,2 | 67,8 | 112,1 | 24,8 | 112,4 |
| 1960 | 334,4 | 261,1 | 165,4 | 45,6 | 191,7 |
| 1961 | 389,3 | 289,2 | 170,0 | 47,1 | 176,9 |
| 1962 | 266,6 | 153,7 | 103,2 | 62,3 | 136,5 |
| 1963 | 182,0 | 109,2 | 107,3 | 53,9 | 56,5 |
| 1964 | −29,0 | −12,4 | 78,3 | 48,5 | 68,3 |
| 1965 | −334,4 | −149,2 | −0,2 | 29,3 | 86,3 |
| 1966 | 22,2 | 68,7 | 68,7 | 26,7 | 90,0 |
| 1967 | 275,2 | 217,0 | 147,4 | 38,7 | 59,9 |
| 1968 | 49,3 | 39,1 | 93,9 | 33,7 | 67,5 |
| 1969 | 125,9 | 100,5 | 96,8 | 52,0 | 38,9 |
| 1970 | 194,1 | 189,8 | 168,4 | 34,2 | 9,4 |

*Fonti: Istat, Occupati presenti in Italia (bozza), Roma, 1947; Annuario statistico italiano, vari anni.*

Le conseguenze di queste ondate di lotte si videro con chiarezza nella distribuzione del reddito nazionale. Negli anni precedenti, i lavoratori dell'industria, pur ottenendo aumenti salariali regolari, avevano tuttavia perso terreno(5) in termini relativi(6), dal momento che i profitti erano aumentati più dei salari. Adesso per la prima volta la tendenza si capovolse. Con il 1960, la quota del prodotto dell'industria, spettante ai lavoratori dipendenti, quota che negli anni precedenti era andata declinando, arrestò il suo declino; e, dopo il 1962, aumentò decisamente fino a recuperare buona parte del terreno perduto. Poche cifre sintetizzano la situazione: nel 1953 i lavoratori dipendenti percepivano meno del 70% del prodotto dell'industria manifatturiera; nel 1961, la loro quota era scesa al 57%; nel 1963 era risalita al 65%. Le lotte operaie avevano decisamente messo in gioco(7) la distribuzione del reddito, capovolgendo una tendenza che sembrava ormai affermata e che giocava a tutto favore dei profitti.

Era chiaro che, di fronte a questa situazione, la classe padronale non poteva che passare al contrattacco, nel tentativo di recuperare le posizioni perdute. Dobbiamo ora esaminare la natura ed il contenuto di questa reazione.

**Quota dei redditi da lavoro dipendente sul valore aggiunto dell'industria manifatturiera e propensione media al consumo. 1951–1970**

| | Quota dei redditi da lavoro dipendente | | Quota dei consumi privati nazionali sul reddito nazionale lordo | | Prezzi all'ingrosso |
|---|---|---|---|---|---|
| | % | Indici | % | Indici | Indici |
| 1951 | 67,4 | 100,0 | 68,1 | 100,0 | 100,0 |
| 1952 | 66,9 | 99,3 | 69,4 | 101,9 | 94,4 |
| 1953 | 66,9 | 99,3 | 68,8 | 101,0 | 94,1 |
| | % | Indici | % | Indici | Indici |
| 1954 | 64,6 | 95,8 | 67,4 | 99,0 | 93,2 |
| 1955 | 62,4 | 92,6 | 66,0 | 96,9 | 94,1 |
| 1956 | 60,9 | 90,4 | 66,1 | 97,1 | 95,7 |
| 1957 | 61,0 | 90,5 | 65,7 | 96,5 | 96,6 |
| 1958 | 61,6 | 91,4 | 65,3 | 95,9 | 94,9 |
| 1959 | 59,7 | 88,6 | 64,4 | 94,6 | 92,1 |
| 1960 | 59,8 | 88,7 | 64,6 | 94,9 | 93,0 |
| 1961 | 56,9 | 84,4 | 63,8 | 93,7 | 93,2 |
| 1962 | 60,5 | 89,8 | 63,9 | 93,8 | 96,0 |
| 1963 | 65,0 | 96,4 | 65,8 | 96,6 | 101,0 |
| 1964 | 65,2 | 96,7 | 65,8 | 96,6 | 104,4 |
| 1965 | 60,3 | 89,5 | 65,5 | 96,2 | 106,1 |
| 1966 | 57,4 | 85,2 | 66,1 | 97,1 | 107,7 |
| 1967 | 58,5 | 86,8 | 66,1 | 97,1 | 107,5 |
| 1968 | 57,0 | 84,6 | 65,1 | 95,6 | 107,9 |

continued

| | Quota dei redditi da lavoro dipendente | | Quota dei consumi privati nazionali sul reddito nazionale lordo | | Prezzi all'ingrosso |
|---|---|---|---|---|---|
| 1969 | 58,6 | 86,9 | 65,2 | 95,7 | 112,1 |
| 1970 | 63,6 | 94,4 | 66,7 | 97,9 | 120,3 |

*Font.: Istat, Annuario di contabilità nazionale, 1976; Annuario statistico italiano, vari anni. (Redditi da lavoro deflazionati con indice dei prezzi dei beni di consumo).*

## 3. Inflazione e crisi

La prima reazione del padronato alle conquiste operaie del 1961-1963 fu un ***tentativo di recuperare, attraverso un aumento generalizzato dei prezzi, quanto si era perduto nel corso delle lotte salariali.*** Questo processo di inflazione ebbe inizio con il 1961-1962, anni che segnano una svolta nella storia dei prezzi del dopoguerra. Fino a quell'anno, i prezzi all'ingrosso nell'economia italiana erano rimasti sostanzialmente stabili; anzi a partire dal 1958 avevano mostrato una tendenza al declino (nel 1960 l'indice generale era a quota 95, rispetto alla base 1953 posta eguale a 100). L'aumento dei prezzi si era concentrato fino ad allora nei prezzi al consumo, che erano cresciuti regolarmente del 3%-4% all'anno. Dopo il 1961, la situazione si modificò, e per la prima volta anche i prezzi all'ingrosso cominciarono ad aumentare velocemente: l'indice dei prezzi non agricoli passò a quota 104 nel 1963, a quota 108,5 nell'anno successivo.

Diversi fattori contribuivano allo svilupparsi dell'inflazione. Anzitutto, gli stessi imprenditori, messi sotto pressione dall'aumento dei salari, cercavano di difendere i propri profitti mediante l'accrescimento dei prezzi di vendita. Per le imprese maggiori, l'aumento dei salari aveva portato la riduzione dei margini di autofinanziamento, e la necessità di ricorrere al credito esterno; per le piccole, lo stesso aumento aveva compromesso l'equilibrio dei bilanci aziendali. Al tempo stesso, gli imprenditori trovavano possibile aumentare i prezzi sui mercati interni, perché in quegli anni la domanda globale era nettamente in aumento; il livello degli investimenti era infatti cresciuto molto sensibilmente, sia al Nord sia nel Mezzogiorno, dove si realizzava la prima grande ondata di investimenti industriali. L'aumento degli investimenti, accoppiato ad un valore subitaneamente accresciuto della propensione al consumo (dovuto a sua volta alla redistribuzione del reddito portata dall'aumento dei salari) produceva effetti moltiplicativi(8)accelerati sulla domanda globale, favorendo così, anche dal lato della domanda, l'aumento dei prezzi.

Tuttavia quello che era possibile sul mercato interno risultava invece non realizzabile nei mercati esteri. Il sistema dei pagamenti internazionali era allora basato ancora sul principio rigoroso dei cambi fissi. Inoltre in quegli anni, nei mercati internazionali prevaleva una situazione di stabilità monetaria. Fra il 1960 ed il 1965, gli indici dei prezzi all'ingrosso negli Stati Uniti e nella Germania occidentale, due paesi guida per i mercati mondiali, si presentavano stabili (negli Stati Uniti, l'indice dei prezzi non agricoli crebbe appena di mezzo punto, in Germania di 3-4 punti). Il padronato italiano si trovò quindi stretto fra due vincoli. Da un lato, le rivendicazioni salariali avevano imposto aumenti di costo; dall'altro, i mercati internazionali impedivano di aumentare i prezzi di vendita. È chiaro che in tale situazione i profitti degli imprenditori venivano compressi. Le difficoltà degli imprenditori trovano una denuncia esplicita nelle Relazioni annuali della Banca d'Italia, nelle quali il Governatore Carli, che occupava la carica dal 1960, affermò con estrema chiarezza che gli imprenditori italiani, stretti fra salari crescenti e prezzi esterni stabili, vedevano seriamente compromessa la propria posizione. Vi sarebbe stato ovviamente il rimedio di ricorrere ad una svalutazione della lira rispetto alle altre valute nazionali (su questa manovra avremo modo di soffermarci ampiamente in seguito). Ma, per quanto l'eventualità di una svalutazione venisse ventilata in diversi ambienti, le autorità monetarie internazionali non risultarono inclini ad autorizzarla.

In queste circostanze, avvenne quello che doveva necessariamente avvenire, e cioè che l'inflazione interna e l'aumento della domanda globale furono accompagnate da ***un disavanzo crescente della bilancia commerciale***, che ruppe l'equilibrio nei conti con l'estero raggiunto negli anni del miracolo. Anche di fronte a questa situazione, le autorità decisero tuttavia di non abbandonare la parità esterna della lira. La linea ufficiale fu che il disavanzo nella bilancia dei pagamenti era dovuto in prevalenza(9) a movimenti speculativi provenienti da chi non aveva fiducia nella volontà e nella capacità delle autorità italiane di ripristinare l'equilibrio interno ed esterno; e che tali movimenti speculativi andavano combattuti con provvedimenti immediati. Le autorità monetarie internazionali, accettando tale interpretazione, furono pronte a finanziare il disavanzo della bilancia dei pagamenti italiana mediante la concessione di prestiti: nel marzo del 1964, il Governatore della Banca d'Italia stipulò sul mercato finanziario statunitense un prestito di un miliardo di dollari, ammontare che parve allora assai elevato. Tale prestito venne reso ampiamente noto al pubblico, nell'intenzione esplicita di sottolineare la volontà delle autorità italiane di combattere la speculazione al ribasso contro la lira, e al tempo stesso di risanare la situazione senza ricorrere alla svalutazione della valuta italiana.

Posta la questione in questi termini, non restava che una sola via di uscita: che era quella di arrestare l'inflazione attraverso una manovra di compressione della domanda globale, e cioè facendo seguire alla manovra dell'inflazione una manovra di depressione.

**4. Depressione e trasformazioni industriali**

La stretta creditizia decisa nell'estate del 1963 fu di grande violenza. La creazione di base monetaria(10) (la liquidità primaria creata dalla banca centrale e che serve di base all'intero castello dei finanziamenti bancari.), che nel secondo trimestre del 1963 aveva superato i 1.200 miliardi, cadde nei trimestri successivi fino a collocarsi su una media di appena 150 miliardi nei primi mesi del 1964. Una stretta simile non si era mai vista prima, se non forse nell'ormai lontano 1947, quando il governo della moneta era nelle mani di Luigi Einaudi; e non doveva rivedersi se non dieci anni dopo, nel 1974-1975.

La caduta degli investimenti fu altrettanto violenta. Nel 1963, gli investimenti effettuati nel settore industriale avevano superato i 2.500 miliardi: nel 1964 caddero a 2.000 miliardi, con una contrazione del 20%, e nel 1965 a 1.500 miliardi, con una ulteriore caduta del 20%. La caduta degli investimenti produsse una caduta di occupazione; cadde la domanda di beni di consumo, e il meccanismo circolare della depressione si mise in moto. L'ottobre del 1963 fu il mese in cui la produzione industriale toccò il livello più elevato. Con il novembre la produzione industriale prese a declinare e l'economia italiana, dopo dodici anni di espansione pressoché ininterrotta, entrò in una fase di crisi. Come risulta dal prospetto seguente, fra il 1963 ed il 1964, i principali settori dell'industria italiana subirono riduzioni di produzione: fecero eccezione solo alcuni rami che continuarono l'espansione o registrarono un solo anno di arresto. È interessante notare che i settori che andarono esenti o che meno risentirono della depressione furono proprio i settori esportatori (industrie chimiche propriamente dette, derivati del petrolio, fibre artificiali e sintetiche); mentre i più duramente colpiti furono i settori sostenuti dalla domanda interna. Ciò riconferma il ruolo non solo propulsivo ma anche equilibratore che le esportazioni hanno esercitato sullo sviluppo industriale del paese.

**Indici della produzione industriale, 1961–1965 (1953=100)**

| | 1961 | 1962 | 1963 | 1964 | 1965 |
|---|---|---|---|---|---|
| Industrie manifatturiere | 201,0 | 220,7 | 239,4 | 241,9 | 253,7 |
| Industrie tessili | 125,9 | 134,6 | 139,6 | 130,2 | 115,7 |
| Industrie pelli e cuoio | 162,1 | 164,6 | 175,7 | 163,9 | 152,6 |
| Industrie metallurgiche | 248,0 | 259,0 | 275,5 | 270,7 | 349,6 |
| Industrie meccaniche | 189,0 | 195,9 | 213,7 | 187,0 | 180,3 |
| Industrie costruzione di mezzi di trasporto | 256,2 | 301,1 | 355,4 | 320,5 | 327,6 |
| Industrie chimiche | 293,8 | 335,7 | 363,4 | 412,5 | 434,5 |

La caduta della produzione portò con sé una caduta altrettanto rapida dell'occupazione. Gli occupati nell'industria manifatturiera avevano sfiorato i 5 milioni e 400 mila nel 1963; l'anno successivo, l'occupazione incominciò a declinare per precipitare addirittura nel '65, anno in cui quasi 140 mila lavoratori dell'industria manifatturiera rimasero senza lavoro. Negli stessi anni si ebbe, quasi automaticamente, una ripresa delle emigrazioni, e nel 1965 il saldo migratorio tornò a sfiorare le 90 mila unità.

Abbiamo detto che la depressione era stata innescata dalle autorità monetarie allo scopo di arrestare l'espansione della produzione, bloccare l'aumento dei salari e ripristinare un livello più elevato dei profitti. Nelle condizioni che abbiamo descritte, l'indebolimento della classe lavoratrice poteva dirsi pienamente raggiunto. Infatti il rinnovo dei contratti collettivi nel 1966 venne effettuato senza particolari esplosioni di conflittualità e condusse a miglioramenti salariali estremamente modesti. L'intera vicenda può essere seguita osservando l'andamento della quota del reddito attribuito al lavoro dipendente nell'industria manifatturiera. Tale quota era salita al 65% nel 1963 e nel 1964; ma tornò a cadere al 60% nel 1965 e al 57% nel 1966. Nel giro di due anni, la redistribuzione del reddito a favore delle classi lavoratrici, che era stata ottenuta grazie alle lotte sindacali condotte dopo il 1960, venne annullata e i lavoratori persero nuovamente tutto il terreno che negli anni precedenti avevano guadagnato. Come abbiamo già chiarito, ciò non significa che, in questi anni, i salari dell'industria siano caduti; al contrario, essi continuarono a crescere. Ma i profitti crebbero ancor di più, per cui in termini relativi i lavoratori si trovarono a perdere terreno.

La situazione avrebbe potuto essere anche peggiore se non fossero intervenuti alcuni elementi compensativi a bilanciare la caduta degli investimenti. I fattori compensativi furono rappresentati in primo luogo dall'aumento veloce delle esportazioni, reso possibile dal fatto che, mentre l'Italia attraversava un periodo di depressione, gli altri paesi si trovavano ancora in fase di congiuntura elevata(11). In secondo luogo, nonostante la depressione, l'aumento dei salari proseguiva; mentre negli anni precedenti, i miglioramenti salariali erano stati concentrati nel settore dell'industria, ora gli aumenti si andavano estendendo al settore terziario, un settore nel quale i salari procedono sempre con ritardo e ad imitazione degli sviluppi del settore industriale. Cresceva così la propensione al consumo, per cui gli investimenti, nonostante il loro livello ridotto, producevano un effetto moltiplicativo maggiore e davano luogo a una domanda globale crescente. Aumentava infine la spesa pubblica di parte corrente(12); in connessione con gli aumenti di stipendi concessi al pubblico impiego.

Oltre che profonda, la depressione fu anche prolungata. Soltanto nel 1967 i posti di lavoro nell'industria manifatturiera ripresero il livello del 1963; quanto agli investimenti nell'industria, prima di ritornare al livello precedente alla crisi si dovette attendere addirittura il 1969; nel triangolo industriale, il livello degli investimenti del 1963 non è mai più stato ripristinato.

La lunghezza della crisi contrastava con le dichiarazioni ufficiali delle autorità, le quali fin dal 1965 cominciarono a dichiararsi favorevoli ad una ripresa. In quegli anni, ogni restrizione creditizia era stata ufficialmente soppressa, ma, nonostante gli indici assai elevati di liquidità, le aziende di credito non riuscivano ad espandere gli impieghi, quasi vi fosse una svogliatezza da parte degli imprenditori a rimettere in moto il meccanismo degli investimenti. In realtà, la politica di ripresa fu condotta in modo molto blando, e più che una autentica politica di ripresa consistette in una serie di provvedimenti specifici rivolti a sanare le situazioni più dolenti e ad attenuare i possibili attriti sociali. Sebbene sia difficile giungere a conclusioni precise, è certo che la condotta delle autorità sembrava volta più a prolungare che non a porre termine alla depressione. La via diretta che avrebbe potuto essere quella di un accrescimento degli investimenti nel settore delle partecipazioni statali, non venne mai imboccata; si seguirono invece vie indirette, tentando di stimolare la ripresa dell'attività economica mediante l'espansione della liquidità bancaria, o mediante incentivi di varia natura concessi alle piccole imprese, o a settori in particolare difficoltà, come il settore delle costruzioni, che l'arresto delle migrazioni urbane e la conseguente caduta della domanda di abitazioni avevano posto in serie difficoltà. Con il 1966 si aggiunse anche una misurata espansione della spesa pubblica.

In parte, le stesse autorità economiche riconoscevano che una autentica politica di ripresa non era stata mai avviata, e ne indicavano anche le giustificazioni. Il ragionamento ufficale era il seguente. Poiché la spesa pubblica era in aumento, se il sistema bancario oltre che finanziare il Tesoro dello stato avesse finanziato generosamente anche le imprese private, si sarebbe avuto un aumento esplosivo della domanda interna di prodotti; il che avrebbe provocato un aumento eccessivo delle importazioni dall'estero, e quindi un nuovo disavanzo nei conti con l'estero. Ancora una volta, si gettava la responsabilità dell'intera situazione sul disavanzo, effettivo o potenziale, della bilancia dei pagamenti. Ma questa volta, il ragionamento era ancora meno giustificato di prima; infatti, in quegli anni, la bilancia dei pagamenti presentava un passivo, che non era dovuto ad eccessive importazioni di merci, ma unicamente ad eccessive esportazioni di capitali finanziari. Quello che accadeva era che imprenditori e finanzieri italiani trovavano conveniente impiegare fondi per acquistare titoli esteri, in modo da sfuggire al fisco(13) ed eventualmente realizzare dei guadagni se, come si tornava a dire di tanto in tanto, la lira fosse stata svalutata.

Le ***esportazioni di capitali*** non erano una novità. Esse erano cominciate fin dal 1963, quando il primo governo di centro sinistra aveva istituito una nuova imposta (la così detta imposta cedolare) sui redditi dei titoli azionari, ed aveva proceduto alla nazionalizzazione dell'industria elettrica. Fin da allora, finanzieri e capitalisti avevano cominciato a vendere titoli sulle borse italiane, trasferendo i proventi all'estero, e ricomprando titoli stranieri (o magari anche titoli italiani, che però essendo acquistati all'estero sfuggivano all'applicazione dell'imposta). Il trasferimento all'estero avveniva per molte vie. Alcune di queste erano più avventurose e consistevano nel far passare clandestinamente attraverso la frontiera pacchi di biglietti di banca italiani, che poi venivano ripresentati alla Banca d'Italia e convertiti in valuta straniera; altre, quasi ufficiali, si basavano sulla collaborazione delle banche italiane e delle banche corrispondenti all'estero.

In queste condizioni, sostenere che la bilancia dei pagamenti era passiva e che tale passivo giustificava una politica di restrizione della produzione interna, era doppiamente in malafede(14). In primo luogo perché seguendo questa strada, si comprimeva la produzione interna e si creava disoccupazione soltanto per compensare le fughe di capitali; il che significava lasciare lavoratori disoccupati per consentire ai finanzieri di portare i loro capitali al riparo dal fisco. In secondo luogo perché le fughe di capitali avvenivano, come abbiamo detto, attraverso le banche; e la Banca d'Italia avrebbe fatto meglio ad esercitare più seriamente le proprie funzioni di controllo sull'intero sistema bancario, invece di lamentarsi, accusare gli speculatori, ma nella sostanza chiudere un occhio e lasciare che le fughe di banconote continuassero. Ma nessun provvedimento amministrativo di qualche efficacia contro le fughe di capitali venne preso, se non molto più tardi, nel 1970 e successivamente nel 1974.

Questo insieme di circostanze apre la strada al sospetto che la crisi, al di là di una pretesa concomitanza di circostanze successive, sia stata in qualche modo lasciata andare consapevolmente dalle autorità, con lo scopo, non solo di ridurre la combattività sindacale attraverso la disoccupazione, ma anche e soprattutto di consentire all'industria di effettuare una ristrutturazione tecnologica e finanziaria. Infatti, al di là della crisi e della caduta della produzione, in questi anni la vera risposta del capitale agli aumenti di salario fu una reazione di carattere tecnologico volta a realizzare cospicui aumenti di produttività. Cosicché, quando dopo un quinquennio di stasi, si giunse al 1969 che, come diremo, fu un altro anno di svolta, la struttura dell'industria italiana si presentò con una fisionomia considerevolmente modificata, specie nel settore dei grandi impianti.

## NOTE

1. Statuto dei lavoratori 劳动宪章
2. per ragioni di = per motivi di 由于……的缘故，因为，为了
3. al netto di ... 扣除……，除去……
4. il numero di ore perdute = il numero di ore perdute causate dagli scioperi 罢工损失的劳动工时
5. perdere terreno 丢失地盘
6. in termini relativi 相对而言
7. mettere in gioco = coinvolgere, rischiare 牵扯到，涉及

8. effetti moltiplicatori 乘数效应，增倍效应
9. in prevalenza = per la maggior parte 主要地，主流地，主导地
10. la base monetaria 基础货币，即流通中的通货与银行体系的储备之和，用 MB 表示，MB=C + R=通货+银行储备=流通中的通货+存款准备金。中央银行供应的货币是基础货币，它通过在公开市场上进行业务操作使基础货币数量发生变化，以调整货币供应量。
11. congiuntura elevata = periodo di boom (espansione) 繁荣阶段，发展阶段；反之则为 congiuntura bassa = fase di crisi (depressione) 危机阶段
12. la spesa pubblica di parte corrente 公共开支的经常项目
13. sfuggire al fisco 逃税
14. in malafede 不守信用，恶意；反之则是 in buonafede 诚实守信，善意

## VOCABOLARIO

| | | |
|---|---|---|
| diametralmente | *avv.* | in totale opposizione 截然相反 |
| impronta | *s.f.* | segno, traccia, immagine 痕迹，标记， |
| teso | *agg.* | molto tirato, vicino alla rottura 紧张的 |
| razionalizzatore | *agg.* | che rende ragionale 合理化的 |
| indiscusso | *agg.* | chiaro, sicuro, evidente, che non ha bisogno di discutere 没有争论的，无可争议的 |
| tangibile | *agg.* | percepibile al tatto, sicuro, sensibile 可触知的，感受得到的 |
| paradosso | *s.m.* | asserzione incredibile, in netto contrasto, idea stravagante 荒谬，自相矛盾，谬论 |
| declino | *s.m.* | decadenza, tramonto 没落，衰落，滑坡 |
| astuzia | *s.f.* | accortezza, furbizia, accorgimento 机敏，机灵，机警 |
| urtare | *v.tr.* | colpire, scontrarsi con 冲击，撞击 |
| attrito | *s.m.* | contrasto, dissidio, resistenza 摩擦，冲突 |
| sindacalizzazione | *s.f.* | adesione a un sindacato; organizzazione dei lavoratori in un sindacato 加入工会组织 |
| coagulare | *v.tr.* | raggrumare, raggruppare, unire 凝结，凝固；团结，聚集 |
| raggruppamento | *s.m.* | riunione, unione 集合，组合 |

| | | |
|---|---|---|
| triplo | *agg.* | triplice, che è tre volte 三重的，三倍的 |
| slittamento | *s.m.* | tardare, scivolare a data successiva, ribassare 拖延，拖欠 |
| dirompente | *agg.* | rompente, prorompente 粉碎的，分裂的 |
| capitolazione | *s.f.* | resa, cedimento, accordo con l'avversario 投降，妥协 |
| contrattacco | *s.m.* | azione di risposta a un attacco 反攻，反击 |
| compromettere | *v.tr.* | danneggiare, ledere, nuocere, pregiudicare 损害，伤害 |
| subitaneamente | *avv.* | improvvisamente, inattesamente; subito 意外地；立即，很快 |
| soffermarsi | *v.rifl.* | trattenersi su 细说，详细论述 |
| ventilare | *v.tr.* | sfogare, presentare, proporre 提交讨论，审查 |
| risanare | *v.tr.* | rimettere in sesto, guarire, ristrutturare 使恢复健康，使康复；整顿，整理 |
| castello | *s.m.* | impalcatura 体系，结构 |
| contrazione | *s.f.* | restringimento, calo, diminuzione, riduzione 压缩，缩小，减少 |
| esentare | *v.tr.* | esonerare, eccettuare, dispensare, sottrarsi 免除，解除 |
| innescare | *v.tr.* | accendere, iniziare 引发，导致；开始 |
| svogliatezza | *s.f.* | stato di indifferenza, perdita di voglia, non volere 不愿意，不乐意 |
| blando | *s.m.* | che agisce con delicatezza; dolce, delicato 温和的，缓和的，柔和的 |
| ragionamento | *s.m.* | argomentazione, dissertazione 推理，思维 |
| cedolare | *agg.* | relativo alla cedola 息票的，imposta cedolare 息票税 |
| preteso | *agg.* | cosidetto 所谓的 |
| stasi | *s.f.* | arresto, immobilità, ristagno 停滞，停顿 |
| fisionomia | *s.f.* | aspetto, volto, carattere, lineamenti 面貌，外观 |

## ESERCIZI

**1. Rispondere alle seguenti domande:**

1) Come si è cambiata la forza sindacale dal dopoguerra agli anni '60 e perché?

2) Quali erano i caratteri della situazione economica del decennio 1963-1973?

3) Quali erano i risultati delle lotte sindacali in questo periodo?

4) Quale era la reazione del padronato?

5) Quali erano i fattori che contribuivano all'inflazione italiana negli anni '60?

6) Perché il governo ha scelto la depressione come via d'uscita?

7) Quale era il processo della depressione di quel periodo?

8) Quali erano le influenze della depressione sugli operai?

9) Quali erano gli elementi compensativi a bilanciare la caduta degli investimenti?

10) Perché c'era sospetto che la crisi sia stata lasciata andare consapevolmente dalle autorità?

**2. Fare frasi con le seguenti espressioni:**

— per ragione di
— al netto di
— mettere in gioco
— dal momento che
— in favore di
— non... che
— sfuggire a
— in prevalenza
— a partire da

**3. Scrivere i sinonimi delle seguenti parole:**

| | |
|---|---|
| contrastare | divisione |
| slittamento | regolare |
| impronta | attenuare |
| offensiva | acquistare |
| paradosso | conquista |
| avvicendarsi | destinato |
| tangibile | astuzia |
| compromettere | affermare |
| inclinare | prevalenza |
| risanare | contrazione |
| precipitare | ripristinare |
| provento | sospetto |

fisionomia ribasso

**4. Scrivere i contrari delle seguenti parole:**

inflazione stasi

esplicito blando

esentare generoso

collettivo restrizione

indebolimento prolungare

**5. Completare i seguenti brani:**

1) Le conseguenze di queste ondate di lotte si videro con chiarezza nella ____________ del ____________ nazionale.
2) Un successivo sciopero del febbraio 1963, si concluse con la ____________ della Confindustria, che accettò anch'essa il principio della ____________ aziendale.
3) L'accrescimento della forza sindacale nel corso di questi anni è indubbio. Superata la fase di ____________ degli anni '50, le organizzazioni sindacali acquisiscono un vigore ed un peso politico assai ____________.
4) Diversi fattori contribuivano allo svilupparsi dell'inflazione. Anzitutto, gli stessi imprenditori, messi sotto pressione dall'aumento dei salari, cercavano di difendere i propri profitti mediante l'accrescimento di ____________.
5) In queste circostanze, avvenne quello che doveva necessariamente avvenire, e cioè che l'inflazione interna e l'aumento della domanda globale furono accompagnate da un ____________ della bilancia commerciale, che ruppe ____________ nei conti con l'estero raggiunto negli anni del miracolo.
6) Abbiamo detto che la depressione era stata innescata dalle autorità monetarie allo scopo di arrestare ____________ della produzione, bloccare ____________ dei salari e ripristinare un livello più alto dei ____________.
7) I settori esenti dalla depressione furono quelli ____________ e i più colpiti furono quelli ____________.

**6. Tradurre in cinese:**

1) Abbiamo detto che il periodo che siamo esaminando è attraversato da profondi conflitti sociali che si manifestano in una lotta sindacale più accesa culminata nelle

due grandi offensive del 1963 e del 1969.

2) Negli anni precedenti, i lavoratori dell'industria, pur ottenendo aumenti salariali regolari, avevano tuttavia perso terreno in termini relativi, dal momento che i profitti erano aumentati più dei salari.

**7. Tradurre in italiano:**

| | | | |
|---|---|---|---|
| 国家统计年报 | 失去底盘 | 消费品价格指数 | 劳动宪章 |
| 经常项目 | 批发价 | 自我投资 | 资本外逃 |
| 息票税 | 信用限制 | 物资刺激 | 倍增效应 |

# Unità 9

## Terza fase: la crisi del 1964-1969 e le lotte sindacali (2)

导言：

萧条时期进行的变革基本局限于工厂内部，1970 年后的结构调整逐渐形成了把生产分散到工厂外部的形式。技术上生产更趋合理化，劳动生产率更高。表现为：劳动节奏大大加快、频繁的加班加点和对个人的刺激奖励。大企业在减少了就业人口的情况下实现了发展生产。这样的合理化进程是具有筛选性的：能经得住新工作节奏的人留下了，而老弱妇孺被逐渐淘汰。财政上的合理化进程同样紧锣密鼓地进行着，出现了大量企业兼并组合现象。这样既实现了达到更高效益的组合，又使那些利用危机廉价收购小企业的大集团巩固了自己的地位。还出现了国家参与制企业：弄清这些变化有助于理解 1969 年爆发的冲突。

**4. La ristrutturazione in fabbrica**

Sul piano dell'organizzazione produttiva, le trasformazioni che il padronato realizzò nel corso della depressione restarono essenzialmente limitate al piano interno alla fabbrica; vedremo, infatti, che soltanto dopo il 1970 ebbe inizio la ristrutturazione esterna alla fabbrica sotto forma di decentramento produttivo. Tuttavia, pur nei limiti di un'operazione interna alle singole aziende, la riorganizzazione fra il 1964 ed il 1969 fu tutt'altro che(1) lieve, ed investì aspetti sia tecnologici che finanziari.

***Sul piano tecnologico***, la razionalizzazione produttiva fu considerevole, e quel che è più degno di nota è che essa consentì aumenti ragguardevoli di produttività anche senza grandi investimenti. La razionalizzazione consistette soprattutto in modificazioni organizzative, in forti aumenti dei ritmi di lavoro, nell'uso esteso del lavoro straordinario e degli incentivi individuali. Queste procedure consentirono di accrescere la produzione dei grandi impianti riducendo l'occupazione. Ovviamente, questo processo di razionalizzazione risultò anche estremamente selettivo: come apparve presto chiaro ai sindacati, i lavoratori che riuscivano a conservare il proprio lavoro erano quelli che meglio potevano resistere ai nuovi ritmi, e cioè i lavoratori "nel fiore dell'età"(2), mentre venivano gradualmente espulsi tutti gli altri, e cioè i più giovani, gli anziani, e le donne.

***Sul piano finanziario***, l'opera di razionalizzazione fu altrettanto intensa. In questi anni, fusioni e incorporazioni di imprese avvennero in grande numero, e attraverso di esse si realizzarono sia collegamenti volti a raggiungere una maggiore efficienza, sia acquisizioni di imprese minori da parte di complessi maggiori, che approfittavano dello stato di crisi per consolidare a buon mercato(3) la propria posizione. Sempre sul piano della struttura finanziaria, si avviò, negli stessi anni, ***l'espansione veloce dell'industria pubblica.*** Fin dal 1963, l'industria produttrice di energia elettrica era stata nazionalizzata ed al posto delle vecchie imprese a capitale privato (nel Nord) o semipubblico (nel Mezzogiorno) era sorto il nuovo Ente nazionale per l'energia elettrica, l'Enel. Questo provvedimento, realizzato attraverso contrasti non lievi, venne seguito dal passaggio sotto il controllo pubblico del settore telefonico. L'acquisizione da parte dell'industria a partecipazione statale di considerevoli quote di capitale della Olivetti e della Montedison(4), imprese queste che erano fino ad allora rimaste strettamente nelle mani del capitale privato, sanzionò questa graduale estensione del capitale pubblico alla quasi totalità della grande industria, estensione che era destinata a proseguire negli anni seguenti.

Questo insieme di modificazioni va tenuto presente(5) per comprendere l'esplosione di conflittualità che si verificò al termine del periodo di depressione, nel 1969. Discuteremo allora le spiegazioni che sono state avanzate per renderne ragione. Ma è bene ricordare fin da ora che i conflitti violenti del 1969 si svilupparono al termine di un quinquennio nel corso del quale i ritmi di lavoro in fabbrica erano stati accresciuti con ogni mezzo, il reclutamento degli occupati era divenuto sempre più rigorosamente selettivo, la situazione del Mezzogiorno si era aggravata sia per la caduta degli investimenti industriali, sia per il progressivo inaridirsi degli sbocchi migratori. Tutti questi elementi rendevano sempre più chiaro alla classe lavoratrice non solo che le conquiste degli anni 1960-1963 erano ormai state erose; ma anche, più in generale, che le avanzate meramente salariali erano destinate a risultare fragili, e che l'oggetto delle lotte andava spostato verso obiettivi più concreti, che mirassero al controllo delle condizioni di lavoro in fabbrica e al controllo dei processi di investimento.

### 5. Il Mezzogiorno nelle trasformazioni del 1964-1968

Abbiamo già ricordato come, con il 1958, negli anni della grande espansione, la politica meridionalista avesse compiuto una svolta decisa verso l'industrializzazione, ed in particolare verso un'industrializzazione concentrata in un numero limitato di aree costiere, mentre, nella parte maggiore delle zone interne, ci si limitava ad attendere che l'esodo spontaneo della popolazione eliminasse addirittura l'esistenza del problema. Questa linea di intervento suddivideva idealmente il Mezzogiorno in due zone, l'una (fatta di poche aree costiere) destinata a diventare sede di insediamenti agricoli e industriali ricchi e moderni, l'altra (costituita dalla parte maggiore del territorio) lasciata ad un progressivo abbandono. Negli anni successivi al 1963, queste linee vennero gradualmente a perdere il loro presupposto di fatto, che era la presenza di un flusso migratorio elevatissimo; infatti, come abbiamo accennato, l'entità delle emigrazioni cominciò a declinare. Tuttavia l'intervento proseguì lungo le medesime direttrici, le quali furono anzi rafforzate da una concomitanza di circostanze connesse alla politica agraria nazionale, alla politica comunitaria, all'operare della crisi e delle conseguenti trasformazioni industriali nelle regioni del Nord.

Con il primo Piano verde, approvato nel 1960, la politica agraria nazionale aveva abbandonato l'obiettivo di accrescere l'occupazione agricola, e si orientava decisamente verso una linea di efficienza e di aumento della produttività. In questo quadro, veniva favorita la meccanizzazione dei processi produttivi, nell'intento sia di accrescere l'efficienza delle aziende agricole, sia di creare uno sbocco protetto alle produzioni dell'industria chimica e meccanica (trattori ed altre macchine agricole da un lato, fertilizzanti dall'altro furono i grandi sbocchi che l'industria italiana si procurò in tal modo presso il settore agricolo). È chiaro d'altro canto che questo indirizzo della politica agraria nazionale non faceva che accelerare l'esodo agricolo, soprattutto dalle zone interne del Mezzogiorno, dove le possibilità di meccanizzazione e di riconversione erano assai più problematiche. La politica agraria comunitaria agiva di fatto nella medesima direzione. La Comunità europea aveva optato per una linea che mirava ad effettuare il sostegno dei redditi agricoli ***attraverso il sostegno dei prezzi***. Questa politica, a parte i suoi discussi caratteri di inefficienza, risultava largamente selettiva e carica di favoritismi. Infatti, mentre interventi basati sulla trasformazione delle strutture avrebbero potuto creare aziende efficienti diffuse in tutto il territorio, il sostegno dei prezzi agiva in misura diseguale: cereali, prodotti lattiero-caseari, ed altre produzioni tipiche dell'agricoltura padana, inglese e francese, ottennero il livello di protezione più elevato, mentre i prodotti tipici del Mezzogiorno, vite, olivo, agrumi, ottennero gradi di protezione assai scarsi. Anche questo, riducendo ulteriormente il reddito agricolo del Mezzogiorno, non poteva che accentuare il flusso di esodo. Nel 1968, l'indirizzo efficientista e favorevole alla formazione di grandi aziende agricole a conduzione capitalistica, indirizzo che era sempre stato seguito dalla Comunità europea, ricevette la sua consacrazione ufficiale nel famoso Memorandum Mansholt, documento che, nel tracciare le linee della politica agraria comunitaria, prevedeva per l'agricoltura europea un avvenire di progressiva concentrazione, meccanizzazione, produttività crescente, mentre alle aziende contadine si riservava soltanto un intervento assistenziale che, attraverso forme di pensionamento per i lavoratori rimasti sulla terra, le avviasse alla scomparsa totale.

Se la politica agraria, nazionale e comunitaria, giocava a danno della parte più estesa del Mezzogiorno contadino, anche gli eventi successivi alla crisi del 1963 inasprivano la situazione, introducendo un conflitto di interessi regionali fra Nord e Sud. I fenomeni di congestione, che si andavano manifestando nelle regioni industrializzate del Nord, rendevano urgente l'esecuzione di opere infrastrutturali destinate ad attrarre nell'orbita del triangolo industriale province dapprima estranee al più intenso sviluppo della grande industria. Sorgeva così anche nel Nord un fabbisogno di investimenti in capitale fisso sociale, elemento questo che per la prima volta portava le regioni settentrionali in conflitto con quelle meridionali anche su terreno delle opere pubbliche. Da un lato, le zone di nuova industrializzazione del Nord assorbivano opere pubbliche in misura crescente; dall'altro, questo produceva un rallentamento nella spesa che le amministrazioni ordinarie eseguivano nel Mezzogiorno, rallentamento che trovava una apparente giustificazione nel fatto che le esigenze del Mezzogiorno potevano considerarsi adeguatamente coperte dalle provvidenze straordinarie. In questi anni, cominciarono infatti a farsi sentire lamentele sul fatto che l'intervento straordinario nel Mezzogiorno, originariamente concepito come intervento ***aggiuntivo***, si stava avviando di fatto a diventare intervento ***sostitutivo*** della spesa pubblica ordinaria.

Nel 1965, quasi a conciliazione di queste esigenze opposte, vennero approvati due provvedimenti di legge. Il primo fu la legge 717, del 26.6.1965, che, nel prorogare la scadenza della Cassa per il Mezzogiorno, rimaneggiò ampiamente la legislazione sugli incentivi. L'altro fu la legge 22.7.1966, che istituì una serie di provvidenze parallele per le cosiddette ***aree depresse del Centro-Nord*** (Dato l'affastellarsi delle disposizioni di legge per il Mezzogiorno, parve opportuno raccogliere la normativa in un testo organico. La legge 717 incaricò il governo di eseguire questa opera di raccolta e di coordinamento, che condusse alla pubblicazione del Decreto presidenziale(6) 30.6.1967, Testo unico delle leggi sul Mezzogiorno. Un secondo Testo unico fu pubblicato, come diremo in seguito, nel 1978). La legge 717, per porre rimedio al rallentamento della spesa pubblica ordinaria, stabilì che le amministrazioni ordinarie dello stato dovessero collocare nel Mezzogiorno almeno il 40% dei lavori pubblici eseguiti.

Un secondo elemento di conflitto era insito nello sviluppo delle attività direttamente produttive. Con la crisi del 1964, l'industria del Nord aveva subito una riduzione sensibile di domanda, e, nella ricerca di mercati sostitutivi, si andava orientando non solo verso i mercati esteri, ma anche, verso i mercati nazionali che fino a quel momento erano stati sfruttati di meno. Cominciava così negli anni fra il 1964 ed il 1966, l'espansione commerciale dell'industria settentrionale verso i mercati delle regioni meridionali. La conseguenza di tale espansione non poteva essere che una crisi progressiva dei settori più deboli dell'industria del Sud, e particolarmente dei settori costituiti da imprese di piccole dimensioni, cresciute sotto la protezione degli incentivi e sotto la tutela ben più valida di un mercato fino a quel momento sostanzialmente chiuso alle importazioni da altre regioni. Gradualmente si facevano strada nei mercati del Mezzogiorno non soltanto le imprese maggiori del Centro-Nord ma anche numerose imprese di medie e piccole dimensioni. Accadde così in quegli anni, e ancor più negli anni successivi, che il settore tradizionale del Mezzogiorno venne a risentire le conseguenze negative della concorrenza mossa da piccole e medie imprese di altre regioni. Non pochi autori, notando questo fatto, ne trassero la conclusione che la carenza dell'industria meridionale non fosse una carenza di dimensioni o di tecnologie, ma di iniziativa imprenditoriale.

Tutti i fattori attivi in questi anni producevano dunque per il Mezzogiorno un problema di disoccupazione urbana crescente: la crisi dell'agricoltura contadina, gli effetti della politica agraria comunitaria, il declino dell'industria tradizionale. L'interpretazione ufficiale di questi eventi fu, come abbiamo detto, quella già avanzata negli anni precedenti: e cioè che le emigrazioni avrebbero assorbito lavoratori del Sud in misura sufficiente a compensare l'esodo agricolo, e che di conseguenza si potesse fare fronte alla disoccupazione urbana attraverso un numero limitato di grandi investimenti industriali, collocati nelle aree individuate come le più promettenti. Mentre i settori tradizionali si avviavano al declino, si preparava così il terreno per l'ingresso sempre più massiccio dei grandi impianti.

Come abbiamo ricordato, nelle sue fasi iniziali, la politica industriale per il Mezzogiorno era stata ispirata, a somiglianza di quanto veniva fatto nel settore agricolo, all'obiettivo della occupazione. Gli incentivi finanziari erano stati riservati alle imprese di minore dimensione, con l'intento specifico di facilitare la formazione di una rete di imprese medie e piccole, che contribuissero, mediante l'impiego di tecnologie meno elaborate, ad accrescere l'occupazione industriale. In linea di principio, tutte le iniziative maggiori (quelle che superavano i sei miliardi di investimento iniziale) dovevano invece restare escluse da ogni sussidio finanziario. Viceversa, nel periodo che stiamo esaminando, attraverso un processo di revisione graduale, utilizzando i poteri discrezionali del Comitato dei Ministri per il Mezzogiorno e non di rado ricorrendo ad autentiche astuzie (ad esempio, fingendo di frazionare gli investimenti, e facendo figurare singole parti dell'impianto come iniziative autonome prese da imprese diverse), gli incentivi più estesi vennero gradualmente applicati anche ai grandi investimenti.

Due forze distinte premevano in questa direzione. Da un lato lo sviluppo industriale delle regioni settentrionali rendeva meno pressante il problema della piena occupazione nelle regioni meridionali e al tempo stesso faceva apparire fruttuoso il liberare manodopera per le regioni del Nord. D'altro canto, appariva sempre più chiaro che la limitazione imposta agli incentivi, a favore delle imprese minori, avrebbe reso impossibile la costruzione nel Sud di un settore industriale ampio e moderno; private degli incentivi, le imprese maggiori non avrebbero mai realizzato investimenti consistenti nel Mezzogiorno. Fu così che, per ottenere alcuni investimenti industriali su vasta scala(7), fu necessario accordare alle imprese maggiori gli stessi incentivi (e forse anche facilitazioni maggiori) concessi alle minori. La prassi iniziò con la concessione di sussidi finanziari in via eccezionale(8) e in deroga alle norme vigenti(9); proseguì con l'instaurazione della così detta ***contrattazione programmatica*** (nel cui ambito si riteneva di poter compensare concessioni fatte alla grande impresa, contro vincoli e limiti imposti nell'interesse pubblico alle scelte degli operatori privati); e sboccò finalmente nel pieno riconoscimento legislativo, attuato con legge dell'ottobre 1971, che ricorderemo in seguito. Si predisponevano così gli elementi per la seconda ondata di investimenti industriali che, come diremo, ebbe luogo nel quinquennio fra il 1968 e il 1973.

### 6. La programmazione economica

Il tema della programmazione economica è strettamente legato al problema delle riforme. Si può infatti dire correttamente che, negli ultimi dieci anni, i più convinti assertori della programmazione siano stati coloro che hanno richiamato l'attenzione sulle distorsioni dello sviluppo economico del paese, e che lo stesso contenuto della programmazione abbia dato spazio sempre più largo alle riforme di struttura.

Tuttavia il problema della programmazione economica risale più indietro nel tempo ed è stato dibattuto da lunghi anni in circostanze diverse. I primi tentativi di pianificare lo sviluppo dell'economia risalgono all'immediato dopoguerra, allorché sembrava necessario coalizzare tutte le forze e mobilitare le risorse produttive disponibili per accelerare la ripresa economica del paese. Si trattava allora di programmi per l'utilizzazione degli aiuti esteri e al tempo stesso di proiezioni dello sviluppo produttivo elaborate al fine di stimare i fabbisogni e precisare la fruttuosità degli aiuti offerti da altri paesi.

Il documento che inizia la storia della programmazione così come viene attualmente intesa, è il cosiddetto Piano Vanoni, dal nome del Ministro Vanoni che ne curò l'elaborazione e la presentazione, denominato ufficialmente *Schema di sviluppo dell'occupazione e del reddito in Italia nel decennio 1955-1964*. Il Piano Vanoni nasceva allorché l'Italia muoveva i primi passi sulla via dello sviluppo postbellico, e risentiva ancora largamente del clima e degli orientamenti del periodo della ricostruzione. Il piano Vanoni individuava tre problemi fondamentali nell'economia del paese, problemi che non si discostavano molto da quelli che erano apparsi preminenti al termine del conflitto. Tali problemi erano: disoccupazione, disavanzo nella bilancia dei pagamenti, squilibrio fra Nord e Sud. Coerentemente con questa diagnosi, il Piano Vanoni si prefiggeva tre obiettivi da realizzare nel corso del decennio:

a) creare quattro milioni di nuovi posti di lavoro (di questi, due milioni dovevano servire ad assorbire la disoccupazione, e i rimanenti avrebbero dovuto servire a collocare i nuovi lavoratori apparsi nel frattempo sul mercato del lavoro, nonché i sottoccupati del settore agricolo);

b) portare al pareggio la bilancia dei pagamenti;

c) eliminare il divario di reddito fra regioni del nord e regioni del Mezzogiorno.

Per conseguire questi obiettivi, gli estensori del Piano ritenevano necessario realizzare un tasso di sviluppo del reddito reale pari al 5% annuo. La struttura tecnica dei calcoli contenuti nel Piano era piuttosto semplice. Il Piano supponeva che il rapporto capitale-prodotto assumesse in media il valore di 3,4; e che il rapporto capitale-lavoro fosse in media pari a 1,5 milioni di lire di allora (con vaste oscillazioni settoriali, da 10 milioni per lavoratore nei settori più pesanti, a 1 milione per lavoratore nei settori più leggeri). Si supponeva inoltre che, grazie a progressi tecnici e organizzativi, fosse possibile contare su un aumento medio della produttività del lavoro pari al 3% annuo. Tenendo conto di questi elementi, si giungeva a calcolare che il tasso di risparmio necessario a realizzare lo sviluppo del reddito in ragione del 5% annuo(10) era pari al 18%.

Il Piano Vanoni, pur avendo riscosso vasta attenzione in sede internazionale, non fu seguito da concrete procedure atte ad assicurarne la realizzazione. Gli eventi degli anni successivi dovevano vedere in parte realizzati gli obiettivi del Piano: ad esempio, il pareggio della bilancia dei pagamenti venne realizzato fin dal 1958, e l'incremento dell'occupazione divenne assai veloce fra il 1959 ed il 1960. Invece, per quanto concerne(11) il sottosviluppo del Mezzogiorno, l'obiettivo del pareggio con le regioni del Nord non doveva essere conseguito non solo nell'ambito del decennio contemplato dal Piano, ma nemmeno in un arco di tempo molto più lungo.

A distanza di alcuni anni(12), nell'agosto del 1962, divenuto Ministro del Bilancio la Malfa, vennero costituite tre commissioni di studio nel settore economico: la Commissione di indagine sul potere di monopolio, la Commissione di studio per la riforma tributaria e la Commissione Nazionale per la Programmazione Economica.

Quest'ultima venne guidata dal vicepresidente Saraceno.

Il nuovo Ministro del Bilancio diede un contributo decisivo al rinnovamento della programmazione economica, non solo e non tanto nelle forme, quanto nei contenuti. Per la prima volta la discussione sugli squilibri e le distorsioni dell'economia italiana venne accolta nei documenti ufficiali di governo, e l'eliminazione degli aspetti negativi della struttura del paese venne accolta fra gli obiettivi dell'azione pubblica.

Il primo contributo fu rappresentato da una ***Nota aggiuntiva***, allegata alla ***Relazione generale sulla situazione economica del paese,*** presentata nella primavera del 1963. In tale nota, per la prima volta venivano messi a fuoco(13) i problemi principali del paese, problemi che venivano individuati in tre squilibri fondamentali: l'uno di natura settoriale (fra agricoltura e industria), il secondo di natura territoriale (fra Nord e Sud), il terzo inerente alla struttura della produzione (distorsione nella struttura dei consumi e specialmente fra consumi pubblici e privati, nonché all'interno dei consumi privati). Con questo documento, l'azione per la programmazione e l'azione per le riforme venivano ad essere strettamente connesse.

La Commissione Saraceno cominciò a muoversi lungo queste linee. Anche tale Commissione era costituita sia da esperti che da rappresentanti delle categorie economiche. Ben presto risultò che tra esponenti di diverse tendenze era assai difficile realizzare un accordo sufficientemente esteso per conferire ai lavori della Commissione un contenuto soddisfacente. L'intero anno 1963 venne dedicato a studi e discussioni. Nel frattempo, con l'ingresso al governo del Partito Socialista, era divenuto Ministro del bilancio il Giolitti. Alcuni commissari, nell'impossibilità di raggiungere formulazioni concordi, ritennero più utile dissociare il proprio lavoro da quello della Commissione e pubblicare parte delle proprie conclusioni come lavoro personale; dai lavori della Commissione nacque così il volume di Fuà e Sylos Labini. Nel gennaio del 1964, il vicepresidente Saraceno presentò un rapporto provvisorio, redatto da lui e sottoposto all'intera Commissione. Tale rapporto, modificato per tenere conto delle osservazioni presentate dalla Commissione, venne fatto proprio dal Ministro Giolitti che lo presentò nel giugno del 1964. Subito dopo, Giolitti lasciò il Ministero del bilancio, e gli succedette Pieraccini.

Con il documento Giolitti, la programmazione usciva dall'ambito della semplice proiezione di grandezze future, per entrare nel vivo della problematica dell'economia italiana. Il documento prendeva spunto dalla *Nota aggiuntiva* per riprendere i temi degli squilibri (arretratezza dell'agricoltura, divario Nord-Sud, distorsione dei consumi) e per individuare una possibile redistribuzione degli investimenti tale da ovviare a tali inconvenienti.

Nel gennaio del 1965, il documento venne ripresentato in un nuovo testo, che subì nel corso dell'anno ulteriori modificazioni. Solo nel settembre del 1966 il documento venne presentato al Parlamento, che lo approvò nel luglio del 1967 come ***Programma di sviluppo economico per il quinquennio 1967-1971***.

Il Programma approvato dal Parlamento si discostava ormai largamente dai documenti iniziali dai quali aveva tratto origine. Da un lato, l'ambito degli obiettivi era stato ampliato; non ci si limitava più a richiamare l'attenzione sulle distorsioni inizialmente segnalate dalla ***Nota aggiuntiva***, ma si sviluppava l'esigenza di fare posto a più ampi interventi nel campo degli investimenti sociali, e si richiamava l'attenzione in particolare sull'istruzione pubblica, sull'assistenza sanitaria, sull'assetto territoriale. D'altro canto, i calcoli dei fabbisogni erano basati su un modello quantitativo assai più raffinato e disaggregato di quel che non avessero fatto le Commissioni precedenti. Il Programma appariva indebolito invece nel settore degli strumenti, dal momento che nessuna azione concreta veniva indicata come programma di intervento per la realizzazione degli obiettivi. La stessa legge che approvava il Programma si limitava a dichiarare che il governo era autorizzato a prendere i provvedimenti necessari alla realizzazione degli obiettivi enunciati nel Programma.

Anche il così detto Piano Pieraccini non ebbe un seguito preciso di interventi. Gli studi ad opera del ministero del Bilancio continuarono e l'antica Commissione Nazionale della Programmazione venne sostituita da un più ristretto Comitato Tecnico Scientifico per la Programmazione economica, costituito da soli esperti. Proseguirono al tempo stesso gli studi sulla politica economica di breve periodo, argomento questo che, dopo la depressione del 1964 - 1965, si era rilevato di grande importanza per l'economia nazionale. Nel gennaio del 1969, l'Istituto Nazionale per lo Studio della Congiuntura(14) presentava un rapporto redatto da un gruppo di studiosi, nel quale venivano esaminati gli strumenti disponobili per il controllo dell'economia nel periodo breve.

Nell'aprile del 1969, il Ministero del Bilancio presentò un nuovo documento che conteneva proiezioni e indicazioni sulla evoluzione dell'economia italiana fino al 1980, e venne perciò denominato ***Progetto 80***. Il ***Progetto 80*** insisteva ancor più chiaramente sulla necessità di sviluppare gli investimenti sociali, e, avvalendosi del Rapporto sulla programmazione di breve periodo predisposto dall'Isco, sottolineava l'esigenza di non creare un conflitto fra interventi di breve periodo, volti al controllo della stabilità monetaria e all'equilibrio della bilancia dei pagamenti, e gli obiettivi di periodo lungo aventi di mira soprattutto gli investimenti e l'aumento del reddito nazionale.

Nell'agosto del 1970, il Ministero del Bilancio toccò nuovamente a Giolitti. I mesi successivi furono dedicati alla predisposizione di un nuovo documento che doveva rappresentare la base per il secondo ***Programma di sviluppo economico nazionale***. Venne allora allestito un documento preliminare, detto ***Documento programmatico preliminare***, destinato a fornire elementi per l'impostazione del ***Programma economico 1971-1975***. Questo documento presentava talune innovazioni di impostazione rispetto ai documenti precedenti. In primo luogo, il documento tentava un ulteriore sforzo per generalizzare l'ambito della programmazione nazionale, riportando alla competenza del Comitato Interministeriale per la programmazione economica(15) anche la politica di intervento nel Mezzogiorno. In questo intento, nel 1971, come si è detto a suo tempo, venne soppresso il Comitato dei Ministri per il Mezzogiorno(16) che in passato era l'organo incaricato di coordinare l'intervento straordinario nelle regioni meridionali.

In secondo luogo, il documento riconosceva per la prima volta apertamente che il paese si trovava in una situazione profondamente mutata rispetto a dieci anni prima, quando la programmazione aveva preso il suo avvio. Allora il meccanismo di sviluppo era ancora in moto e si trattava in sostanza di correggerne alcuni aspetti negativi; adesso ci si trovava invece di fronte ad un'economia che, avendo perso il suo impulso autonomo, doveva ritrovare la via dello sviluppo. In un'economia siffatta, la programmazione doveva porsi non più obiettivi di correzione ma obiettivi di propulsione del sistema produttivo. Il nuovo compito della programmazione era quello di indicare la via di uscita dalla depressione e dal ristagno.

Questo problema venne sottolineato nel ***Piano annuale 1972***, presentato nel febbraio del 1972 e nel successivo ***Piano annuale 1973***. Questi documenti chiudono la stagione della programmazione economica. Dopo di allora, il Ministero della Programmazione non fu più affidato ad esponenti del Partito socialista, che era il partito che più aveva contribuito a diffondere l'idea della programmazione. Dai documenti concernenti la programmazione dell'intera economia nazionale si passò a piani di settore, e gradulmente l'attività di programmazione riconfluì nella tradizionale politica economica svolta per singoli problemi. Soltanto nel 1979 venne nuovamente elaborato uno schema di ***Programma triennale***, il cosiddetto Piano Pandolfi; ma, come diremo, si trattò di un documento nato in un contesto economico e politico profondamente mutato e avente contenuto tutto diverso dai precedenti.

## NOTE

1. tutt'altro che = all'opposto 完全相反；È tutt'altro che buono.（他，它）根本就不好，一点都不好。
2. nel fiore dell'età = nell'epoca della fioritura = nel pieno rigoglio 正在风华正茂时，年轻力壮时
3. a buon mercato = economico = di buon prezzo 便宜
4. Olivetti 好利获得公司； Montedison 蒙特爱迪生集团
5. va tenuto presente = deve essere tenuto presente = tenere presente = prendere in considerazione = tener conto 意识到，考虑到
6. Decreto presidenziale = Decreto del presidente della Repubblica = D.P.R. 共和国总统令。意大利的法律法令还有：D.L.= Decreto legge 法令，D.Legs.-D.Lg. = Decreto Legislativo 立法法令；T.U. = Testo Unico 法律文件汇编，L.Cost. = legge costituzionale 宪法法律 L.Reg. = Legge regionale 地区法律，Cost. = Costituzione 宪法
7. su vasta scala 大规模的，相反词义的表达是 su scala ridotta = su piccola scala 小规模的，小范围的；转义的 economia di scala 规模经济
8. in via eccezionale = eccezionalmente 以例外的方式
9. in deroga alle norme vigenti 违反现行规则；in deroga = a deroga = faccendo eccezione rispetto a una regola stabilita 破例，违规
10. in ragione del 5% annuo 以每年 5%的比例；in ragione di = in proporzione di … 按……比例
11. per quanto concerne = per quanto riguarda = quanto a 关于
12. a distanza di alcuni anni 事隔几年，间隔几年；a distanza di 100km. 距离 100 公里
13. mettere a fuoco = precisare bene i termini di una questione per facilitare l'esame

聚焦，对准，切中

14. Istituto Nazionale per lo Studio della Congiuntura = ISCO, Isco 国家经济形势研究所
15. Comitato Interministeriale per la Programmazione Economica = CIPE 经济计划部际委员会
16. Comitato dei Ministeri per il Mezzogiorno 南方工作委员会

## VOCABOLARIO

| | | |
|---|---|---|
| ragguardevole | *agg.* | considerevole, notevole, cospicuo 可观的，突出的 |
| selettivo | *agg.* | capace di o tende a selezionare 筛选的，选拔的 |
| incorporazione | *s.f.* | formazione di una massa sola attraverso la mescolanza di diversi elementi 兼并，吞并 |
| reclutamento | *s.m.* | arrolamento 招募，招收 |
| inaridirsi | *v.rifl.* | appassire, avvizzire, prosciugarsi 干枯，枯竭，贫乏 |
| erodere | *v.tr.* | corrodere, disfare, disgregare, smangiare 腐蚀，侵蚀 |
| entità | *s.f.* | importanza, consistenza 规模 |
| concomitanza | *s.f.* | combinazione, coincidenza, contemporaneità, sincronismo 同时，同期 |
| fertilizzante | *s.m.* | concime 肥料，化肥 |
| riconversione | *s.f.* | riorganizzazione della produzione per una radicale trasformazione 转产 |
| problematico | *agg.* | discutibile, confutabile 成问题的 |
| optare | *v.tr.* | decidere, scegliere 选择，挑选 |
| inefficienza | *s.f.* | mancanza di efficienza 缺乏效益 |
| favoritismo | *s.m.* | particolarismo, parzialità 偏心，偏爱，偏袒 |
| lattiero | *agg.* | che concerne la produzione, lavorazione e il commercio del latte 牛奶的 |
| caseario | *agg.* | relativo alla produzione di formaggi e dei latticini 生产奶制品的 |
| agrume | *s.m.* | alberi o frutti di arancia, limone, mandarino e sim. 酸果，柑橘属 |

| | | |
|---|---|---|
| consacrazione | *s.f.* | riconoscimento, confermazione 承认，使合法化 |
| pensionamento | *s.m.* | entrare in pensione 退休 |
| inasprire | *v.tr.* | aggravare, intensificare, esasperare 加剧，加重 |
| congestione | *s.f.* | ingorgo, intasamento 拥堵 |
| orbita | *s.f.* | ambito, sfera 范围 |
| provvidenza | *s.f.* | misura, provvedimenti 供应；天命，运气 |
| rimaneggiare | *v.tr.* | rielaborare, rifare, ricomporre 重新整理，修改，调整 |
| affastellarsi | *v.rifl.* | ammucchiarsi, affollarsi, assieparsi 堆积，堆放，云集 |
| insito | *agg.* | intimamente radicato 天生的，先天的，固有的 |
| promettente | *agg.* | che fa sperare buoni esiti futuri 有希望的，有前途的 |
| discrezionale | *agg.* | relativo al diritto di operare secondo la propria coscienza 自决权的 |
| pressante | *agg.* | stringente, imperioso, impellente, urgente 急迫的，紧急的 |
| contrattazione | *s.f.* | compravendita, negoziazione, trattativa, negoziato 洽谈，买卖 |
| sboccare | *v.tr.* | andare a finire 导致，最终成为 |
| predisporre | *v.tr.* | apprestare, preparare, prestabilire 安排，布置，准备 |
| assertore | *s.m.* | sostenitore, difensore, paladino, propugnatore 支持者，捍卫者，主张者，维护者 |
| dibattere | *v.tr.* | discutere, esaminare a fondo, trattare 讨论，辩论，争论 |
| mobilitare | *v.tr.* | impegnare a fondo, sensibilizzare 动员 |
| proiezione | *s.f.* | previsione 预测，前瞻 |
| schema | *s.m.* | traccia, abbozzo 纲要，框架 |
| allorché | *cong.* | quando, non appena, allorquando 当……时，正值，恰逢 |
| discostarsi | *v.rifl.* | allontanarsi, distaccarsi; discordare, dissentire, divergere 远离；不同意，有分歧 |
| preminente | *agg.* | predominante, superiore, prevalente, più importante 显要的，主导的 |
| prefiggere | *v.tr.* | decidere, predisporre, stabilire, proporsi 确定 |
| estensore | *s.m.* | compilatore, redattore 编者，制作人 |
| riscuotere | *v.tr.* | risvegliare, scuotere 唤起，引起 |
| dissociare | *v.tr.* | separare, disassociare, disgiungere, scindere 分解，退出，分开 |

| | | |
|---|---|---|
| redatto | *agg.* | compilato 编辑的 |
| spunto | *s.m.* | ispirazione 启发，启示 |
| ovviare | *v.tr.* | evitare, ostacolare, impedire, rimediare 避免，阻止，补救，排除 |
| assetto | *s.m.* | sistemazione, disposizione 整顿，整理，安排 |
| disaggregato | *agg.* | separato 分开的，脱离的 |
| enunciato | *agg.* | espresso, dichiarato 阐述的，阐明的 |
| avvalersi | *v.rifl.* | approfittare, giovarsi, servirsi, valersi 利用 |
| allestire | *v.tr.* | apprestare, approntare, preparare, costituire, mettere insieme 准备 |
| preliminare | *agg.* | preparatorio, iniziale, introduttivo 初步的，预备性的 |
| siffatto | *agg.* | cosiffatto, simile, tale 如此的 |
| esponente | *s.m./f.* | rappresentante 要员，成员，代表人物 |
| riconfluire | *v.intr.* | confluire di nuovo, riunificarsi, convergere 归于，汇集 |

## ESERCICI

**1. Rispondere alle domande**

1) Sul piano tecnologico come è andata la razionalizzazione produttiva?
2) Quali erano i cambiamenti della linea dello sviluppo nel Mezzogiorno dal 1963?
3) Quale era l'influenza della politica agraria della Comunità Europea sull'agricoltura italiana?
4) Quali erano i conflitti degli interessi fra il Nord ed il Sud?
5) Quali erano i tre obiettivi del Piano Vanoni?
6) Quali erano contributi principali di La Malfa dopo di essere il ministro del Bilancio?
7) Quali innovazioni presentava il Documento economico 1971-1975?

**2. Scrivere i sinonimi delle seguenti parole**

| | |
|---|---|
| selettivo | ragguardevole |
| lieve | fusione |
| reclutamento | fragile |
| entità | accrescere |
| optare | fruttuoso |

orbita
curare
orientare
giungere
siffatto
ovviare
consacrazione
preminente
pareggio
allestire
proseguire
intendere

**3. Scrivere i contrari delle seguenti parole**

frazionare
fruttuoso
carenza
parallelo
incaricare
nazionalizzare
assertore
divario
risparmio
disaggregato
somiglianza
accentuare
accordare
conciliazione
insito
sanzionare
discordare
dissociare
provvisorio
generalizzare

**4. Fare frasi usando le seguenti espressioni**

— resistere a
— al posto di
— tenere presente
— mirare a
— tutt'altro che
— farsi strada
— in deroga a
— sempre più
— allorché
— in ragione di
— tale da
— essere in moto

**5. Tradurre i seguenti brani in cinese:**

1) Il documento che inizia la storia della programmazione così come viene attualmente intesa, è il cosiddetto Piano Vanoni, dal nome del Ministro Vanoni che ne curò l'elaborazione e la presentazione, denominato ufficialmente Schema di sviluppo dell'occupazione e del reddito in Italia nel decennio 1955-1964.

2) Il piano supponeva che il rapporto capitale-prodotto assumesse in media il valore di 3,4; e che il rapporto capitale-lavoro fosse in media pari a 1,5 milioni di lire di allora.

3) In questo intento, nel 1971, come si è detto a suo tempo, venne soppresso il Comitato dei Ministri per il Mezzogiorno che in passato era l'organo incaricato di coordinare l'intervento straordinario nelle regioni meridionali.

**6. Riempire i seguenti moduli:**

**Programmi economici italiani**

| Anni | Programma (nome dell'autore) |
|---|---|
| 1955-1964 | |
| 1967-1971 | |
| 1971-1975 | |
| 1979-1981 | |

**Piano Vanoni per il decennio 1955–1964**

| problemi | obiettivi da realizzare | risultato |
|---|---|---|
| disoccupazione | | |
| disavanzo della bilancia dei pagamenti | | |
| squilibrio fra il Nord e il Sud | | |

# Unità 10

## Quarta fase: la seconda ristrutturazione, dall'autunno caldo alla svalutazione (1)

导言：

第二次调整阶段中的 1969—1973 年期间，无论是国际还是国内都事发频繁。1969 年，中止了美元的可兑换性；1971 年美元贬值，确立了新的中心平价汇率体系；1972 年国际原材料价格激增达到了顶峰；1973 年固定汇率体制在实际上已被放弃，同年秋天原油价格突然上涨，造成工业化国家国际收支的严重困难。在意大利，同样具有戏剧性的经济和政治情况也接连发生。1969 年是以热秋的激烈工会斗争为特点的。工会斗争达到了高潮，为了削弱工人斗争性，资方不再采取通货紧缩和制造失业的手段，而是改变生产结构组织，以分散生产结构组织来削弱工人阶级的力量。

**Dall'autunno caldo alla svalutazione (1969-1973)**

Il periodo che va dal 1969 al 1973 è particolarmente denso di eventi sia sul piano internazionale che su quello interno. Sul piano internazionale, si prepara in questi anni la tempesta valutaria che culminerà nel 1973, anno in cui viene abbandonato definitivamente il sistema dei pagamenti internazionali fondato nel 1944 a Bretton Woods. Le tappe di questa evoluzione verranno richiamate in maggiore dettaglio nella sezione successiva, quando esporremo le vicende della lira italiana. Qui è sufficiente richiamarne in sintesi(1) i momenti principali: nel 1969, viene sospesa la convertibilità del dollaro; nel 1971 il dollaro viene svalutato e viene fissato un nuovo insieme di parità di cambio(2); nel 1972 l'ondata di aumento dei prezzi internazionali delle materie prime raggiunge il culmine; nel 1973 il sistema dei cambi fissi viene di fatto abbandonato; nell'autunno dello stesso anno, l'aumento improvviso del prezzo del petrolio greggio(3) crea gravi difficoltà nella bilancia dei pagamenti dei paesi industrializzati.

Sul piano interno, gli eventi si addensano con pari drammaticità, sia nelle vicende economiche che in quelle politiche. Il 1969 è l'anno caratterizzato dalla violenta lotta sindacale dell'autunno caldo. Nel dicembre di quell'anno, la strage di piazza Fontana dà il tragico avvio a quella che venne denominata in seguito strategia della tensione. Segue la deflazione del 1970; ma nel complesso, i governi di centro-sinistra utilizzano la manovra della depressione in misura minore rispetto al passato. Nel 1972, approfittando dell'aumento dei prezzi nel mercato internazionale, il governo di centro-destra (una coalizione di breve durata fra democristiani e liberali) costituitosi dopo le elezioni politiche del giugno, lascia campo libero all'inflazione; questa manovra culmina nel 1973 con l'abbandono del cambio fisso e la dichiarazione della libera fluttuazione della lira. Ci soffermeremo su questi eventi di carattere monetario quando esporremo le vicende della fluttuazione. In questa sezione, concentreremo l'attenzione sui processi che in quegli anni hanno investito il mercato del lavoro e la struttura industriale. In questo periodo, infatti, le lotte sindacali toccano il culmine e la reazione padronale si avvia lungo strade totalmente diverse da quelle seguite nel passato, e mette in atto(4) una manovra tendente a ridurre la combattività operaia non più attraverso la deflazione e la disoccupazione, bensì modificando l'organizzazione strutturale della produzione in modo da indebolire la classe operaia attraverso la sua frammentazione.

**1. L'autunno caldo del 1969**

L'anno 1969 segnò un punto di svolta nella lotta sindacale. Le trattative per il rinnovo dei contratti collettivi diedero luogo a conflitti particolarmente violenti, tali da superare largamente il clima di conflittualità del 1962, che pure a suo tempo(5) era parso di durezza eccezionale. Nel 1969 le ore perdute per conflitti nell'industria manifatturiera superarono i duecento milioni (nel 1962 erano state di centotredici milioni) e la durata dei conflitti sfiorò le cento ore (nel 1962 non aveva raggiunto le sessanta). L'autunno di quell'anno è stato denominato non a caso ***l'autunno caldo del 1969***.

Nel valutare queste cifre, è bene ricordare che esse si inscrivono nella tendenza all'aumento della conflittualità che ha caratterizzato l'intero periodo che stiamo esaminando. Se si esamina l'andamento dei conflitti di lavoro nelle industrie manifatturiere fra il 1956 e il 1972, un primo elemento che colpisce subito l'attenzione è l'aumento considerevole della durata dei conflitti. Nell'insieme, il numero dei conflitti è cresciuto di due volte e mezzo, mentre il numero di ore perdute è cresciuto più di sei volte; il che significa che in media la durata di ogni conflitto si è pressoché quadruplicata. In questo accrescimento, hanno esercitato un influsso determinante le ondate successive di conflitti che si sono verificate in occasione dei rinnovi contrattuali, e specialmente quella del 1969-1970; quest'ultima si è manifestata soprattutto come aumento di durata dei conflitti (le ore perdute sono raddoppiate fra il 1966-1968 e il 1969-1971). È comunque chiaro dai dati che, sebbene l'intensità dei conflitti sia cresciuta in tutto il periodo, l'anno 1969 segnò un momento di punta particolarmente elevato. Due fattori connessi agivano nel senso di accrescere la conflittualità operaia. Da un lato, si era verificata ***una reazione crescente contro la linea centralizzatrice della Cgil***, reazione che aveva condotto i collettivi operai delle singole fabbriche ad elaborare linee di conflittualità largamente indipendenti, sfruttando i principi della contrattazione aziendale ormai divenuta patrimonio accettato delle relazioni industriali. In questa lotta autonoma, i lavoratori delle singole fabbriche introducevano obiettivi nuovi, che non erano più quelli tradizionali dell'aumento del salario (che oltretutto l'esperienza mostrava facilmente vanificati dall'inflazione) ma avevano invece natura di obiettivi di carattere normativo, quali richieste sui ritmi di lavoro, limitazioni alla mobilità fra impianti e fra reparti, limitazioni all'uso dei cottimi e degli straordinari, miglioramenti dell'ambiente di lavoro. Richieste di questo genere, formulate da lavoratori addetti al medesimo impianto, venivano ovviamente sostenute con tenacia e combattività assai più elevata. D'altro canto, i vertici sindacali tentavano con ogni mezzo(6) di non perdere le redini del movimento(7) operaio, e in questo intento avviavano altri cicli di lotte, vertenti questi su temi di largo respiro, che, oltre alle modificazioni di carattere normativo, includevano pattuizioni con le quali le imprese si impegnavano ad eseguire determinati investimenti sociali. Furono questi i così detti ***scioperi per le riforme***, e cioè per la casa, per i servizi sociali, per il Mezzogiorno, per i trasporti urbani. Si realizzava così una doppia ondata di conflittualità, l'una proveniente dalla fabbrica, l'altra dai vertici sindacali.

I risultati di tali lotte furono assai vari a seconda dei casi. Le lotte per le riforme ebbero esiti assai limitati e diluiti nel tempo; ma molte conquiste normative furono acquisite in modo concreto: limiti effettivi vennero riconosciuti alla mobilità del lavoro, che in passato era stata utilizzata assai spesso non per scopi produttivi ma in funzione antisindacale, vennero abolite le "gabbie salariali", e cioè le differenze territoriali nei salari minimi contrattuali, in virtù delle quali i lavoratori dell'industria meridionale venivano sistematicamente retribuiti meno di quelli settentrionali, vennero concesse ai lavoratori dell'industria 150 ore annuali per attività formative, vennero riconosciute specifiche tutele di natura procedurale in tutti i rapporti fra lavoratore e datore di lavoro(8). Questo insieme di conquiste venne sanzionato nel 1970 con l'emanazione del così detto ***Statuto dei diritti dei lavoratori****(9)*. Oltre a tali modificazioni normative, le lotte sindacali produssero aumenti salariali molto cospicui.

**2. La ristrutturazione produttiva**

La situazione cui il padronato italiano si trovava a far fronte dopo il 1969 si presentava particolarmente complessa. Da un lato, appariva necessario proseguire nel consolidamento della struttura industriale, sviluppando nuovi settori, accrescendo la concentrazione tecnica e finanziaria, riducendo il costo del lavoro al fine di ottenere una maggiore competitività dei prodotti italiani sui mercati esteri. Dall'altro, occorreva tenere conto di un mercato del lavoro che si era mostrato particolarmente acceso, nonostante le condizioni di sostanziale disoccupazione. Di fronte a tale situazione, il consueto strumento della deflazione non appariva praticabile. L'arma della deflazione era risultata appropriata quando si poteva contare su un flusso migratorio capace di assorbire, almeno in parte, i lavoratori rimasti disoccupati; nel 1964 e nel 1965, ad esempio, quando quasi centocinquantamila lavoratori dell'industria manifatturiera erano rimasti senza lavoro, il saldo migratorio era prontamente cresciuto dalle cinquantaseimila unità del 1963 alle ottantaseimila del 1965; analogamente, nel 1968, di fronte a un rallentamento nella ripresa dell'occupazione il saldo migratorio aveva interrotto la sua tendenza discendente ed era aumentato di cinquemila unità. In questi casi, l'emigrazione aveva funzionato da ammortizzatore, e la deflazione aveva svolto la sua funzione di sedativo sindacale senza creare tensioni sociali eccessive. Ma adesso, con un flusso migratorio ridotto a livello minimo (nemmeno quarantamila unità nel 1969, meno di dieci mila nel 1970, poco più di tremila nel 1972) la situazione si presentava sostanzialmente diversa. Tanto più che la caduta del saldo migratorio non era dovuta a mere ragioni congiunturali e transitorie, ma soprattutto a fattori strutturali, e quindi destinati a permanere consistenti nella concorrenza che i lavoratori italiani incontravano da parte di lavoratori provenienti da paesi terzi (in prevalenza jugoslavi, turchi e spagnoli). In queste condizioni, era chiaro che non si poteva contare su una ripresa delle emigrazioni in misura consistente e che era quindi necessario elaborare una strategia di natura diversa da quella attuata negli anni precedenti.

**Movimento migratorio. Saldi netti (emigrazioni meno rimpatri)**

| | Paesi europei | Paesi extraeuropei | Totale |
|---|---|---|---|
| 1960 | 143.462 | 48.211 | 191.673 |
| 1961 | 147.101 | 29.826 | 176.927 |
| 1962 | 105.220 | 31.303 | 136.523 |
| 1963 | 28.449 | 28.012 | 56.461 |
| 1964 | 42.288 | 26.026 | 68.314 |
| 1965 | 44.482 | 41.785 | 86.267 |
| 1966 | 18.434 | 71.574 | 90.008 |
| 1967 | 4.360 | 55.576 | 59.936 |
| 1968 | 16.014 | 51.492 | 67.506 |
| 1969 | 18.498 | 20.403 | 38.901 |
| 1970 | 2.181 | 7.170 | 9.351 |
| 1971 | 27.205 | 11.944 | 39.149 |
| 1972 | -1.749 | 5.355 | 3.606 |
| 1973 | -2.801 | 1.435 | -1.366 |
| 1974 | -9.299 | 4.611 | -4.688 |
| 1975 | -29.923 | -185 | -30.108 |
| 1976 | -23.119 | 4.369 | -18.750 |
| 1977 | -15.895 | 1.115 | -14.780 |

*Fonte: Istat, Annuario statistico italiano, vari anni.*

La strategia messa in atto dal padronato fu una vasta e complessa manovra di ***ristrutturazione dell'apparato produttivo***, che questa volta venne attuata non solo all'interno della fabbrica, come era avvenuto nel quinquennio fra il 1964 ed il 1969, ma anche e soprattutto all'esterno della fabbrica, attraverso la pratica del ***decentramento produttivo.*** Questa manovra, di cui si cominciò ad avere sentore attraverso le denunce dei sindacati intorno al 1970, fu ovviamente assai lenta ad esplicarsi e si protrasse anche negli anni successivi al 1973, quando, come vedremo, venne accompagnata sul terreno politico da una manovra parallela di "normalizzazione" dei rapporti sindacali. La ristrutturazione fu sviluppata su piani diversi, da quello finanziario, a quello territoriale, a quello tecnologico ed investì l'industria italiana assai estesamente in tutti i suoi settori. Per quanto sia difficile dare una rappresentazione sintetica di questo processo, vale la pena di indicarne alcuni aspetti principali, distinguendo per gruppi di settori.

**A. *I settori dell'industria pesante*.** I settori dell'industria pesante, che comprendono anzitutto la siderurgia, la chimica e la petrolchimica, sono settori per i quali il problema centrale è quello dell'acquisizione di mezzi finanziari a basso costo. In questi settori, l'occupazione cresce lentamente, e gli aumenti di produzione vengono realizzati soprattutto attraverso investimenti poderosi che richiedono mezzi finanziari cospicui. A titolo indicativo, si può ricordare che, fra il 1961 ed il 1971, la metallurgia e la chimica hanno accresciuto l'occupazione soltanto del 22% e del 30% rispettivamente, mentre negli stessi settori la produttività del lavoro è cresciuta del 62% e dell'82%.

Posti di fronte a un problema essenzialmente finanziario, questi settori hanno trovato strade per fare ricorso, direttamente o indirettamente, a fondi pubblici. In questa strategia, troviamo l'uso dei fondi di dotazione per le imprese pubbliche, del credito agevolato, e in particolare degli stanziamenti per il Mezzogiorno, nonché un impiego tutto particolare della spesa pubblica come strumento per l'espansione dell'occupazione nel settore terziario. Come diremo, l'aumento dell'occupazione terziaria risulta, specie nel Mezzogiorno, complementare allo sviluppo della produzione nei settori pesanti.

Lo strumento dei ***fondi di dotazione*** è stato utilizzato ovviamente dalle sole imprese pubbliche e a partecipazione statale; ma queste imprese ne hanno fatto un uso assai largo. Gli aumenti dei fondi di dotazione sono stati infatti elargiti con particolare generosità negli anni più recenti. In passato, fra il 1962 e il 1964, ad esempio, gli aumenti dei fondi di dotazione fornivano appena il 6-7 per cento dei finanziamenti delle imprese a partecipazione statale, per un totale di circa sessanta miliardi all'anno; fra il 1968 e il 1971, invece, i finanziamenti tratti da aumenti nei fondi di dotazione sono saliti a trecento miliardi all'anno, e hanno fornito circa il 20 per cento dei finanziamenti totali. Il ricorso all'aumento dei fondi di dotazione è dunque diventato uno dei modi principali attraverso cui le imprese pubbliche si procurano liquidità al di fuori dei normali canali finanziari delle imprese.

Qualcosa di non dissimile è accaduto per il ***credito agevolato,*** forma questa di finanziamento che non è riservata alle imprese pubbliche, ma aperta a tutte. In linea di principio, il credito a tasso agevolato dovrebbe essere riservato a pochi casi, che comportano situazioni effettivamente difficili da superare senza un sussidio temporaneo esterno. Viceversa le forme di credito agevolato si sono talmente moltiplicate nella misura e nella varietà, che questa, lungi dall'essere un'eccezione, rappresenta ormai una delle forme più usuali di finanziamento esterno delle imprese. Le forme di credito agevolato sarebbero lunghe da elencare: esistono agevolazioni per le piccole e medie imprese, per il credito alberghiero, per i settori in crisi, per le imprese esportatrici, per le imprese ubicate nel Mezzogiorno o nelle aree depresse del Centro-Nord. L'espansione quantitativa del credito agevolato è stata assai considerevole. Dal 1964 al 1972, le erogazioni nette sotto forma di operazioni agevolate sono cresciute da trecentotrentatrè miliardi a quasi millecentocinquanta miliardi, e cioè di tre volte e mezzo. In tutti questi anni, le operazioni agevolate non sono mai state inferiori alla metà delle operazioni totali di credito mobiliare, e in alcuni anni hanno superato il 60 per cento (nel 1967, le operazioni agevolate sono state addirittura il 70 per cento del totale). Se alla forma specifica del credito agevolato si aggiungono le sovvenzioni di altra natura, quali i contributi per la cassa integrazione(10) (che rende alle imprese assai più facile ristrutturare i processi produttivi e alleggerirsi temporaneamente del carico di occupati) o la fiscalizzazione degli oneri sociali(11), ci si rende conto che anche le imprese private hanno avuto ampio modo di attingere a fondi pubblici per risolvere i propri problemi finanziari.

Una ulteriore via seguita dalle imprese nel tentativo di consolidare la propria posizione, fu quella della revisione della ***dislocazione territoriale degli investimenti***. Se si considerano i dati aggregati relativi agli investimenti industriali nazionali, il fenomeno più appariscente che risulta è che, dopo il 1963, gli investimenti industriali subirono una profonda caduta e che essi recuperarono il livello del 1963, soltanto fra il

1969 e il 1970, per dare luogo a una nuova stasi nel 1971. I dati relativi all'aggregato nazionale finiscono tuttavia col nascondere andamenti diversi nelle singole ripartizioni territoriali. L'immagine risulta assai più efficace se si prendono in esame separatamente gli investimenti industriali effettuati nelle regioni nord-occidentali (il triangolo industriale) e quelli effettuati nel Mezzogiorno. Gli investimenti del triangolo industriale continuarono a segnare il passo senza recuperare il livello del 1963; una situazione quindi di totale ristagno. Completamente diverso è invece il quadro degli investimenti industriali nel Sud. Qui il livello del 1963 venne recuperato fin dal 1969 e finì col superare di oltre una volta e mezzo quello raggiunto al culmine dell'espansione. In questo sviluppo degli investimenti industriali nel Sud, ***le imprese a partecipazione statale svolsero un ruolo assai rilevante***. Nel 1960 gli investimenti eseguiti nel Mezzogiorno dalle imprese a partecipazione statale rappresentavano circa un terzo degli investimenti industriali nel Sud; nel 1970, tale quota aveva superato il 50 per cento. Negli anni che stiamo esaminando si verificò dunque un autentico processo di dislocazione degli investimenti industriali verso il Mezzogiorno. In tale trasferimento, le industrie più attive furono quelle pesanti; ne è prova il fatto che l'aumento di occupazione nel settore industriale del Mezzogiorno fu assai inferiore a quello che si sarebbe potuto attendere considerando le sole cifre degli investimenti. Esaminando i dati sull'occupazione industriale, noteremo che, a partire dal 1967, anno in cui si verificò la ripresa degli investimenti industriali nel Mezzogiorno, l'occupazione nell'industria crebbe in misura estremamente ridotta; appena il 2,9 per cento fra il 1967 e il 1971. Nel triangolo industriale, viceversa, nonostante il ristagno degli investimenti, l'occupazione nell'industria manifatturiera crebbe del 6,4 per cento. È chiaro, quindi, che gli investimenti dislocati nel Sud non furono tali da dar luogo ad aumenti sensibili di occupazione.

## NOTE

1. in sintesi = in breve = in poche parole 综合起来说，简言之
2. parità di cambio = parità centrale 中心平价汇率, cambio = la quantità di moneta nazionale che viene ceduta come contropartita per l'acquisto di una data quantità di moneta estera 汇率。如 cambio flessibile 浮动汇率，cambio fisso 固定汇率，而居于两者之间的是 cambio amministrato (quello in vigore all'interno dello SME),

可称为半浮动汇率，外汇管理当局对浮动汇率实行一定的控制，确定汇率的浮动范围（fissando le bande di oscillazione all'interno della quale far fluttuare le proprie monete）该标准汇率就是 parità centrale

3. petrolio greggio = greggio = grezzo 原油
4. mettere in atto = realizzare 实现
5. a suo tempo 在那时
6. con ogni mezzo 千方百计
7. non perdere le redini del movimento 不失去对运动的控制
8. rapporti fra lavoratore e datore di lavoro 劳资关系。雇员称为 prestatore di lavoro，雇主称为 datore di lavoro
9. Statuto dei diritti dei lavoratori 劳动宪章
10. cassa integrazione 补助基金管理局。这是 INPS 管理的机构，在非业主或员工责任的临时停产、减产或企业调整阶段，保证员工能得到起码的工资待遇。该机构的介入分为两种：integrazione salariale ordinaria，保证在 3 个月（或最多 1 年）的停产减产期间员工能得到原工资 80%的待遇；integrazione salariale straordinaria，对结构调整的企业员工 2 年、对处于危机的企业员工 1 年内按照每周不超过 40 小时的未生产所损失收入的 80%给以补贴。
11. fiscalizzazione degli oneri sociali 社会承担课税

## VOCABOLARIO

| | | |
|---|---|---|
| sfiorare | *v.tr.* | toccare, raggiungere, essere vicino a 接近，达到，触及 |
| quadruplicato | *agg.* | aumentato di 4 volte, moltiplicare per 4 增加 4 倍的 |
| vanificare | *v.tr.* | rendere vano/inutile/inefficace, frustrare 使徒劳，使无用 |
| straordinario | *s.m.* | lavoro straordinario, compenso per il lavoro straordinario 加班；加班津贴 |
| redine | *s.f.* | comando, direzione, governo 缰绳，控制 |
| vertente | *agg.* | riguardante 涉及……的，关于……的 |
| diluire | *v.tr.* | sciogliere, allungare, stemperare, disciogliere 冲淡 |
| procedurale | *agg.* | che concerne modo di procedere/operare, complesso delle formalità che devono osservare 程序的 |
| acceso | *agg.* | violente, agitato, intenso, forte, vivace, ardente 激烈，猛烈，强烈 |

| | | |
|---|---|---|
| appropriato | *agg.* | adeguato, adatto, conveniente, opportuno 合适的，适当的，适宜的 |
| ammortizzatore | *s.m.* | dispositivo per attutire urti e vibrazioni 减震器 |
| sedativo | *s.m.* | calmante, lenitivo, tranquillante 镇静剂 |
| sentore | *s.m.* | sensazione indistinta, intuizione, notizia indiretta 风闻，听闻 |
| poderoso | *agg.* | potente 强大的 |
| elargire | *v.tr.* | donare, concedere generosamente 慷慨施与 |
| dissimile | *agg.* | diverso, differente; discordante, discorde, divergente 不同的，有分歧的 |
| ubicato | *agg.* | situato 处于……的，位于……的 |
| fiscalizzazione | *s.f.* | trasferimento a carico dello Stato di particolari tributi 税收化，课税 |
| attingere | *v.tr.* | ricavare, raccogliere, ottenere 提取，获得 |
| appariscente | *agg.* | vistoso, chiassoso 明显的，引人注目的 |
| stasi | *s.f.* | ristagno 停滞 |
| ristagno | *s.m.* | stasi, ristagnamento, calma 停滞 |

## ESERCIZI

**1. Rispondere alle seguenti domande:**

1) Perché l'autunno del 1969 è stato denominato l'autunno caldo?

2) Quale era lo sfondo della ristrutturazione?

3) Quali erano le fonti di capitale dei settori dell'industria pesante?

4) Come era *la dislocazione territoriale degli investimenti*?

**2. Scrivere i sinonimi delle seguenti parole:**

| | |
|---|---|
| ubicato | appropriato |
| attingere | depresso |
| permanere | ristagno |
| pattuizione | esteso |
| dissimile | fluttuazione |
| frammentazione | appariscente |

**3. Scrivere i contrari delle seguenti parole:**

| | |
|---|---|
| tempesta | tragico |
| usuale | analogo |
| poderoso | generosità |
| consistente | sintesi |

**4. Tradurre i seguenti brani in cinese:**

1) L'anno 1969 segnò un punto di svolta nella lotta sindacale. Le trattative per il rinnovo dei contratti collettivi diedero luogo a conflitti particolarmente violenti, tali da superare largamente il clima di conflittualità del 1962, che pure a suo tempo era parso di durezza eccezionale.
2) Le lotte per le riforme ebbero esiti assai limitati e diluiti nel tempo; ma molte conquiste normative furono acquisite in modo concreto: limiti effettivi vennero riconosciuti alla mobilità del lavoro, che in passato era stata utilizzata assai spesso non per scopi produttivi ma in funzione antisindacale, vennero abolite le "gabbie salariali", e cioè le differenze territoriali nei salari minimi contrattuali, in virtù delle quali i lavoratori dell'industria meridionale venivano sistematicamente retribuiti meno di quelli settentrionali, vennero concesse ai lavoratori dell'industria 150 ore annuali per attività formative, vennero riconosciute specifiche tutele di natura procedurale in tutti i rapporti fra lavoratore e datore di lavoro.
3) In questa strategia, troviamo l'uso dei fondi di dotazione per le imprese pubbliche, del credito agevolato, e in particolare degli stanziamenti per il Mezzogiorno, nonché un impiego tutto particolare della spesa pubblica come strumento per l'espansione dell'occupazione nel settore terziario. Come diremo, l'aumento dell'occupazione terziaria risulta, specie nel Mezzogiorno, completare allo sviluppo della produzione nei settori pesanti.

# Unità 11

## Quarta fase: la seconda ristrutturazione, dall'autunno caldo alla svalutazione (2)

导言：

劳动密集型大企业的发展必然带来就业的增加，无论是技术上还是工艺上都更加先进、更加成熟。为实现这样的目标，资方所遵循的路线基本是两条：结构调整和改革，并以此作为与工会进行和解讨论的开始。对于劳动密集型产业部门，结构调整的过程中既要降低工资水平，又要在不增加相应投资的情况下提高劳动生产率，还要采取各种重组的措施。结构调整主要是在工厂内部进行，靠合理安排生产、加快工作节奏、以加班加点替代雇佣新人等。然而“热秋”之后，这条路线显然不再行得通。于是就通过分散生产实现在工厂外部的结构调整。这样做可以一举三得：第一，劳动成本可以相对降低；第二，在劳动力的使用上有了更大的灵活性；最后，达到削弱工会力量的目的。

**B.** ***I settori della grande impresa ad alta intensità di lavoro***. I settori nei quali si trovano grandi imprese ad alta intensità di lavoro sono essenzialmente quelli della grande meccanica, della produzione di apparecchi elettrici, della gomma, dell'industria tessile. Per questi settori, ogni sviluppo comporta necessariamente uno sviluppo parallelo dell'occupazione, sia per la natura tecnica dei processi produttivi impiegati, sia perché in questi settori il progresso tecnologico ha raggiunto uno stadio di sostanziale maturità, e le innovazioni procedono a ritmi assai più lenti che non per il passato. Ad esempio, fra il 1961 ed il 1971, l'industria automobilistica e quella della gomma hanno aumentato la produzione facendo affidamento in parti pressoché uguali sugli aumenti di produttività e sull'aumento nel numero degli addetti: la produttività media del lavoro è aumentata del 59% e l'occupazione è aumentata del 46%. I settori di questo gruppo, che sotto il profilo territoriale sono prevalentemente ubicati nelle zone del triangolo industriale, puntano quindi su strategie che possano condurre ad una riduzione del costo del lavoro. Per il padronato di questi settori, il rapporto con la classe lavoratrice è un rapporto immediato e necessario, in quanto è un rapporto che si svolge ***all'interno del processo produttivo***. Per questi settori si pone quindi un problema di lotta alla pressione salariale, di riduzione dei costi del lavoro, di creazione di un clima di efficienza e di pace in fabbrica.

Le vie seguite da questo gruppo di settori per realizzare questi obiettivi furono essenzialmente due: la via della ***ristrutturazione*** e quella delle ***riforme***, come tentativo di avviare una discussione conciliativa con il sindacato. Discuteremo più oltre il dibattito sulle riforme e la posizione in esso assunta dalla grande industria. Esaminiamo invece subito il tema della ristrutturazione.

Per i settori ad alta intensità di lavoro il processo di ristrutturazione consistette in un insieme svariato di misure riorganizzative volte sia a ridurre il livello dei salari, sia ad accrescere la produttività del lavoro senza dover eseguire investimenti corrispondenti. Negli anni precedenti, come abbiamo ricordato, la ristrutturazione si era svolta prevalentemente all'interno della fabbrica, ed era stata attuata riorganizzando le lavorazioni, intensificando i ritmi di lavoro, cercando di reintrodurre il lavoro straordinario in luogo dell'assunzione di nuovi lavoratori. Ma, negli anni di cui stiamo discutendo, dopo le vicende dell'autunno caldo, era chiaro che questa via non era più accessibile. Dovendosi percorrere altre strade, assunse allora la prevalenza la ristrutturazione fuori della fabbrica realizzata attraverso la pratica del ***decentramento produttivo***. Numerose grandi industrie presero a ridurre il numero dei lavoratori occupati direttamente all'interno dell'impresa per trasferire fuori delle mura aziendali tutti i processi che potevano tecnicamente essere distaccati. Nell'ambito della fabbrica vennero trattenuti i processi fondamentali, quelli che richiedevano macchinari particolarmente pesanti e complessi; tutte le fasi intermedie vennero invece trasferite a opifici minori, a piccole imprese padronali, o addirittura affidate a lavoranti a domicilio. In questo modo, si ottennero almeno tre risultati principali. Da un lato, ***il costo del lavoro venne ridotto***. Infatti, nelle imprese minori o nel lavoro domiciliare, non vi sono limiti rigorosi di orario, il pagamento viene effettuato a cottimo (sistema cui i sindacati di fabbrica si oppongono) e in larga misura è possibile sfuggire all'applicazione delle norme della legislazione sociale. In secondo luogo, si ottenne una flessibilità molto maggiore nell'utilizzazione della forza lavoro; con la manodopera collocata in opifici minori o a domicilio, fu assai più facile servirsene in misura maggiore o minore(1) a seconda della convenienza del momento, mentre con i lavoratori concentrati in fabbrica, ogni riduzione di addetti comportava licenziamenti che creavano sempre difficoltà e sollevavano contestazioni da parte sindacale. Infine, risultato non meno rilevante, si realizzò ***un allentamento della pressione sindacale***, in quanto la classe lavoratrice, invece di essere raccolta nelle grandi unità produttive, risultò progressivamente dispersa e divisa, e quindi assai più difficile da coalizzare in un'azione sindacale unitaria. Questa specifica forma di decentramento delle attività produttive diede luogo, in alcune regioni e in numerosi settori, al fiorire di una popolazione di imprese minori che solo in apparenza potevano sembrare superate dal progresso tecnico, e che viceversa, in questa nuova forma di divisione del lavoro fra grande e piccola impresa, trovavano ampi spazi di sviluppo. L'intera struttura dimensionale dell'industria ne risultò considerevolmente modificata.

**Occupati dipendenti in complesso e nella grande industria. 1972–1978 (Indici 1972=100)**

| | | 1972 | 1973 | 1974 | 1975 | 1976 | 1977 | 1978 |
|---|---|---|---|---|---|---|---|---|
| Totale industria | a) | 100 | 100,6 | 102,3 | 101,7 | 101,5 | 101,2 | 100,7 |
| | b) | 100 | 101,8 | 103,8 | 102,9 | 101,6 | 100,5 | 99,4 |
| Prodotti energetici | a) | 100 | 99,5 | 103,1 | 107,5 | 110,6 | 110,2 | 110,1 |
| | b) | 100 | 98,4 | 102,3 | 107,9 | 110,9 | 110,9 | 110,2 |
| Prodotti della trasformazione industriale | a) | 100 | 102,1 | 105,0 | 104,4 | 104,6 | 104,7 | 103,6 |
| | b) | 100 | 102,2 | 104,0 | 102,2 | 100,8 | 99,4 | 98,3 |
| Tessili, abbigliamento, pelli ecc. | a) | 100 | 100,4 | 99,4 | 98,2 | 98,0 | 97,7 | — |
| | b) | 100 | 99,7 | 99,0 | 95,8 | 92,8 | 88,9 | 88,4 |
| Metalmeccanici | a) | 100 | 104,2 | 109,1 | 108,6 | 109,0 | 108,9 | — |
| | b) | 100 | 103,6 | 105,6 | 103,8 | 103,0 | 102,6 | 102,3 |

**continued**

| | | 1972 | 1973 | 1974 | 1975 | 1976 | 1977 | 1978 |
|---|---|---|---|---|---|---|---|---|
| Prodotti chimici e farmaceutici | a) | 100 | 100,8 | 105,2 | 105,7 | 105,4 | 105,0 | — |
| | b) | 100 | 99,3 | 101,2 | 100,3 | 98,1 | 95,2 | 92,0 |
| Alimentari, legno, altri | a) | 100 | 101,8 | 104,5 | 104,5 | 105,0 | 105,6 | — |
| | b) | 100 | 100,8 | 103,2 | 101,3 | 99,0 | 96,8 | 95,3 |

*a) Occupati totali.*

*b) Occupati nella grande industria.*

*Fonti: lstat, Occupati presenti in Italia, e Statistiche del lavoro nella grande industria, in <Bollettino mensiie di statistica>, vari anni.*

Questa complessa riorganizzazione delle lavorazioni industriali, se è nota nelle sue linee generali e in alcuni aspetti particolari, è viceversa assai scarsamente conosciuta nella sua estensione quantitativa. Sembra accertato che, introdotta inizialmente nel settore dell'industria leggera (maglieria, abbigliamento, calzaturifici), si sia andata estendendo all'industria meccanica, e praticamente ad ogni settore delle manifatture. Essa rappresentò quindi un processo sistematico di riordinamento delle lavorazioni, che gradualmente investì l'intera industria.

I riflessi della ristrutturazione andarono al di là della organizzazione interna dell'impresa, estendendosi all'intero mercato del lavoro. Lo sviluppo delle piccole imprese padronali e l'espansione del lavoro a domicilio si realizzarono soprattutto utilizzando le frange marginali della popolazione lavorativa e cioè lavoratori giovani o anziani, e manodopera femminile; erano queste infatti le frange che potevano accontentarsi di remunerazioni più basse e di un lavoro svolto in condizioni di maggiore precarietà. Queste forme di lavorazione paraindustriale poterono dunque svilupparsi proprio perché esisteva un'offerta di lavoro abbondante nelle frange marginali della forza lavoro: il che avveniva proprio perché per il lavoro di fabbrica venivano reclutati soltanto lavoratori nelle classi centrali di età, quelli che erano anche meno disponibili per lavori precari. Non desta quindi sorpresa il fatto che, negli anni della ristrutturazione, le imprese abbiano concentrato l'occupazione nelle classi centrali di età; se esse avessero reclutato lavoratori anche nelle fasce marginali, avrebbero inaridito l'offerta di lavoro per gli opifici minori e le lavorazioni domiciliari, che, viceversa, era nel loro interesse sviluppare.

A sua volta, questa trasformazione del mercato del lavoro produsse conseguenze sui flussi migratori interni. Il lavoro proveniente da altre regioni trova occupazione nelle imprese, ma assai difficilmente può trasformarsi in lavoro a domicilio. L'accrescimento della componente lavoro a domicilio nel complesso dell'occupazione produce quindi presumibilmente una riduzione delle possibilità di assorbimento che il settore industriale offre al lavoro proveniente da altre regioni. Di conseguenza, lo sviluppo del decentramento produttivo si accompagnò ad un declino parallelo nel flusso di migrazioni interne.

## 3. Il Mezzogiorno fra il 1968 ed il 1973

Abbiamo già osservato, trattando il problema della ristrutturazione industriale, che in questi anni l'economia del Mezzogiorno presenta un andamento difforme rispetto alle regioni del Nord, e in particolare rispetto al triangolo industriale. Come abbiamo detto, nel quadro della ristrutturazione dei settori dell'industria pesante, si attua un trasferimento di investimenti verso le regioni del Mezzogiorno, mentre nelle regioni settentrionali, gli investimenti industriali tendono al ristagno. Fra il 1968 ed il 1973, si verifica così ***la seconda ondata di investimenti industriali nel Sud***; nel 1972, il Mezzogiorno riceve addirittura quasi il 37% degli investimenti industriali nazionali, un traguardo che nemmeno gli auspici più arditi avevano osato formulare.

**Mezzogiorno, Investimenti fissi lordi a prezzi 1970 e occupati dipendenti nell'industria**

| | Investimenti | Occupati | Investimenti | Occupati |
|---|---|---|---|---|
| | (indici 1970= 100) | | (% sul totale nazionale) | |
| 1970 | 100,0 | 100,0 | 26,2 | 22,2 |
| 1971 | 127,5 | 98,8 | 33,6 | 22,1 |
| 1972 | 135,1 | 98,1 | 36,6 | 22,2 |
| 1973 | 134,5 | 98,5 | 32.2 | 22,2 |
| 1974 | 138,9 | 100,6 | 31,3 | 22,2 |
| 1975 | 107,4 | 101,2 | 31,0 | 22,5 |
| 1976 | 93,5 | 101,2 | 27,5 | 22,6 |

*Fonte: Istat, Annuario di contabilità nazionale, 1977, tomo II*

Quali sono le ragioni che hanno indotto alcuni settori dell'industria italiana ad effettuare la loro ristrutturazione territoriale in questa direzione? Il quesito è stato sollevato, e le ipotesi formulate sono state molteplici. Da parte di alcuni si è ipotizzato che il merito sia da attribuire ***al sistema degli incentivi***, che dopo lunghi rimaneggiamenti, avrebbe finalmente raggiunto una formulazione efficace; da parte di altri, si è avanzata l'idea che il Mezzogiorno stesse diventando una ubicazione privilegiata, in quanto ***zona meno accesa sotto il profilo conflittuale***, rispetto alle regioni del Nord. Queste argomentazioni non sono prive di appigli concreti. È vero infatti, come abbiamo in parte già detto, che la legislazione degli incentivi, attraverso graduali modificazioni, si era aperta gradualmente in misura sempre maggiore a favorire gli insediamenti di grandi impianti, mentre nell'impostazione iniziale si era ritenuto che ai grandi impianti dovesse essere negato ogni sussidio particolare; ed è anche vero che il Mezzogiorno attraeva alcune imprese come zona meno organizzata sotto il profilo sindacale (la Fiat, ad esempio, proprio in quegli anni aveva progettato di decentrare nel Mezzogiorno un insieme di impianti minori, ciascuno specializzato in lavorazioni molto specifiche, in modo da frazionare le lavorazioni ed attenuare gli inconvenienti degli scioperi; da questa decisione, nacquero gli impianti, di Vasto, di Cassino, di Termini Imerese, e molti altri ancora).

Sembra tuttavia che la spiegazione più persuasiva si muova lungo linee diverse ed abbia a che fare con(2) lo sviluppo delle imprese a partecipazione statale. In questi anni, le imprese del gruppo semipubblico acquistano uno sviluppo dapprima sconosciuto, e divengono rapidamente il gruppo finanziario maggiore dell'intera economia nazionale. In questa strategia di espansione, che presenta caratteri del tutto simili a quelli che avrebbe potuto presentare l'espansione di un gruppo finanziario privato, ***le imprese a partecipazione statale finiscono con il prescegliere come propria base territoriale il Mezzogiorno***. Le ragioni di questa scelta sono molteplici e tutte convergenti. Il Mezzogiorno era, in certa misura, un terreno libero, nel quale nessun gruppo finanziario aveva ancora stabilito posizioni di dominio (in passato, i gruppi dominanti nel Mezzogiorno erano stati quelli delle imprese produttrici di energia elettrica, imprese che con la nazionalizzazione del 1963 erano passate all'Enel); nel Mezzogiorno, le partecipazioni statali possedevano già alcune posizioni di rilievo, come l'Italsider di Taranto e di Bagnoli (presso Napoli); nel Mezzogiorno le imprese a partecipazione statale potevano riuscire a piegare a loro favore l'amministrazione degli incentivi.

In tal modo, lo sviluppo industriale del Mezzogiorno divenne sempre più strettamente legato allo sviluppo del gruppo delle partecipazioni statali. Poiché l'azione di questo gruppo si svolge essenzialmente nel settore degli impianti di grande dimensione, era necessario che la legislazione sugli incentivi si orientasse in modo ancora più deciso a favore della grande industria.

**Investimenti pubblici e privati nell'industria, a prezzi 1963.**
***1959–1973 (indici 1959 = 100)***

| | Industria manifatturiera | Imprese private (nazionali o estere) | Imprese pubbliche o diventate pubbliche | Imprese a partecipazione statale Centro-Nord | Imprese a partecipazione statale Mezzogiorno |
|---|---|---|---|---|---|
| 1959 | 100,0 | 100,0 | 100,0 | 100,0 | 100,0 |
| 1960 | 116,6 | 129,6 | 75,5 | 115,0 | 159,3 |
| 1961 | 138,6 | 173,1 | 153,9 | 148,6 | 188,1 |
| 1962 | 159,7 | 236,7 | 217,6 | 181,5 | 302,- |
| 1963 | 166,6 | 202,2 | 420,6 | 177,8 | 520,4 |
| 1964 | 128,9 | 161,7 | 527,5 | 163,9 | 482,9 |
| 1965 | 99,0 | 121,0 | 303,9 | 155,5 | 409,7 |
| 1966 | 107,3 | 122,5 | 225,5 | 140,4 | 338,5 |
| 1967 | 119,9 | 185,8 | 211,8 | 153,9 | 346,2 |
| 1968 | 123,9 | 193,8 | 237,8 | 190,3 | 357,5 |
| 1969 | 144,1 | 215,7 | 237,3 | 198,1 | 428,3 |
| 1970 | 174,1 | 267,9 | 367,6 | 218,2 | 706,9 |
| 1971 | — | 308,6 | 572,5 | 240,9 | 1.000,2 |
| 1972 | — | 249,7 | 666,6 | 254,7 | 1.168,1 |
| 1973 | — | 184,9 | 547,1 | 296,7 | 992,9 |
| 1974 | — | — | — | 296,8 | 699,1 |
| 1975 | — | — | — | 295,1 | 660,5 |
| 1976 | — | — | — | 311,9 | 504,7 |

*Font*: Istat, *Annuario di contabilità nazionale*,1976, tav 108. Gli investimenti delle imprese private e pubbliche sono tratti da G. Zanetti, *Le motivazioni all'investimento nella grande impresa*, Bologna, Il Mulino, 1977; gli investimenti delle imprese a partecipazione statale, dalle *Relazioni annuali* del Ministero per le partecipazioni statali.

Per fare posto ai grandi impianti nel Mezzogiorno era stata avviata fin dal 1968, la prassi della "contrattazione programmatica". Questa prassi era intesa a superare gli ostacoli di legge che accordavano una preferenza alle imprese di piccola e media dimensione, e consisteva nello stabilire che il Comitato dei Ministri per il Mezzogiorno potesse accordare alle grandi imprese anche agevolazioni superiori a quelle previste dalla legge, se la grande impresa in cambio concordava le modalità dell'investimento, i settori di intervento, e se l'iniziativa dava adeguate garanzie di produrre effetti indotti rilevanti per l'intera regione circostante.

La nuova legge di rinnovo della Cassa, la legge 853 del 26.10.1971, pur nel quadro di innovazioni considerevoli, adottò questo orientamento favorevole alla grande impresa. La legge seguiva di un anno l'entrata in vigore delle Regioni a statuto ordinario e fu concepita per tenere conto di questa nuova situazione istituzionale. Buona parte delle competenze della Cassa per il Mezzogiorno vennero trasferite alle Regioni; alla Cassa rimase l'incombenza di portare a compimento le opere iniziate, e di attendere all'esecuzione di opere di ***interesse interregionale*** oltre che alla somministrazione dei contributi a fondo perduto e del credito industriale agevolato. In tal modo, la gestione dell'intervento in agricoltura e nel settore delle aree e dei nuclei di sviluppo industriale venne trasferita alle Regioni. Il Comitato dei Ministri per il Mezzogiorno venne soppresso. Nell'intento di(3) inserire più strettamente l'intervento nel Mezzogiorno nel contesto della programmazione economica nazionale, le funzioni di programmazione e di coordinamento degli interventi vennero trasferite al CIPE, il Comitato Interministeriale per la Programmazione Economica; quella che era stata la Segreteria tecnica del Comitato per il Mezzogiorno venne trasferita al Ministero per gli interventi straordinari nel Mezzogiorno. Per la sua attività di coordinamento, il CIPE venne affiancato da un Comitato dei Presidenti delle Regioni meridionali(4). L'innovazione più ragguardevole sul piano legislativo fu l'introduzione dell'***autorizzazione preventiva*** di cui le imprese avrebbero dovuto fare richiesta al CIPE, prima di installare nuovi grandi impianti. Nelle intenzioni dichiarate, questo strumento avrebbe dovuto svolgere le funzioni di assicurare una distribuzione territoriale più equilibrata degli investimenti industriali; di fatto, esso rimase praticamente inutilizzato.

**NOTE**

1. in misura maggiore o minore 或多或少地
2. avere a che fare con = avere rapporti con 与……相关
3. nell'intento di = con lo scopo di 为了……的目的
4. Comitato dei Presidenti delle Regioni meridionali 南方大区主席委员会

## VOCABOLARIO

| | | |
|---|---|---|
| stadio | *s.m.* | fase, periodo 阶段 |
| conciliativo | *agg.* | conciliante, pacificante 和解的，调解的，温和的 |
| opificio | *s.m.* | fabbrica, industria, officina 工厂 |
| lavorante | *s.m./f.* | lavoratore, salariato 劳动者，工人 |
| contestazione | *s.f.* | impugnazione, opposizione, protesta 反对，否定 |
| allentamento | *s.m.* | moderamento, mitigazione, addolcimento, temperamento 放松，和缓 |
| maglieria | *s.f.* | indumenti di maglia, fabbrica di maglie 针织品，针织厂 |
| calzaturificio | *s.m.* | fabbrica di scarpe 制鞋厂 |
| riflesso | *s.m.* | conseguenza, contraccolpo, effetto, ripercussione 反映，效应，结果 |
| frangia | *s.f.* | minoranza, fascia marginale 边缘，无关紧要的部分 |
| precarietà | *s.f.* | incertezza, insicurezza, instabilità, temporaneità 不稳定性，不确定性 |
| destare | *v.tr.* | risvegliare, suscitare, creare, provocare 唤起，引起，使产生 |
| traguardo | *s.m.* | fine, meta, punto d'arrivo, scopo 目标，终点 |
| auspice | *s.m.* | promotore, fautore, patrocinatore 主办人，支持者 |
| ipotizzarsi | *v.rifl.* | immaginare, supporre 假设，假想 |
| rimaneggiamento | *s.m.* | rielaborazione, rimpasto, ricomposizione 修改，整理，改组 |
| ubicazione | *s.f.* | posizione, sito, giacitura 位置，地点，选址 |
| appiglio | *s.m.* | sostegno 支撑 |
| prescegliere | *v.tr.* | preferire, scegliere, selezionare 挑选，预选 |
| incombenza | *s.f.* | faccenda, incarico, compito, mansione 任务，委托 |
| interregionale | *agg.* | che interessa più regioni, che collega più regioni 大区之间的，区际的 |
| affiancare | *v.tr.* | appoggiare, difendere, sostenere 协助，支持 |

## ESERCIZI

**1. Rispondere alle seguenti domande:**

1) Quali erano le linee generali della ristrutturazione nei settori ad alta intensità di lavoro?
2) Quali erano i risultati principali della pratica del decentramento produttivo?
3) Perché le imprese a partecipazione statale ha prescelto come propria base territoriale il Mezzogiorno?

**2. Scrivere i sinonimi delle seguenti parole:**

| | |
|---|---|
| affiancare | traguardo |
| appiglio | tentativo |
| accessibile | destare |
| frangia | auspice |
| prassi | concordare |

**3. Scrivere i contrari delle seguenti parole:**

| | |
|---|---|
| immediato | svariato |
| convenienza | precarietà |
| difforme | privilegiato |
| piegare | licenziamento |

**4. Tradurre in cinese:**

1) impresa ad alta intensità di lavoro
2) flusso di migrazioni
3) lavoro domiciliare
4) forza lavoro
5) L'accrescimento della componente lavoro a domicilio nel complesso dell'occupazione produce quindi presumibilmente una riduzione delle possibilità di assorbimento che il settore industriale offre al lavoro proveniente da altre regioni.
6) Da parte di alcuni si è ipotizzato che il merito sia da attribuire al sistema degli incentivi, che dopo lunghi rimaneggiamenti, avrebbe finalmente raggiunto una

formulazione efficace; da parte di altri, si è avanzata l'idea che il mezzogiorno stesse diventando una ubicazione privilegiata, in quanto zona meno accesa sotto il profilo conflittuale, rispetto alle regioni del Nord.

**5. Riempire i seguenti moduli:**

**la ristrutturazione dei settori dell'industria pesante**

| | |
|---|---|
| **settori** | |
| **problemi centrali** | |
| **occupazione** | |
| **produttività del lavoro** | |
| **strada trovata** | |
| **imprese con ruolo rilevante** | |

**I settori della grande impresa ad alta intensità di lavoro**

| | |
|---|---|
| **settori** | |
| **occupazione** | |
| **progresso tecnologico** | |
| **produttività** | |
| **ubicazione** | |
| **strategia** | |
| **problemi** | |
| **vie seguite** | |

# Unità 12

## Quinta fase: la normalizzazione (1974-1979) (1)

**导言：**

1973 年对于意大利来说是转折之年。意大利在国际关系中的立场逐步发生变化，经济发展不再围着美国的轨道运行，而是向西德靠拢。布雷顿森林会议建立的固定汇率体制被浮动汇率体制所取代。意大利里拉与德国马克之间的关系更趋稳定。1975 年经历了一次从强度到持续时间都前所未有的通货膨胀浪潮。虽然在其他工业化国家也同样出现，但是在意大利更加凶猛。萧条使几乎所有大企业都处于严重困难的境地，甚至有些达到了崩溃的边缘。

Il 1973 rappresentò, come abbiamo già avuto modo di dire, un punto di svolta, sia per eventi di portata internazionale che esercitarono un influsso considerevole sull'economia italiana, sia per vicende di carattere economico e politico avvenute sul piano interno.

***Sul piano internazionale***, l'aspetto più significativo fu ***una graduale modificazione nell'inserimento internazionale dell'Italia***, modificazione che portò l'economia italiana a gravitare sempre meno nell'orbita degli Stati Uniti e la condusse sempre più immediatamente nell'area di influenza della Germania occidentale. Il quinquennio 1973-78 fu anche il periodo nel corso del quale tramontò definitivamente il sistema dei pagamenti internazionali che aveva retto il mondo occidentale fin dall'immediato dopoguerra; nel quinquennio 1973-78, il sistema dei cambi rigidi, fondato nel 1944 alla conferenza di Bretton Woods, ***venne sostituito da un sistema di cambi flessibili***, accompagnato da considerevoli modificazioni nella parità fra le valute. Come vedremo, anche la moneta italiana venne coinvolta in queste vicende e finì con l'abbandonare l'agganciamento al dollaro per passare ad un collegamento più solido con il marco.

***Sul piano interno***, l'evento più vistoso del periodo successivo al 1973 fu la profonda depressione del 1975, che fu accompagnata da un'ondata inflazionistica di intensità e di durata fino ad allora sconosciute. Nell'interpretare il processo inflazionistico che si verificò nell'economia italiana di quegli anni, non va dimenticato il fatto che una ondata simile di inflazione si verificava anche negli altri paesi industrializzati; ma in Italia l'inflazione fu alquanto più violenta che non negli altri paesi. Al tempo stesso, mentre la depressione portava quasi tutte le grandi imprese in posizione di grave difficoltà, ed alcune di esse sull'orlo del collasso(1), si verificava altresì un aggravarsi del passivo nel bilancio dello stato e degli enti locali e previdenziali, passivo che fece assumere al settore pubblico un aspetto di rovina finanziaria. In questi anni, sotto il profilo monetario e finanziario, il paese si presentò dunque in condizioni critiche.

Sotto questa facciata di crisi estrema, procedevano le modificazioni strutturali già avviate negli anni precedenti. Proseguiva il processo di ***ristrutturazione*** dell'apparato industriale, e prendeva piede il processo di ***normalizzazione*** dei rapporti sindacali.

Del processo di ***ristrutturazione***, abbiamo già indicato le linee principali, linee che rimasero inalterate nel corso degli anni successivi al 1973. Come abbiamo detto, la ristrutturazione effettuata all'interno della fabbrica comportava una vasta e profonda modernizzazione dei processi produttivi, l'introduzione spinta di procedure meccanizzate, l'impiego di manodopera sempre più specializzata e selezionata. Tuttavia, questo tipo di ristrutturazione investì soltanto una parte ridotta dei grandi impianti (caso tipico fu la Fiat, che, con la così detta "robotizzazione", introdusse un controllo automatico completo delle proprie linee di montaggio); in numerosissimi casi, i grandi impianti entrarono in crisi e vennero grandemente ridimensionati, con riduzioni drastiche nel volume di produzione e di occupazione (il caso più drammatico e discusso fu quello dell'industria chimica e delle fibre sintetiche). Nell'insieme, questo tipo di ristrutturazione si concluse con una riduzione netta nel peso dei grandi impianti nella struttura industriale. Crebbe invece il peso degli impianti minori, gestiti da piccole e medie imprese. Spingeva in questa direzione quella che abbiamo detto ***ristrutturazione fuori della fabbrica***, che effettuò un trasferimento progressivo della base produttiva presso piccole imprese, o addirittura presso lavoranti a domicilio. Al termine di tale processo, la struttura industriale del paese si presentò profondamente modificata, sia nella dimensione delle imprese, sia nella loro dislocazione territoriale. La dimensione delle imprese industriali risultava chiaramente diminuita, dal momento che nessun grande impianto era stato creato e molti impianti preesistenti erano stati ridotti o chiusi, mentre era enormemente cresciuto il numero delle iniziative di piccole dimensioni. Ma questa modificazione di dimensione si era accompagnata ad una modificazione nella dislocazione territoriale dell'industria: infatti, il declino dei grandi impianti era stato comune a tutte le circoscrizioni territoriali, e si era quindi verificato sia al Nord che al Sud, mentre il diffondersi delle forme di piccola impresa era stato localizzato principalmente nelle regioni del Centro-Nord, ed aveva toccato il Mezzogiorno soltanto in misura estremamente limitata. Al netto(2), ciò significava una ulteriore riduzione della base industriale del Mezzogiorno, ed una più accentuata concentrazione della produzione industriale nel Centro-Nord. Inoltre, lo sviluppo della piccola impresa, pur verificandosi in tutte le regioni del Centro-Nord, aveva assunto forme distinte rispettivamente nelle regioni del triangolo industriale ed in quelle dell'Italia centro-orientale. Nelle regioni del triangolo industriale, le imprese minori si erano sviluppate con la pratica del decentramento produttivo, ed avevano quindi assunto la forma di imprese satelliti di imprese maggiori; nelle regioni centro-orientali, invece, le imprese minori si erano sovente sviluppate come imprese autonome, dotate di mercati diffusi, aperte alle esportazioni, e prive di legami specifici con imprese maggiori. Sotto questo profilo, si parlò giustamente dell'Italia centro-orientale come sede di una struttura industriale nuova, distinta da quella del vecchio triangolo industriale come da quella del Mezzogiorno, e caratterizzata da singolare dinamismo ed efficienza. Risultò corretto, in relazione a questi sviluppi, parlare non più di due, ma di tre Italie distinte.

## 1. Inflazione e svalutazione

L'anno 1973 si aprì con una ondata di inflazione. L'aumento dei prezzi aveva avuto inizio nel corso del 1972, stimolato da un aumento generale dei prezzi delle materie prime nei mercati internazionali, che si era rapidamente propagato ai prezzi interni. Contrariamente a quanto era avvenuto in precedenza di fronte ad ondate di inflazione, il governo di centro-destra che si era costituito dopo le elezioni politiche del 1972, presieduto da Andreotti (Ministro del Tesoro il liberale Malagodi), invece di assumere gli ormai noti e tradizionali provvedimenti restrittivi, consentì una limitata ripresa tollerando sia la nuova ondata di inflazione sia la ripresa delle fughe di capitali verso l'estero. Fu allora, e precisamente negli ultimi mesi del 1972, che si accese in termini concreti il dibattito sulla opportunità di procedere ad una svalutazione della lira. Nell'opinione di alcuni, l'inflazione giustificava ormai un provvedimento di svalutazione dal momento che il potere d'acquisto della lira non era ormai più in linea con(3) quello delle altre valute, se computato al corso ufficiale dei cambi. La decisione di svalutare la lira trovò terreno facile agli inizi del 1973, dopo la decisione della Gran Bretagna di rendere fluttuante la sterlina, decisione che doveva rappresentare il primo passo per il rapido crollo del regime di cambi fissi instaurato trent'anni prima nella conferenza di Bretton Woods. Nel febbraio del 1973, il governo abbandonò la difesa della parità ufficiale e dichiarò la lira fluttuante. Iniziò allora un veloce e prolungato processo di svalutazione, nel corso del quale la lira perse terreno rispetto alle altre valute e specialmente rispetto alle valute europee. La svalutazione della lira raggiunse il 15% nel corso di pochi mesi; alla fine del 1978, quando si ripropose il problema di stabilizzare nuovamente il corso della lira, in vista della creazione del sistema monetario europeo, la svalutazione della lira aveva toccato quasi il 50% rispetto alle parità iniziali.

**Bilancia dei pagamenti (partite correnti) e svalutazione della lira**

| Anni | Partite correnti | | | Svalutazione percentuale della lira[1] |
|---|---|---|---|---|
| | Entrate | Uscite | Saldo | |
| | (miliardi di lire correnti) | | | |
| 1971 | 14.426 | 13.215 | 1.211 | — |
| 1972 | 16.366 | 15.174 | 1.192 | — |
| 1973 | 19.523 | 21.093 | —1.570 | — 9,2 |
| 1974 | 28.005 | 33.149 | —5.144 | —17,5 |
| 1975 | 31.520 | 31.805 | — 285 | —21,2 |
| 1976 | 41.969 | 44.361 | —2.392 | —34,3 |
| 1977 | 54.260 | 52.069 | 2.191 | —40,1 |

continued

| Anni | Partite correnti | | | Svalutazione percentuale della lira[1] |
|---|---|---|---|---|
| | Entrate | Uscite | Saldo | |
| | (miliardi di lire correnti) | | | |
| 1978 | 65.172 | 59.820 | 5.352 | —42,6 |
| 1979 | — | — | — | —44,5[2] |

(1) Svalutazione media ponderata rispetto ai corsi del 9-2-1973.

(2) Gennaio-marzo.

*Fonti*: Ministero del Bilancio, *Relazione generale sulla situazione economica del paese*, vari anni; Banca d'Italia, *Relazione* per l'anno 1978.

Sugli scopi della svalutazione della lira si è ampiamente discusso. Ufficialmente, la svalutazione venne presentata, come si è detto, come un provvedimento imposto dall'inflazione interna e volto a risanare il disavanzo della bilancia dei pagamenti. Contro questa versione ufficiale, si osservò che se si fosse davvero voluto migliorare la bilancia dei pagamenti, si sarebbe dovuto impedire che la svalutazione esterna fosse seguita da un'inflazione ancora più veloce di prima; infatti, se i prezzi aumentavano all'interno nella stessa misura in cui la lira si svalutava rispetto alle altre valute, la competitività delle esportazioni italiane era destinata a restare immutata e nessun miglioramento poteva derivarne per il saldo della bilancia commerciale. Ora, ciò che avvenne immediatamente dopo il provvedimento che rese la lira fluttuante fu proprio che una volta iniziata la svalutazione esterna della lira, si ebbe all'interno un'ondata di inflazione ancora più violenta di prima. Si disse allora che il fatto che la svalutazione fosse stata seguita da un'esplosione dell'inflazione andava considerato come conseguenza inevitabile del modo in cui la fluttuazione della lira era stata amministrata; se si fosse effettuata una svalutazione secca, fissando una nuova parità per la lira e impegnandosi a difenderla, l'inflazione interna sarebbe risultata assai inferiore; viceversa, lo stillicidio della svalutazione graduale, che nessuno sapeva quando si sarebbe arrestata (e che di fatto continuò per molti anni) induceva le imprese ad accrescere continuamente i prezzi, nella sicurezza che ogni aumento dei prezzi sarebbe stato seguito da una nuova svalutazione esterna, e che di conseguenza esso non avrebbe danneggiato le esportazioni. Se ne concludeva che ***lo scopo della svalutazione non era stato quello di accrescere le esportazioni, bensì quello di rendere possibile l'accelerazione dell'inflazione interna.*** Tali argomentazioni contengono indubbiamente molto di vero, in quanto è difficile negare che l'inflazione interna sia stata fortemente accelerata dalla politica di svalutazione, che non solo rendeva costantemente più costose le merci importate ma, come si è detto, incoraggiava anche le imprese nazionali ad accrescere continuamente i prezzi interni; ed è anche difficile negare che la svalutazione esterna della lira abbia rappresentato un cospicuo beneficio arrecato a tutti coloro che avevano esportato clandestinamente valuta all'estero e che ora trovavano i loro capitali automaticamente rivalutati. Sarebbe tuttavia errato ritenere che lo scopo della svalutazione sia stato soltanto quello di accelerare la manovra di inflazione interna. Infatti, come si è accennato, la svalutazione della lira fu una ***svalutazione differenziata***, assai veloce nei confronti delle valute dominanti della Cee (marco tedesco e franco francese) e estremamente limitata nei confronti del dollaro. Poiché l'Italia importa prevalentemente dall'area del dollaro ed esporta, invece, prevalentemente verso l'area europea, questa manovra differenziata fece crescere i prezzi delle esportazioni rispetto a quelli delle importazioni, realizzando un ***miglioramento delle ragioni di scambio(4)*** che contribuì, indubbiamente, al risanamento del disavanzo con l'estero.

**2. Disoccupazione e crisi fiscale**

Nel giugno del 1973, venne costituito un nuovo governo, questa volta un governo di centro-sinistra, presieduto da Rumor, con il socialista Giolitti nuovamente al Ministero del Bilancio. Il governo prese ben presto serie misure restrittive, e questa volta non soltanto per combattere l'inflazione, ma anche allo scopo di sanare la situazione della bilancia dei pagamenti, situazione che era repentinamente divenuta critica a causa dell'aumento del prezzo del petrolio, dichiarato unilateralmente dai paesi produttori nell'autunno di quell'anno. Gli strumenti usati furono quelli consueti. La spesa pubblica venne limitata, fissando un disavanzo massimo di settemila miliardi per l'anno 1974. Con l'entrata in vigore della riforma tributaria, il primo gennaio 1974, il nuovo regime delle trattenute provocò una caduta non indifferente nel reddito disponibile presso i consumatori. Al tempo stesso, le autorità monetarie effettuarono una stretta creditizia che, introdotta gradualmente, divenne nei mesi successivi sempre più rigorosa. Si cominciò con il fissare un limite massimo all'espansione del credito alle grandi imprese, nella misura del 25% su base annua (disposizione instaurata nell'ottobre del 1973 e rinnovata nel marzo del 1974); tenuto conto del tasso di inflazione che ormai si aggirava sul 15-20 per cento all'anno, questa disposizione comportava un blocco drastico del credito. Infatti, la base monetaria, misurata a prezzi costanti, segnò una netta inversione di tendenza e, a partire dagli ultimi mesi del 1973, cominciò a contrarsi violentemente. A queste disposizioni si aggiunse, nel marzo del 1974, un aumento del tasso ufficiale di sconto(5) che venne portato al 9%, mentre la stretta creditizia, per dichiarazione esplicita delle autorità monetarie, si faceva sempre più rigorosa.

Ancora una volta riprese la discussione sulla natura dei provvedimenti restrittivi che era più opportuno adottare allo scopo di ridurre la domanda globale e frenare le importazioni. Alcuni, riflettendo le vedute del padronato minore, insistevano perché venisse bloccato l'aumento dei salari che rappresentava, a loro dire, la causa maggiore dello squilibrio. Viceversa, l'ala socialista del governo obiettava che la riduzione della domanda globale si sarebbe dovuta ottenere se mai attraverso un aumento delle imposte, in modo da far cadere il peso della crisi sui redditi più elevati e non sui lavoratori dipendenti. Questa fu infine la linea vincente, almeno sul piano del principio, e nel mese di giugno venne approvato un provvedimento che contemplava ***un insieme di inasprimenti fiscali e di aumenti delle tariffe dei servizi pubblici.*** A questa soluzione contribuì indubbiamente anche l'atteggiamento del grande padronato che, impersonato da Giovanni Agnelli, divenuto frattanto Presidente della Confindustria, faceva intendere che da parte padronale non si premeva per il blocco dei salari; anzi, in occasione della lotta per l'unificazione del punto di contingenza, lo stesso Agnelli dichiarò che l'accordo risultava a suo avviso "accettabile".

Nel novembre del 1974, la presidenza del consiglio fu assunta dall'on. Moro, in un governo di coalizione con i repubblicani, assenti i socialisti. La manovra restrittiva proseguì, specialmente sotto forma di limitazioni della spesa pubblica. Significativo il fatto che l'on. Moro, nel presentare al Parlamento il programma del nuovo governo, non fece quasi cenno agli interventi nel settore degli investimenti sociali, che invece rappresentavano per consuetudine(6) una componente stabile di ogni discorso programmatico.

Il 1975 fu un anno di depressione gravissima, per l'Italia come per molti altri paesi industrializzati. Per la prima volta si registrò, una caduta nel livello del reddito nazionale. Nel febbraio del 1976 anche la coalizione con i repubblicani venne rotta e la Dc restò sola al governo, dapprima sotto la presidenza dell'on. Moro e, successivamente, dal luglio, sotto quella di Andreotti, che restò presidente del consiglio fino allo scioglimento delle Camere e alle elezioni anticipate del giugno 1979. Dopo la breve ripresa del 1976, nuovi provvedimenti restrittivi vennero presi anche sotto le pressioni di organismi internazionali che subordinavano la concessione di prestiti all'Italia all'adozione di misure restrittive del credito o del disavanzo del settore pubblico. Di volta in volta, le misure prese assunsero la forma di limitazioni al volume del credito totale, limitazioni all'ammontare del disavanzo pubblico, aggravamenti dell'imposizione fiscale ed anche di blocco parziale della scala mobile(7) (nel dicembre del 1976, sia pure con alquanti contrasti, si stabilì che gli scatti della scala mobile spettanti a lavoratori dipendenti aventi un reddito lordo superiore agli otto milioni annui sarebbero stati versati anziché in contanti, sotto forma di buoni ordinari del Tesoro, non negoziabili per cinque anni; per i lavoratori aventi un reddito compreso fra i sei e gli otto milioni, il blocco si applicava al 50%, questo provvedimento, che doveva restare in vigore fino al maggio del 1978, introduceva una sorta di risparmio forzato a carico dei lavoratori dipendenti). La politica di contenimento della domanda globale attuata, come si è detto, sia attraverso inasprimenti fiscali sia attraverso restrizioni creditizie, produceva due effetti paralleli. Da un lato, si registrava un miglioramento costante della bilancia commerciale, che dal passivo di oltre seimila miliardi nello scambio di beni e servizi nel 1974, giungeva quasi al pareggio nel 1978. D'altro canto, la stessa politica deflazionistica riduceva le possibilità di occupazione. Il numero degli occupati dipendenti nell'industria manifatturiera rimase infatti praticamente stazionario, il che creò un problema drammatico di disoccupazione giovanile, dal momento che le nuove leve che affluivano sul mercato del lavoro non trovavano possibilità di inserimento. Ne derivava altresì la necessità di intervenire attraverso la spesa pubblica per alleviare la situazione. È interpretazione affermata che l'espansione della spesa pubblica, soprattutto nel settore dei trasferimenti alle persone (pensioni, sussidi di disoccupazione e invalidità, cassa integrazione guadagni), vada ricollegata prevalentemente ***all'esigenza di evitare che la situazione diventasse ingovernabile sotto il profilo sociale e politico***. Fra il 1973 e il 1976 si verificò una smisurata espansione delle uscite, sia nell'ambito della pubblica amministrazione che in quello degli enti locali e nel settore previdenziale; tale espansione, non accompagnata da una analoga espansione delle entrate fiscali, produsse un disavanzo di misura inusitata.

**Disavanzo corrente del settore pubblico (miliardi)**

| | 1973 | 1974 | 1975 | 1976 | 1977 |
|---|---|---|---|---|---|
| Stato | —2.905 | —1.793 | —3.111 | —2.159 | —2.872 |
| Enti locali | — 476 | — 591 | —3.013 | —2.096 | —4.298 |
| Settore previdenziale | + 681 | — 140 | —2.549 | —2.930 | —1.657 |
| Totale | —2.700 | —2.624 | —8.773 | —7.185 | —8.827 |

*Fonte*: OECD, *Economic Survey of Italy*, 1979.

Era, bene o male, accettato da tutti che questo accrescimento del disavanzo fosse strettamente connesso agli squilibri di fondo della struttura economica; ma le valutazioni che se ne davano erano assai divergenti. Da alcuni si sosteneva che il disavanzo fosse stato causato da una politica sociale eccessivamente generosa e che un'economia come quella italiana, non ancora giunta alla piena maturità, non avrebbe dovuto permettersi una politica sanitaria, assistenziale e previdenziale così estesa e generosa. Si replicava da altri che se il paese avesse realizzato una politica di piena occupazione, non vi sarebbe stata necessità di gonfiare a dismisura il pubblico impiego, di moltiplicare i dipendenti delle amministrazioni locali, di concedere assistenza anche a coloro che, a rigor di termini, non avrebbero avuto alcun titolo per ottenerla; e che di conseguenza, il disavanzo pubblico altro non era che lo specchio di una politica economica profondamente viziata. Così come divergenti si presentavano le opinioni sulle cause del disavanzo, altrettanto diverse erano le valutazioni delle sue conseguenze. L'opinione prevalente, e quella condivisa dalle autorità governative, sosteneva che il disavanzo dello Stato producesse inflazione e che una politica di risanamento delle finanze pubbliche dovesse essere il primo passo per riconquistare la stabilità monetaria. Questa veduta era però seriamente contrastata da varie parti e con vari argomenti. Sostenevano alcuni che il disavanzo in sè non potrebbe in alcun caso produrre inflazione, dal momento che l'inflazione trarrebbe origine soltanto da un aumento nella circolazione monetaria; e che il disavanzo pubblico rappresentava soltanto la via materiale attraverso la quale gli errori della politica monetaria avevano esplicato i loro effetti. Altri ancora, calcoli alla mano(8), osservavano che gli effetti della spesa pubblica vanno misurati congiuntamente agli effetti del prelievo fiscale; e che, nell'economia italiana, il prelievo fiscale produce effetti così prontamente deflazionistici, da compensare ad oltranza gli eventuali effetti espansivi della spesa, per cui nel suo insieme il bilancio dello Stato risulterebbe più depressivo che espansivo, sia pure quando esso chiude con un disavanzo. Al di là di queste discussioni dottrinarie, era tuttavia ormai divenuta linea del governo quella di imputare l'inflazione al disavanzo pubblico e di assumere come obiettivo quello del suo contenimento.

## NOTE

1. sull'orlo del collasso 在崩溃的边缘
2. al netto = precisamente = esattamente 纯粹是
3. essere in linea con 与……一致
4. ragioni di scambio = rapporti tra indici dei prezzi all'esportazione e gli indici dei prezzi all'importazione = px:py 出口价格指数与进口价格指数之比
5. tasso ufficiale di sconto 官方贴现率, TUS = tasso che la banca centrale applica alle operazioni di rifinanziamento delle banche(risconto). Di regola è il tasso più basso del mercato del reddito e serve come punto d'orientamento per tutti gli altri tassi
6. per consuetudine 习惯上
7. scala mobile 浮动工资制，底薪制，Istituto creato con l'accordo interconfederale del 15/01/1957 avente la funzione di determinare l'automatico adeguamento della retribuzione del lavoratore dipendente alle variazioni del costo della vita, si da salvaguardare, almeno in parte, il potere d'acquisto di stipendi e salari
8. calcoli alla mano = con tutto il conto già fatto 心中有数，拿着数字

## VOCABOLARIO

| | | |
|---|---|---|
| gravitare | *v.tr.* | girare intorno a, sostenersi, poggiare 从属于,围着……转 |
| agganciamento | *s.m.* | aggancio 挂钩 |
| alquanto | *avv.* | parecchio, molto, abbastanza, piuttosto 相当，颇为 |
| orlo | *s.m.* | bordo, margine 边缘 |
| collasso | *s.m.* | crollo, dissesto, rovina 崩溃 |
| inalterato | *agg.* | immutato, invariato, costante 未变化的 |
| drastico | *agg.* | efficacissimo, forte, durissimo 激烈的，急剧的 |
| stillicidio | *s.m.* | ripetizione continua e fastidiosa 连续不断 |
| argomentazione | *s.f.* | ragionamento 争辩，推论，论据 |

| | | |
|---|---|---|
| rivalutato | *agg.* | di valore rialzato 升值了的 |
| repentinamente | *avv.* | improvvisamente, inattesamente 骤然，出其不意，突然地 |
| trattenuta | *s.f.* | ritenuta 扣款，扣除额，扣税 |
| inasprimento | *s.m.* | aggravamento, intensificazione, esasperazione 加深，加剧，激化 |
| impersonato | *agg.* | rappresentato, personificato 由……担任的 |
| frattanto | *avv.* | nel frattempo 在此期间，同时 |
| contingenza | *s.f.* | supplemento della retribuzione, variabile secondo il costo della vita 由于生活指数上升而给予的工资补贴 |
| scatto | *s.m.* | balzo, salto, aumento 启动，升级 |
| invalidità | *s.f.* | inabilità, nullità 丧失工作能力，残废；无效 |
| ingovernabile | *agg.* | incontrollabile 无法控制的，无法管理的 |
| smisurato | *agg.* | illimitato, enorme, terribile 无节制的，无限的，过度的，可怕的，巨大的 |
| inusitato | *agg.* | inconsueto, insolito 异常的，不常用的 |
| dismisura | *s.f.* | eccesso, senza misura 过度，无节制 |
| prelievo | *s.m.* | prelevamento 抽取，提取；课税 |
| oltranza | *s.f.* | fino all'estremo, eccesso, oltre il limite 过分，极端 |
| dottrinario | *agg.* | dogmatico, teorico 空谈理论的，教条的 |
| imputare | *v.tr.* | accusare, attribuire, incolpare 归咎于，指控 |

## ESERCIZI

**1. Rispondere alle seguenti domande:**

1) Perché si dice che l'anno 1973 rappresentò un punto di svolta?
2) Come era la discussione sullo scopo della svalutazione della lira?
3) Quali erano le valutazioni divergenti sull'accrescimento del disavanzo?
4) Quali erano gli scopi della svalutazione della lira?
5) La svalutazione era in modo omogeneo nei confronti delle altre valute? Perché?
6) Quali erano le misure restrittive del governo centro-sinistra nel 1973-1974?

**2. Fare frasi con le seguenti espressioni:**

— sull'orlo di

— nell'orbita di
— al termine di
— nei confronti di
— al netto
— di volta in volta

**3. Collegare le parole con i corrispondenti significati:**

| | |
|---|---|
| frattanto | astratto |
| smisurato | aggravamento |
| repentinamente | incontrollabile |
| inasprimento | improvvisamente |
| dottrinario | illimitato |
| ingovernabile | allo stesso tempo |

**4. Scrivere i contrari delle seguenti parole:**

| | |
|---|---|
| rigido | collasso |
| agganciamento | abbondonare |
| crollo | accelerazione |
| errato | rivalutato |
| incoraggiare | lordo |
| autonomo | inasprimento |
| scioglimento | versare |

**5. Tradurre in cinese:**

1) scala mobile
2) tasso ufficiale di sconto
3) Sul piano internazionale, l'aspetto più significativo fu una graduale modificazione nell'inserimento internazionale dell'Italia, modificazione che portò l'economia italiana a gravitare sempre meno nell'orbita degli Stati Uniti e la condusse sempre più immediatamente nell'area di influenza della Germania occidentale.
4) L'anno 1973 si aprì con una ondata di inflazione. L'aumento dei prezzi aveva avuto inizio nel corso del 1972, stimolato da un aumento generale dei prezzi delle materie prime nei mercati internazionali, che si era rapidamente propagato ai prezzi interni.

# Unità 13

## Quinta fase: la normalizzazione (1974-1979) (2)

导言：

大工厂的危机对南方地区的打击尤为沉重。1976 年 8 月的第 183 号法律批准南方开发银行继续经营。新法律带来了一些机构设置的变更。成立了议会检查委员会,改组了南方开发银行的董事会。法律重申南方开发银行不仅管理工业融资优惠，而且应该执行特别联合项目。1978 年只批准了二十几个与水利工程和地区调整相关的特别联合项目。在南方能够站稳脚跟的主要是两类企业：拥有商业渠道和广告网络的国营大企业，为附近当地市场供货的小企业。意大利经济走向正常化以左翼政党及工会组织采取温和态度为特征，1977 年 12 月美国银行也撤销了所谓“意大利风险”之说，开始在正常基础上与意大利银行谈判融资问题。

**3. Il Mezzogiorno dopo il 1973**

Dopo il 1973, l'economia del Mezzogiorno venne coinvolta nella crisi nazionale e nel processo di ristrutturazione che investì l'intera struttura industriale e di cui abbiamo sinteticamente tracciato le linee. La crisi della grande industria ha colpito in particolare le regioni del Mezzogiorno, dove i grandi impianti rappresentavano le uniche sedi di occupazione stabile. Tale crisi si è sommata al declino dei settori tradizionali, declino che come sappiamo si era già avviato all'incirca(1) un decennio prima.

Allo scadere della Cassa, un ulteriore rinnovo fu approvato con la legge 183 dell'agosto 1976. Questa legge si presentò come un fatto nuovo nell'intervento per il Mezzogiorno, perché per la prima volta le sinistre abbandonarono la loro posizione di opposizione e, constatato l'accoglimento nell'ambito della legge di taluni suggerimenti da loro avanzati, in sede di votazione si astennero. La nuova legge apportò alcune modificazioni istituzionali. Venne creata una Commissione parlamentare di controllo, formata da 15 senatori e 15 deputati(2); venne riformato il Consiglio d'amministrazione(3) della Cassa per il Mezzogiorno. che fu composto in prevalenza da esperti (questa norma ebbe breve vita perché, già nel 1978, il Consiglio della Cassa fu nuovamente rimaneggiato con la riduzione dei componenti da 18 a 7). Sul piano sostanziale, la legge ribadì che la Cassa dovesse essere preposta all'esecuzione di progetti speciali integrati, oltre che amministrare le agevolazioni finanziarie per l'industria. Una innovazione di rilievo fu l'esenzione, accordata alle imprese industriali del Mezzogiorno, del pagamento dei contributi Inps(4) per tutti i nuovi assunti. L'avvio dei ***progetti speciali integrati*** fu piuttosto lento. Nel 1978 risultavano approvati una ventina di progetti, per lo più gravitanti sul settore delle opere idrauliche e dell'assetto territoriale.

La struttura industriale che questo insieme di interventi ha creato nel Mezzogiorno merita di essere osservata, sia per i suoi aspetti economici, sia per i suoi riflessi sullo sviluppo sociale e civile delle regioni meridionali. Poiché l'insieme degli incentivi era soprattutto rivolto alla riduzione dei costi di produzione, senza offrire nulla sotto il profilo dello sbocco sul mercato, era ragionevole attendersi che potessero prendere piede nel Mezzogiorno soprattutto imprese che fossero in grado di risolvere il problema del mercato per proprio conto. Imprese di questo genere non potevano essere che di due tipi: o grandi imprese nazionali, che disponevano già dei propri canali commerciali e della propria rete di pubblicità, o imprese di piccole dimensioni, che non avvertivano il problema degli sbocchi in quanto erano destinate a rifornire prevalentemente il mercato locale più immediato.

È facile constatare infatti che la struttura dell'industria meridionale si presenta costituita essenzialmente di due gruppi di imprese. Da un lato, gli stabilimenti maggiori, filiali o emanazioni di grandi complessi nazionali, dall'altro una miriade di imprese minori, di dimensioni ridotte, non sempre dotate di un grado di efficienza adeguato a reggere la concorrenza sul mercato nazionale.

Le ***imprese maggiori*** non hanno ovviamente problemi di mercato, in quanto si avvalgono dei canali distributivi predisposti dalle imprese madri da cui dipendono; al tempo stesso, esse realizzano livelli adeguati di efficienza, in quanto si avvalgono delle ricerche tecnologiche e del progresso realizzato dalle imprese principali. D'altro canto, esse conservano tutte le caratteristiche dello stabilimento periferico, per cui si limitano a svolgere la propria attività produttiva, senza dare alcun contributo alla vita sociale, culturale e politica delle regioni in cui si trovano dislocate. Questa sorta di assenteismo sociale della grande industria, che contrasta vivamente con la partecipazione attiva a tutti gli aspetti della vita associata che caratterizza in genere l'industria moderna, è frutto di fattori diversi: della tendenza di ogni impresa a concentrare le proprie attività extraziendali nel luogo in cui ha sede la direzione generale, della consuetudine di mettere alla testa degli stabilimenti dislocati in altre regioni funzionari di carriera che non hanno interesse personale alle vicende di regioni in cui risiedono solo temporaneamente, e di cui si interpretano come ospiti occasionali e, non da ultimo, della tendenza dei gruppi sociali locali a conservare gelosamente quel tanto di potere amministrativo e di autorevolezza sociale che possiedono, senza cederlo ai nuovi venuti della grande industria. Ne viene di conseguenza che anche le poche regioni del Mezzogiorno che hanno visto l'insediamento di alcuni cospicui gruppi industriali e il sorgere intorno a essi di gruppi di imprese minori, e cioè le uniche aree industrializzate del Mezzogiorno (la zona di Napoli-Salerno, il triangolo Bari-Brindisi-Taranto, l'area fra Catania e Siracusa) hanno goduto i benefici dell'industrializzazione solo sotto il profilo della formazione del reddito e dell'occupazione, senza riceverne di pari passo(5) un parallelo impulso all'evoluzione della vita sociale verso forme più consone alle esigenze della società moderna.

All'estremo opposto si trova ***la miriade di piccole iniziative***, sorte all'ombra degli incentivi, prive di una adeguata organizzazione di vendita, confinate quindi entro il mercato locale, e anche nell'ambito di questo, esposte pericolosamente alla concorrenza proveniente da imprese esterne più agguerrite. Non poche di queste imprese sembrano dipendere per la loro sopravvivenza dalla somministrazione di aiuti e sussidi di vario genere, il che le lega inesorabilmente ai gruppi politici locali che di ogni forma di incentivo finiscono con l'essere gli amministratori esclusivi.

Fra i due settori, della grande e della piccola impresa, si è stabilito un rapporto multiforme, che nell'insieme sembra più distruttivo che costruttivo. La grande impresa, in alcuni casi limitati, ha rappresentato un appoggio per le imprese minori che hanno trovato in essa uno sbocco per i propri prodotti; ma in molti altri casi essa ha invece esercitato effetti negativi sulle imprese circostanti. Ciò è avvenuto anzitutto attraverso meccanismi diretti: l'arrivo della grande impresa ha comportato un immediato aumento dei salari ed una repentina scarsità di manodopera qualificata, eventi questi che hanno creato ovvie difficoltà per le imprese di piccole dimensioni. Ma esistono anche meccanismi meno immediati che operano nella medesima direzione. L'arrivo della grande impresa comporta un aumento del reddito monetario per la zona circostante, e quindi un ampliarsi del mercato in generale. Si amplifica in tal modo l'effetto di cui abbiamo già fatto parola, in virtù del quale, attratte da un mercato ricco, le imprese del Centro-Nord entrano nei mercati del Mezzogiorno e mettono in crisi le imprese locali preesistenti. Si accentua così il declino dei settori tradizionali, che riducono la produzione e l'occupazione. Si accresce viceversa il flusso di importazioni, con la conseguenza che il disavanzo nei conti con le altre regioni vede costantemente aggravarsi il saldo passivo. La dipendenza del Mezzogiorno dai trasferimenti esterni si accresce.

Lo sviluppo inadeguato della grande industria e lo sviluppo inefficiente della piccola, hanno fatto sì che per il Mezzogiorno il flusso di spesa pubblica abbia acquisito una rilevanza vitale. È la spesa pubblica per infrastrutture che tiene in vita(6) le imprese collegate direttamente o indirettamente alle costruzioni, così come è la spesa pubblica per incentivi che tiene in vita le piccole iniziative dei restanti settori manifatturieri. E poiché la spesa pubblica è amministrata dagli organi politici e controllata dagli apparati dei partiti, sono in definitiva(7) i funzionari degli uni e degli altri a detenere per intero il potere sociale e amministrativo, traendo vantaggio su questo piano anche dallo spazio lasciato libero da quel tanto di grande industria che si è installata nel Mezzogiorno. Sembra quasi che, sotto questo profilo, si sia raggiunto un tacito accordo(8) fra grande industria del Nord e amministratori politici del Mezzogiorno; la prima concorde nel confinare la propria attività alle mura aziendali, rinunciando a qualsiasi ambizione di natura politica o amministrativa, gli altri pronti a ricambiare i privilegi di cui godono localmente, assecondando in sede nazionale i disegni di politica economica che più giovano allo sviluppo dell'industria settentrionale.

È chiaro che questa situazione, se permette in apparenza di realizzare una convergenza politica fra regioni caratterizzate da struttura economica così profondamente diversa, dà luogo nella sostanza a un assetto profondamente inefficiente. Ciò vale sia per le regioni settentrionali che, nell'illusione di alcuni vantaggi immediati, si trovano costrette a finanziare perpetuamente la formazione del reddito nel Mezzogiorno, mentre sarebbe assai più conveniente alla lunga stimolarne la capacità di produzione; sia per le regioni meridionali, la cui capacità produttiva cresce con estrema lentezza, perpetuando le diseguaglianze nella distribuzione del reddito, a favore dei gruppi sociali che riescono a controllare il flusso di spesa pubblica, e a danno dei redditi da lavoro delle classi operaie.

### 4. Dalla normalizzazione al rilancio europeo

Questa situazione complessa componeva un quadro drammatico dell'economia nazionale. Il paese presentava un insieme di squilibri quale non si era mai riscontrato in passato: inflazione vorticosa, disavanzo della bilancia dei pagamenti, disavanzo del settore pubblico, situazione di perdita delle grandi imprese industriali.

I fattori che venivano di volta in volta chiamati in causa(9) per spiegare il groviglio di difficoltà in cui l'economia italiana si era andata avviluppando erano i più svariati; dal livello eccessivo del costo del lavoro, all'inefficienza di vaste zone dell'apparato produttivo, all'arretratezza tecnologica delle produzioni manifatturiere, al deteriorarsi dei rapporti economici con i paesi più avanzati, presunta conseguenza dell'avanzata sindacale.

Secondo una prima interpretazione, le difficoltà dell'industria italiana sarebbero derivate prevalentemente dall'aumento veloce dei salari, verificatosi specialmente dopo il 1969, e ***dalla trasformazione dei rapporti di lavoro in fabbrica*** consistente in una ingerenza assai maggiore del sindacato nell'organizzazione del lavoro, nel controllo dei ritmi, dell'ambiente di lavoro, nella misura degli straordinari. A riprova di questa tesi, si citava il fatto che le uniche fasce di industria esenti dalla crisi erano quelle della piccola e media industria (prevalentemente ubicate nell'Italia centrale e nord-orientale) che, per un insieme di ragioni strutturali e politiche, sfuggivano di fatto all'applicazione rigida dei contratti collettivi ed al controllo sindacale. In condizioni ancora migliori si trovavano quelle fasce di industria minima, quasi confinanti con l'artigianato, dove il lavoro risultava sottopagato e privo di qualsiasi tutela sindacale e previdenziale. Secondo questo punto di vista il rimedio da perseguire sarebbe stato quello di una riduzione del costo del lavoro. Compressione dei salari, limitazioni negli aumenti previsti dai rinnovi contrattuali, fiscalizzazione degli oneri sociali, maggiore mobilità del lavoro venivano indicati come gli strumenti più diretti per restaurare i margini di profitto e ridare respiro ai bilanci aziendali.

Una seconda versione, facente capo a settori non trascurabili della grande industria e di cui si fece portatore più di una volta Giovanni Agnelli, sosteneva che i mali dell'economia italiana, più che nel livello troppo elevato dei salari, consistevano nel fatto che ***un numero troppo elevato di lavoratori improduttivi gravava sull'intera collettività***. Il lavoro improduttivo, secondo questa visione, si trovava annidato in molteplici settori: nel pubblico impiego, nel parastato, negli enti previdenziali, nella distribuzione commerciale, gonfiata da un numero eccessivo di addetti. La vera battaglia, da questo punto di vista, sarebbe stata dunque quella di rendere produttivi tutti quei lavoratori che davano luogo ad autentiche zone di parassitismo. Per realizzare questo obiettivo, sarebbe stata, ovviamente, necessaria una riconversione produttiva profonda.

La terza interpretazione attribuiva le difficoltà dell'economia italiana a ***fattori di natura sostanzialmente politica***. Il fatto che il sindacato avesse accresciuto il suo potere, il fatto che i partiti della sinistra si fossero consolidati, sarebbero stati fenomeni visti con preoccupazione negli altri paesi del mondo occidentale e l'Italia sarebbe divenuta per questa ragione un paese da guardarsi con sospetto. Di qui, il ritiro dei capitali esteri, le fughe di capitali nazionali, le difficoltà nell'ottenere brevetti e licenze di produzione, gli ostacoli incontrati nello sviluppo dei mercati esteri. A riprova di questa versione dei fatti, si ricordava che, assai spesso, quando i nostri uomini politici si erano rivolti a paesi amici per ottenere prestiti e finanziamenti, si erano sentiti rispondere che la concessione degli aiuti era subordinata alla(10) buona volontà da parte italiana di riportare ordine nella nostra vita politica e sociale.

La quarta interpretazione, infine, sostenuta prevalentemente, ma non esclusivamente, nei settori del Partito comunista, chiamava in causa gli aspetti tecnologici della struttura produttiva del paese. Questa volta, come responsabili maggiori delle difficoltà, venivano indicati proprio gli imprenditori. L'industria italiana, secondo questa versione, ***si era fatta trovare impreparata alle modificazioni avvenute sulla scena mondiale***. L'industria italiana aveva basato le proprie esportazioni essenzialmente su beni prodotti dall'industria leggera a tecnologia consolidata (automobili, elettrodomestici, mobilio, abbigliamento); tali beni venivano collocati largamente nei mercati della Comunità economica europea. Sennonché, negli anni più recenti, proprio in questi settori era comparsa la concorrenza da parte di paesi emergenti(11), i quali dispongono di settori industriali moderni, e che si giovano di manodopera a basso prezzo. In questa situazione, l'industria italiana avrebbe dovuto evolversi verso prodotti a tecnologia più elaborata e passare alla produzione di beni strumentali e macchinari. Queste produzioni in realtà esistevano, ed alimentavano una corrente di esportazioni rivolta alle destinazioni più svariate; ma, sotto il profilo quantitativo, si trattava di correnti ancora troppo modeste per rappresentare un'autentica alternativa alle esportazioni tradizionali. Volendo poi prendere in considerazione la possibilità di sostituire le importazioni con produzione interna, ci si sarebbe trovati di fronte a difficoltà ancora maggiori. La politica agraria della Cee aveva non solo precluso un adeguato sviluppo della zootecnia italiana (con parziali e tardive eccezioni nei settori della pollicoltura e degli allevamenti suini) ma aveva anche indotto a partire almeno dal 1968, una concentrazione degli sforzi sugli aumenti di produttività, mentre il volume complessivo della produzione aveva subito un ristagno. Era per l'appunto(12) il ristagno delle produzioni agricole a far sì che le importazioni di prodotti alimentari (anzitutto di carni) rappresentassero ormai una delle voci passive più vistose della bilancia dei pagamenti. Il vero problema di fronte al quale il paese si trovava sarebbe quindi stato un problema di riconversione produttiva profonda, tale da sviluppare le esportazioni e ridurre le importazioni.

Quale che fosse la versione seguita, la posizione dell'economia italiana veniva presentata come quella di un'economia sull'orlo del collasso. Agli allarmi provenienti da osservatori interni, si aggiungeva un atteggiamento dichiaratamente negativo da parte degli altri paesi e un clima di sfiducia che circondava l'economia italiana negli ambienti della finanza internazionale. Il Fondo monetario internazionale, lo abbiamo ricordato, esigeva sempre nuovi impegni di riduzione del tasso di inflazione; nel gennaio del 1976, le banche statunitensi furono ufficialmente sconsigliate dall'accordare nuovi crediti all'Italia, paese che andava considerato come particolarmente rischioso. Il clima era sufficientemente critico per giustificare soluzione di emergenza. Si fece in tal modo strada l'idea che soltanto un governo di coalizione, sostenuto da una maggioranza che comprendesse tutti i partiti dell'arco costituzionale (13), potesse normalizzare la situazione.

L'evolversi della situazione fu infatti caratterizzato da movimenti considerevoli sul piano degli equilibri politici. L'evento più considerevole fu dato dalla veloce avanzata dei partiti di sinistra. Nel giugno del 1975, il Pci conseguì un successo inatteso alle elezioni amministrative, tanto che nei maggiori comuni italiani (e non soltanto in quelli che per tradizione avevano amministrazioni di sinistra, ma anche comuni come Torino, Venezia, Roma, Napoli, che erano stati sempre retti da amministrazioni democristiane) si costituirono giunte di sinistra. Il grande padronato industriale reagì ancora una volta in termini favorevoli. All'indomani delle elezioni, avvenute il 15 giugno, Agnelli dichiarò che la vittoria delle sinistre rappresentava uno "scossone salutare" all'immobilismo governativo ed ai perpetui rinvii della politica delle riforme. L'intero atteggiamento politico nei confronti delle sinistre era radicalmente mutato; fin dal marzo, esponenti di rilievo, come il La Malfa e il Governatore della Banca d'Italia, Carli, avevano manifestato giudizi di apprezzamento per le modificazioni avvenute nell'atteggiamento del Partito comunista. Il Partito comunista conseguì un ulteriore successo alle elezioni politiche del 20 giugno 1976. Il governo costituito subito dopo, un monocolore democristiano presieduto ancora da Andreotti, si resse sin dall'inizio sull'appoggio esterno (o, come si disse, sulla "non sfiducia"(14)) del Partito comunista. Divenne da allora prassi corrente, anche se si trattò di una prassi extraparlamentare, di concertare con il Partito comunista le linee generali di governo ed i provvedimenti più salienti.

L'atteggiamento moderato assunto dal Pci facilitò ulteriormente l'accostamento del partito alla compagine governativa. Nell'agosto del 1977, per la prima volta dopo trent'anni, una delegazione del Pci si incontrò ufficialmente con il Presidente del Consiglio in carica(15), per concordare un programma di governo. Era chiaro che tale accordo veniva raggiunto nell'intesa che l'atteggiamento sindacale subisse una svolta e che l'intero assetto rivendicativo si avviasse a quella che venne detta allora la "normalizzazione". Le risonanze internazionali di questi eventi furono veloci a verificarsi; nel dicembre del 1977, le banche statunitensi revocavano il così detto "rischio Italia" e riprendevano a trattare finanziamenti a banche italiane su una base di normalità.

Nel clima di normalizzazione che si andava creando, l'atteggiamento dei sindacati venne esplicitamente riveduto. Nell'assemblea dei delegati confederali tenutasi all'Eur nel gennaio del 1977 prevalse la linea della moderazione e le confederazioni si dichiararono non solo disposte a contenere le richieste salariali, ma anche ad accettare una maggiore mobilità operaia in relazione alle esigenze di ristrutturazione dell'industria e in vista della situazione drammatica nella quale sembrava che il paese versasse. Pochi giorni dopo, Luciano Lama, il più prestigioso ed autorevole leader sindacale, in un'intervista che ebbe allora risonanza molto vasta, affermò che la linea aggressiva, che era stata propria del sindacato nel passato, andava considerata errata non soltanto in relazione alla situazione concreta del paese, ma anche nei suoi presupposti teorici. Nel corso di questa intervista Lama affermò che, nel passato, era stato un errore considerare il salario una "variabile indipendente" e cioè una grandezza alla quale si potesse assegnare qualsiasi valore senza produrre ***contraccolpi nell'equilibrio economico generale***.

A brevissima distanza, il nuovo governo che venne costituito nel febbraio del 1978, presieduto ancora una volta da Andreotti, e con la medesima formula del monocolore democristiano, si appoggiò non più sulla semplice astensione ma sulla esplicita fiducia del Partito comunista. Il Pci motivò il suo atteggiamento appellandosi alla situazione di emergenza nella quale il paese versava. Il governo venne infatti detto "governo dell'emergenza" e la sua costituzione venne accompagnata non soltanto da contrasti violenti all'interno del partito di governo, ma anche da una nuova ondata di episodi di violenza clamorosa (Aldo Moro, che molti concordemente indicavano come il paziente artefice di questa convergenza fra Dc e Pci, venne rapito nel giorno in cui il governo si presentava alle Camere per ottenere la fiducia, e ucciso poche settimane dopo). Questo ingresso delle sinistre nella maggioranza parlamentare venne accompagnato da un ingresso, per molti versi ancor più significativo, di esponenti designati dal Pci in organi amministrativi di nomina governativa.

Il nuovo governo, potendo contare su una maggioranza parlamentare assai estesa e facendo affidamento su un atteggiamento conciliante del sindacato, si trovava finalmente nella possibilità di tracciare una linea di politica economica di contenuto chiaro ed esplicito.

Il provvedimento di maggiore risonanza preso in questo quadro fu rappresentato dall'adesione al ***sistema monetario europeo***. Abbiamo ricordato a suo tempo come l'Italia, al termine della seconda guerra mondiale, fosse stata ammessa a fare parte del Fondo monetario internazionale, e come, di conseguenza, essa avesse aderito al sistema monetario internazionale tracciato nella conferenza di Bretton Woods e basato su cambi tendenzialmente fissi. Abbiamo anche narrato come, nel 1973, allorché quel sistema si disgregò, anche l'Italia avesse optato per un sistema di cambi flessibili, rendendo fluttuante la lira. Negli anni successivi, la scena internazionale mostrò con chiarezza sempre maggiore le profonde modificazioni che si erano andate accumulando nel corso del tempo. Nell'immediato dopoguerra, l'economia occidentale era stata dominata dalla potenza economica degli Stati Uniti, che per disponibilità di risorse e avanzamento tecnologico sopravanzava di gran lunga(16) quella di ogni altro paese. Trent'anni dopo, la situazione era mutata. Fra i paesi europei, la Germania occidentale aveva acquisito un predominio indiscutibile e, nell'Estremo Oriente(17), era emersa la potenza industriale del Giappone. Quello che era stato una volta il blocco occidentale, si presentava ora articolato in tre grandi aree economiche, l'una dominata dagli Stati Uniti, la seconda, quella europea, dominata dalla Germania occidentale, la terza ruotante intorno all'economia giapponese.

Questi sviluppi esigevano una evoluzione parallela nel sistema monetario internazionale, dal momento che le tre grandi aree commerciali finivano con il funzionare anche come tre grandi aree valutarie. I progetti per la creazione di un sistema di pagamenti europeo dopo lunghissime e travagliate vicende, sboccarono nell'accordo raggiunto a Bruxelles nel dicembre del 1978, accordo che vide la nascita del Sistema monetario europeo. L'Italia, dopo accesi dibattiti e drammatiche incertezze, finì con il dare la propria adesione(18), ed entrò a farne parte nel marzo del 1979.

Il Sistema monetario europeo è sostanzialmente basato su cambi fissi tra le valute dei paesi membri. Sono previsti margini di oscillazione(19), per fare fronte a fenomeni congiunturali, ma nel periodo lungo le parità centrali dovrebbero essere rispettate. Nessuna regola precisa è stata invece prevista nei rapporti tra le valute europee e le valute degli altri paesi, e segnatamente con il dollaro; i rapporti con questa valuta restano quindi affidati ad un regime di cambi fluttuanti. È stato soltanto previsto un complicato sistema di conteggi(20), in base al quale si potrà di volta in volta stabilire in che misura le singole valute europee (tenuto conto del diverso peso che ciascuna di esse presenta negli scambi internazionali) si muovono di conserva e in che misura invece singole valute si discostino dal comportamento medio delle altre (per questi conteggi è stata creata una valuta di conto, lo ***scudo europeo****(21),* il cui corso risulta dalla media ponderata dei singoli corsi delle valute che partecipano al sistema, a ciascuna delle quali è stato assegnato un peso corrispondente all'importanza economica e commerciale del paese che essa rappresenta). Se una singola valuta si discosta dalla media delle altre, si presume che le autorità nazionali prendano provvedimenti per riportarla nell'ambito degli scostamenti consentiti.

Con l'adesione al Sistema monetario europeo, l'Italia veniva dunque a trovarsi non soltanto nuovamente in un regime di cambi fissi, ma anche, novità questa assai più rilevante, allontanata dall'area del dollaro e stabilmente legata al marco tedesco. Le conseguenze di questa situazione risultarono immediatamente chiare. Se l'Italia doveva conservare un rapporto di cambio stabile con il mercato tedesco, era necessario tracciare una linea di politica economica che, tenendo conto di questo vincolo, evitasse rigorosamente che le esportazioni italiane perdessero di competitività sui mercati europei (una perdita di competitività avrebbe infatti provocato un disavanzo nei conti con l'estero ed una caduta del cambio, che invece andava tenuto stabile). A sua volta, preservare la competitività delle esportazioni significava creare una situazione in cui il costo delle esportazioni (e quindi il rapporto tra salario e produttività) non crescesse più della media dei costi europei.

Questa esigenza divenne dunque l'obiettivo di fondo della linea economica del governo; linea che venne esposta, con chiarezza nel così detto ***Piano triennale,*** che, diffuso in prima stesura nell'agosto del 1978 sotto il nome di Piano Pandolfi (dal nome del Ministro delle Finanze che lo elaborò), venne presentato in forma definitiva, nel febbraio del 1979.

La linea del Piano triennale può essere sintetizzata in poche proposizioni. Tenuto conto dell'esigenza di preservare la competitività delle esportazioni, il nodo centrale della politica economica diviene quello di assicurare l'efficienza del sistema delle imprese. Di qui i due punti fondamentali che il Piano propone: anzitutto un blocco dei salari reali dell'industria per la durata di tre anni, e in secondo luogo un'ampia restaurazione della mobilità del lavoro (sia all'interno dell'impresa che fra imprese e fra settori diversi), in modo da far sì che la forza lavoro venga utilizzata là dove le esigenze di efficienza lo richiedono, senza altri vincoli di sorta. Poiché questa linea richiede una concentrazione degli sforzi sui problemi aziendali, il Piano propone di far convergere i sussidi pubblici prevalentemente alle imprese produttive, assistendo in tal modo il processo di ristrutturazione e di modernizzazione che esse devono affrontare; per le medesime ragioni, il Piano propone invece un taglio rigoroso ai sussidi personali (pensioni, assistenza sanitaria, spese sociali in generale). Un eccesso di spesa pubblica non farebbe infatti altro che provocare una ripresa dell'inflazione, il che ancora una volta ci porterebbe fuori del Sistema monetario europeo.

È facile vedere che questa linea rappresenta un rovesciamento totale della linea di politica economica che era stata tipica dei governi di centro-sinistra. Quei governi ponevano al centro dell'intervento pubblico il problema delle riforme e dell'aumento della spesa sociale e assegnavano alla spesa pubblica la funzione di sanare gli squilibri (personali, settoriali, territoriali) che lo sviluppo incontrollato del paese aveva prodotto. Il Piano triennale abbandona ogni intenzione di riforma e richiama l'intervento dello Stato al controllo dell'efficienza della produzione industriale e al perseguimento della riduzione dei costi di produzione.

La linea del Piano triennale rappresenta lo sbocco coerente della politica di normalizzazione instauratasi nel corso del quinquennio che abbiamo esaminato. Altra questione è se essa possa riscuotere in modo duraturo l'appoggio delle forze politiche che l'hanno sviluppata. I contrasti sorti fra i due partiti maggiori a proposito di numerosi provvedimenti di politica economica hanno di fatto(22) posto fine al(23) governo dell'emergenza, che ha rassegnato le dimissioni nel febbraio del 1979. Il governo successivo, sempre presieduto dall'on. Andreotti, ma formato dalla Dc con socialdemocratici e repubblicani, e quindi non più un governo di larga coalizione, ha condotto il paese fino allo scioglimento delle Camere, reso necessario dall'impossibilità di proseguire nella linea dell'emergenza. Le elezioni anticipate, svoltesi il 3 giugno 1979, hanno portato perdite di(24) terreno non trascurabili per la Dc, e addirittura vistose per il Pci. Il responso elettorale ha così sanzionato la fine della politica di convergenza tra Dc e Pci, ed ha posto l'esigenza di ritrovare una maggioranza parlamentare di natura diversa. Sul piano della politica economica, ciò non significa che la linea tracciata dal Piano triennale venga abbandonata. Ma significa certamente che essa non avrà più l'appoggio esteso e concorde che aveva riscosso nelle fasi di avvio.

## NOTE

1. all'incirca = a un dipresso = pressappoco 大约，大概，差不多
2. senatori e deputati 参议员和众议员。意大利议会(parlamento)为两院制（bicamerale），分为众议院（Camera dei deputati）和参议院（Senato della

Repubblica)；前者由 18 岁以上公民选举，25 岁以上的公民方可当选，总共为 630 人；后者由 25 岁以上公民选举，40 岁以上的公民方可当选，总共为 315 人，另加历届总统和总统加封的终身议员。两种议员的任期均为 5 年。

3. Consiglio di amministrazione （企业的）董事会，在一些事业单位叫做理事会
4. Inps = Istituto Nazionale della Previdenza Sociale 国家社会救济署。企业定期向 INPS 交纳自己员工的 contributi previdenziali，员工则从工资中扣缴（trattenuti sulla busta paga），INPS 负责所有私营企业人员的养老（vecchiaia）、残疾（invalidità e superstiti）救济事宜。
5. di pari passo = con la stessa andatura = in modo simile 以同样的步伐，以同样的速度
6. tenere in vita 养活，维持
7. in definitiva 归根结底
8. raggiungere un tacito accordo 形成一种默契
9. chiamare in causa 把……牵扯进去
10. essere subordinato a 从属于，隶属于，附属于
11. paesi emergenti 新兴国家，这里指经济腾飞起来的所谓亚洲四小龙
12. per l'appunto = proprio 正是，恰恰是
13. arco costituzionale 符合宪法规定的阵营，这里指议会
14. non sfiducia = non votare "non fiducia" nel Parlamento per non impedire l'approvazione delle proposte avanzate dagli altri partiti parlamentari 不（在议会里）投不信任票
15. presidente del Consiglio in carica 在任的总理
16. di gran lunga = molto, moltissimo 大大（地）
17. l'Estremo Oriente 远东，指亚洲东、南部；Medio Oriente 中东，指亚洲西部。这种称呼都是以西方人所处的地理位置决定的。
18. dare la propria adesione = fare parte di = partecipare a 参加，加入
19. margini di oscillazione = le bande di (oscillazione) fluttuazione 浮动范围，汇率浮动区间
20. un complicato sistema di conteggi 一种复杂的计算体系。
21. scudo europeo 欧洲盾，这种欧洲货币单位在以后逐渐发展为 Ecu（埃居），最后到 Euro 欧元
22. di fatto = in realtà 实际上，事实上
23. porre fine a 结束，完成，完结

24. portare perdite di 导致丧失……，致使失去……

## VOCABOLARIO

| | | |
|---|---|---|
| astenersi | *v.rifl.* | non votare, dichiarare di non prendere parte a determinati giudizi 弃权 |
| esenzione | *s.f.* | dispensa, esonero, privazione 免除 |
| assunto | *s.m.* | incaricato, impiegato 受雇佣者，受聘者 |
| gravitante | *agg.* | girante, appartenente 属于的，围着…转的 |
| avvertire | *v.tr.* | percepire, rendere consapevole, scoprire 发现，意识到 |
| miriade | *s.f.* | infinità, marea, moltitudine 不计其数，众多 |
| venuto | *s.m.* | chi è venuto 来者，来的人或物 |
| consono | *agg.* | corrispondente, conforme, concordante 适合的，符合的 |
| agguerrito | *agg.* | preparato alle difficoltà e alle fatiche della guerra, forte, temprato 久经锻炼的，善战的 |
| inesorabilmente | *avv.* | inevitabilmente 不可避免地 |
| multiforme | *agg.* | di varie forme 多种形式的 |
| repentino | *agg.* | improvviso, imprevisto, inaspettato, inatteso 出乎意料的，意外的，突然的 |
| circostante | *agg.* | d'intorno, vicino 周边的，附近的，周围的 |
| avviluppare | *v.tr.* | avvolgere, inviluppare, impigliare 缠绕，纠缠 |
| ingerenza | *s.f.* | intervento, interferenza, invasione 干涉，干预 |
| annidato | *agg.* | nascosto, trovatosi 置于…的，躲在…的 |
| parastato | *s.m.* | l'insieme degli enti e dei dipendenti parastatali 半官方机构，半官方机构工作人员 |
| parassitismo | *s.m.* | tendenza a vivere da parassita in seno alla società 寄生现象 |
| concessione | *s.f.* | autorizzazione, licenza, rilascio, conferimento 给予，提供 |
| impreparato | *agg.* | preso alla sprovvista, di sorpresa 没有准备的，缺乏准备的 |
| sennonché | *cong. /avv.* | se non che, tranne che, fuorché, in caso contrario, altrimenti 但是，除非，否则 |
| precludere | *v.tr.* | impedire, vietare, ostacolare 阻挡，阻止 |
| pollicoltura | *s.f.* | allevamento razionale di polli 养鸡 |

| | | |
|---|---|---|
| scossone | *s.m.* | grande scossa, profondo turbamento 大震动 |
| immobilismo | *s.m.* | tendenza a conservare le cose come stanno, politica di lasciare i problemi insoluti 一成不变，墨守成规，保守主义 |
| contraccolpo | *s.m.* | colpo di rimando, ripercussione di un fatto, conseguenza 回击，反响，后果 |
| appellarsi | *v.rifl.* | fare appello, rivolgersi 号召，呼吁 |
| artefice | *s.m.* | autore, reatore 创造的，创作者 |
| designato | *agg.* | proposto, scelto, stabilito 提议的，选定的，确定的，任命的 |
| disgregarsi | *v.rifl.* | disfarsi, sgretolarsi, disintegrarsi, disorganizzarsi 解体，解散，分裂 |
| sopravanzare | *v.tr.* | avanzare, precedere, superare 领先，超出 |
| predominio | *s.m.* | dominio, egemonia, supremazia 统治，霸权，主宰，优势 |
| ruotante | *agg.* | gravante 围着……转的 |
| travagliato | *agg.* | tormentato, angosciato, infelice, afflitto 痛苦的，折磨人的，苦难的 |
| conteggio | *s.m.* | calcolo, computo, conto 计算 |
| discostarsi | *v.rifl.* | allontanarsi, distaccarsi, rimuoversi, scostarsi, deviarsi 偏离，离开 |
| rovesciamento | *s.m.* | capovolgimento, ribaltamento, mutamento radicale 反转，颠倒，巨变 |
| sanare | *v.tr.* | guarire, bonificare, risanare, riassestare 治愈，治理，挽救 |
| perseguimento | *s.m.* | ricerca tenacia di ottenere qualcosa 追寻，寻求，力争，执着 |
| responso | *s.m.* | risposta, decisione, giudizio, sentenza 答案，判决，裁定 |

## ESERCICI

**1. Rispondere alle seguenti domande:**

1) Dopo il 1973 nel Mezzogiorno, come era lo sviluppo delle industrie grandi e quelle piccole?
2) Che influenza ha avuto questo fenomeno sulla spesa pubblica meridionale?
3) Quali erano gli aspetti principali dell’economia italiana sull’orlo di collasso negli anni ’70?
4) Quali sono le spiegazioni della depressione dell’economia italiana negli anni ’70?

5) Perché si dice che il rapporto tra le grandi e le piccole imprese nel Mezzogiorno sembra più distruttivo che costruttivo?

**2. Fare frasi con le seguenti espressioni:**

— all'incirca di
— chiamare in causa
— in quanto
— dare contributo a
— nell'ambito di
— a favore di

**3. Scrivere i sinonimi delle seguenti parole:**

| | |
|---|---|
| annidato | agevolazione |
| ragionevole | sospetto |
| somministrazione | pericoloso |
| repentino | geloso |
| prevalente | fattore |
| rilancio | gravitante |

**4. Tradurre in cinese:**

1) La struttura industriale che questo insieme di interventi ha creato nel Mezzogiorno merita di essere osservata, sia per i suoi aspetti economici, sia per i suoi riflessi sullo sviluppo sociale e civile delle regioni meridionali.
2) Le imprese maggiori non hanno ovviamente problemi di mercato, in quanto si avvalgono dei canali distributivi predisposti dalle imprese madri da cui dipendono; al tempo stesso, esse realizzano livelli adeguati di efficienza, in quanto si avvalgono delle ricerche tecnologiche e del progresso realizzato dalle imprese principali.
3) La grande impresa, in alcuni casi limitati, ha rappresentato un appoggio per le imprese minori che hanno trovato in essa uno sbocco per i propri prodotti; ma in molti altri casi essa ha invece esercitato effetti negativi sulle imprese circostanti.
4) I fattori che venivano di volta in volta chiamati in causa per spiegare il groviglio di difficoltà in cui l'economia italiana si era andata avviluppando erano i più svariati; dal livello eccessivo del costo del lavoro, all'inefficienza di vaste zone dell'apparato

produttivo, all'arretratezza tecnologica delle produzioni manifatturiere, al deteriorarsi dei rapporti economici con i paesi più avanzati, presunta conseguenza dell'avanzata sindacale.

**5. Collegare le parole con i corrispondenti significati:**

| | |
|---|---|
| discostarsi | mutamento radicale |
| duraturo | allontanarsi |
| contraccolpo | ripercussione di un fatto |
| travagliato | permanente |
| rovesciamento | doloroso |

**6. Completare i seguenti brani:**

1) Poiché l'insieme degli incentivi era soprattutto rivolto alla riduzione dei ___________, senza offrire nulla sotto il profilo dello ___________, era ragionevole attendersi che potessero prendere piede nel Mezzogiorno soprattutto imprese che fossero in grado di risolvere il problema del ___________ per proprio conto. Imprese di questo genere non potevano essere che di due tipi: o ___________, che disponevano già dei propri canali ___________ e della propria rete di ___________, o imprese ___________, che non avvertivano il problema degli ___________ in quanto erano destinate a rifornire prevalentemente il mercato ___________.
2) Fra i due settori, della grande e della piccola impresa, si è stabilito un rapporto ___________, che nell'insieme sembra più ___________ che ___________. La grande impressa, nei casi limitati, rappresenta un ___________ per le imprese minori che hanno trovato in essa uno ___________ per i propri prodotti; ma in molti casi ha esercitato effetti ___________ sulle imprese circostanti attraverso meccanismi diretti: l'arrivo della grande impressa ha comportato un immediato ___________ ed una repentina ___________, creando difficoltà per le imprese piccole; mentre come meccanismi meno immediati, l'arrivo della grande impresa comporta un aumento del ___________ per la zona circostante, e quindi un ampliarsi del ___________ in generale, quindi le imprese del Centro-Nord entrano nei mercati del Mezzogiorno e mettono in crisi le imprese ___________. Si accentua

così il declino dei settori tradizionali, che riducono la ___________ e l'___________. Si accresce viceversa il flusso di ___________, con la conseguenza che il disavanzo nei conti con le altre regioni vede costantemente aggravarsi il ___________. La dipendenza del Mezzogiorno dai trasferimenti esterni si accresce.

# Unità 14

## Epilogo

**导言：**

尽管经历了两次结构调整，国家经济似乎进入正常化运行，但社会服务的不足，大面积的低效益，南方的失业问题都似乎并未得到根本改变。同样，在全球范围内科学进步最快的电子、能源、航空航天等部门，在意大利还处于依附地位。意大利的工业进步尚未达到依靠科技进步的程度，还只是靠购买机械设备。因此从国际上看，意大利工业仍处在其他先进工业国家的附属地位上。

Al termine del 1979, dopo un lungo ciclo di lotte e di trasformazioni protrattosi per oltre un decennio, l'economia italiana presenta un aspetto sensibilmente modificato.

Anzitutto è mutata la collocazione internazionale del paese. Il processo di inserimento europeo è sempre più spinto, e sempre più l'economia italiana gravita nell'orbita economica della Germania occidentale. Il grande processo di dispersione della forza lavoro attuato nel Centro-Nord, accoppiato al permanere di una disoccupazione elevatissima nel Mezzogiorno, ha necessariamente ridimensionato l'azione del sindacato; non nel senso che la lotta sindacale debba risultare palesemente indebolita, ma certamente nel senso che i nuclei operai delle grandi fabbriche, quelli sui quali l'azione sindacale incide con maggiore immediatezza, rappresentano oggi una quota della forza lavoro assai minore di un tempo. Il declino dei grandi impianti e l'emergere della piccola impresa e del lavoro disperso rappresentano una novità non soltanto sul piano dell'assetto tecnologico ma anche su quello assai più significativo della struttura sociale. Altrettanto profonde le modificazioni nella struttura territoriale, che ha visto il tramonto della tradizionale supremazia del triangolo industriale e l'emergere delle regioni centrali e nord-orientali su posizioni di rilievo, sia per l'ammontare della base produttiva industriale, sia per l'efficienza e l'aggressività sui mercati internazionali.

Queste innegabili e profonde modificazioni strutturali lasciano tuttavia inalterati i molti e gravi problemi che l'economia del paese presentava all'indomani della seconda guerra mondiale. L'insufficienza dei servizi sociali, le vaste aree di inefficienza, la disoccupazione del Mezzogiorno sembrano presentarsi come parte integrante della nuova struttura così come lo furono dell'antica. Discorso simile va fatto per quell'aspetto chiave dello sviluppo industriale che è costituito dal grado di avanzamento tecnologico. I settori che, al giorno d'oggi(1), sono sede del progresso scientifico più veloce sul piano internazionale, e cioè quello dell'elettronica, delle fonti di energia(2) e dell'industria aeronautica e spaziale(3), sono anche settori nei quali l'Italia occupa un posto modesto e di sostanziale subordinazione. L'avanzamento tecnologico dell'industria italiana avviene dunque non attraverso l'avanzamento del sapere ma attraverso l'acquisto di macchinari. Questa procedura comporta problemi che, se non sono sempre immediati e palesi, non sono tuttavia meno gravi. Sotto il profilo dei rapporti internazionali, ciò significa che l'industria italiana nei settori strategici, continua a restare in posizione di subordinazione rispetto all'industria dei paesi più avanzati. Sotto il profilo della struttura interna, ciò significa che la competitività dell'industria italiana, ed in ultima analisi la sua sopravvivenza economica non potendo fondarsi sul carattere innovativo dei prodotti, restano affidate al fatto che il costo del lavoro resti basso rispetto a quello degli altri paesi industrializzati. Questo spiega perché il rilancio internazionale dell'economia italiana sia avvenuto soltanto dopo il restaurarsi del così detto clima di normalizzazione dei rapporti sindacali. Se il lungo ciclo di cui abbiamo narrato le vicende si chiude oggi con una sconfitta della classe lavoratrice, ciò va ricondotto in buona parte(4) al fatto che l'industria italiana, pur avendo compiuto considerevoli passi avanti su molti fronti, è rimasta nel rango di industria tecnologicamente subordinata. Indagare le cause di questa permanente subordinazione è compito delle ricerche future.

## NOTE

1. al giorno d'oggi 如今，现在，当今

2. fonti di energia 能源
3. industria aeronautica e spaziale 航空航天工业
4. in buona parte 相当一部分，in gran parte 大部分， in maggior parte 更大部分
   in stramaggior parte 绝大部分

## VOCABOLARIO

| | | |
|---|---|---|
| protratto | *agg.* | prolungato, dilazionato, posticipato, rinviato 拖延的，被推迟的 |
| supremazia | *s.f.* | predominio, egemonia, primato, superiorità 优势，领先，霸权 |
| aggressività | *s.f.* | combattività, violenza 进攻性，战斗性 |
| integrante | *agg.* | indispensabile 不可缺少的 |
| rango | *s.m.* | ceto, classe, condizione sociale, ordine 等级，地位，身份，行列 |
| indagare | *v.tr.* | investigare, ricercare, condurre un'indagine 调查，探究 |

## ESERCIZI

**1. Rispondere alle seguenti domande:**

1) Come è il sistema monetario europeo?
2) Che influenza ha avuto sull'economia italiana?
3) Qual è la linea del Piano triennale?
4) Al termine del 1979, dopo un lungo ciclo di lotte e di trasformazioni protrattosi per oltre un decennio, quali modificazioni ha avuto l'aspetto economico italiano?

**2. Scrivere i contrari delle seguenti parole:**

| | |
|---|---|
| protratto | inserimento |
| pretigioso | avanzamento |
| fluttuante | immediatezza |
| aggressività | subordinanza |
| permanente | progresso |

**3. Tradurre in cinese:**

1) L'atteggiamento moderato assunto dal Pci facilitò ulteriormente l'accostamento del partito alla compagine governativa. Nell'agosto del 1977, per la prima volta dopo trent'anni, una delegazione del Pci si incontrò ufficialmente con il Presidente del Consiglio in carica, per concordare un programma di governo.

2) Pochi giorni dopo, Luciano Lama, il più prestigioso ed autorevole leader sindacale, in una intervista che ebbe allora risonanza molto vasta, affermò che la linea aggressiva, che era stata propria del sindacato nel passato, andava considerata errata non soltanto in relazione alla situazione concreta del paese, ma anche nei suoi presupposti teorici.

3) Il provvedimento di maggiore risonanza preso in questo quadro fu rappresentato dall'adesione al Sistema monetario europeo. Abbiamo ricordato a suo tempo come l'Italia, al termine della seconda guerra mondiale, fosse stata ammessa a fare parte del Fondo monetario internazionale, e come, di conseguenza, essa avesse aderito al sistema monetario internazionale tracciato nella conferenza di Bretton Woods e basato su cambi tendenzialmente fissi.

4) Queste innegabili e profonde modificazioni strutturali lasciano tuttavia inalterati i molti e gravi problemi che l'economia del paese presentava all'indomani della seconda guerra mondiale.

**4. Completare i seguenti brani:**

1) Nell'immediato dopoguerra, l'economia occidentale era stata dominata dalla ____________, che per disponibilità di ____________ e avanzamento ____________ sopravanzava di gran lunga quella di ogni altro paese. Trent'anni dopo, la situazione era mutata, Fra i paesi europei, la ____________ aveva acquisito un predominio indiscutibile e, nell'____________, era emersa la potenza industriale del Giappone. Quello che era stato una volta il blocco occidentale, si presentava ora articolato in tre grandi aree economiche, l'una dominata dagli ____________, la seconda, quella ____________, dominata dalla ____________, la terza ruotante intorno all'economia ____________.

2) I progetti per la creazione di un sistema di ____________ europei dopo lunghissime e travagliate vicende, sboccarono nell'accordo raggiunto a ____________ nel dicembre del 1978, accordo che vide la nascita del____________. L'Italia, dopo

accesi dibattiti e drammatiche incertezze, finì con il dare la propria adesione, ed entrò a farne parte nel marzo del___________.

3) Con l'adesione al Sistema monetario europeo, l'Italia veniva a trovarsi non soltanto in un regime di cambi ___________, ma anche allontanata dall'area del ___________e stabilmente legata al___________. Se l'Italia doveva conservare un rapporto di cambio stabile con il mercato___________, era necessario evitare rigorosamente che le esportazioni italiane perdessero di___________ che avrebbe provocato un ___________ nei conti con l'estero ed una caduta del cambio, che invece andava tenuto___________. Mentre preservare la competitività delle esportazioni significava creare una situazione in cui il costo delle esportazioni (e quindi il rapporto tra ___________e___________) non crescesse più della media dei___________.

4) I settori che, al giorno d'oggi, sono sede del progresso scientifico più veloce sul piano internazionale, e cioè quello dell'___________, delle___________ e dell'industria ___________e___________, sono anche settori nei quali l'Italia occupa un posto modesto e di sostanziale subordinazione. L'avanzamento tecnologico dell'industria italiana avviene non attraverso l'___________ ma attraverso l'acquisto di___________. Sotto il profilo dei rapporti internazionali, ciò significa che l'industria italiana nei settori strategici, continua a restare in posizione di ___________rispetto all'industria dei paesi più___________. Sotto il profilo della struttura interna, ciò significa che la competitività dell'industria italiana, ed in ultima analisi, la sua sopravvivenza economica non potendo fondarsi sul ___________ dei prodotti, restano affidate al fatto che il ___________resti basso rispetto a quello degli altri paesi ___________.